장애시민 불복종

장애시민 불복종

변재원 지음

Changbi Publishers

"무슨 책 쓰고 계세요?"

책을 쓰는 지난 1년간 매일 들었던 질문이다. 어쩌면 대화 상대는 살갑게 안부를 묻기 위해 건넨 말일지도 모르겠지만, 나는 불행하게도 매번 들을 때마다 어김없이 심각해지고 말았다.

"음… 전국장애인차별철폐연대(이하 전장연)에 관한 책을 써요"라고 짧게 대답하면 끝날 문제였지만 성에 차지 않았다. 분명 이 책은 전장연을 배경으로 삼고 있지만, 단체를 설명하기 위한 목적의 글은 아니기 때문이다. 가령 전장연은 어떤 조직인가, 그곳에서는 몇 명이 일하며 의사결정의 구조는 어떻게 되는가를 기술하는 것은 이 책의 집필 의도가 아니다.

나는 오랜 시간 개인적 성공을 바라왔던 평범한 대한민국 장애청년이었다. 먼 훗날 누구에게나 존경받는 착한 장애인이 될 것을 다짐하며 성공가도를 착실히 따랐다. 한국예술종합

학교를 졸업하고, 서울대학교 대학원에 진학하고, 구글코리아에서 인턴십을 마쳤던 일련의 경력은 우수한 일등시민이 되기 위한 노력의 흔적이다. 그러나 코로나19 대유행이 시작될 무렵 우연찮게 활동가가 되어 장애운동 현장을 누비게 되었고, 머잖아 '인식론적 위기'를 마주하고 말았다. 오랜 시간 장애를 극복의 대상으로 여기던 내가, 극복을 성공의 요건으로 여기던 내가, 성공을 이기심의 결과로 여기던 내가, 이기심을 생존의 요소로 여기던 내가, 생존을 경쟁의 합리적 근거로 여기던 내가, 장애운동을 계기로 오랫동안 나를 지배하던 신념을 회의적으로 돌이켜보게 되었고, 타인의 고통에 연대하는 삶의 중요성을 뒤늦게 깨달을 수 있었다. 나를 이토록 다른 차원으로 이끈 순간의 말들을 잊고 싶지 않아 이 책을 쓰게 되었다. 나를 '아차' 하게끔 한 연결과 연대의 풍경을 꼼꼼히 새겨두었다.

장애운동 소식이 언론에서 종종 다루어지는 요즘, 전보다 많은 시민들이 장애인의 인권에 대해 관심을 기울이는 것 같아 기쁘면서도, 한편으로는 시민들이 장애운동을 '지하철 타기'로만 이해하는 게 아닐까 걱정이 될 때도 있다. 비록 언론에서 잘 비추지 않지만 장애운동은 사회적 불평등에 저항하며 모든 차별의 현장을 지키고 있다. 교통약자의 이동권을 보장하기 위한 행동뿐 아니라 팬데믹 시기 장애인 거주시설의 집단 감염 사태에 대응하고, 사회복지의 사각지대를 메우며, 산업재해로 스러진 장애인 노동자의 마지막을 추모하고, 희귀난치질환을 가진 장애인의 치료제를 구하는 등 우리 사회에서 가장 힘없고 약한 사람들의 최저선이 보장되도록 최전선에 서 있다. 그 현장에서 보고 듣고 느낀 것을 기록함으로써 장애시민들이 지키는 민주주의 최전선의 풍경을 담아내고자 했다.

이 책은 '탐색-직면-이해-연결'의 순서로 흘러간다. 이 네 단계의 구성은 종로3가에서 오랫동안 바를 운영해온 활동가 C와의 대화로부터 비롯되었다. 당시 술에 취한 나머지 그날의 모든 대화 내용이 선명하게 기억나지는 않지만, 그는 성소수자가 자신의 정체성을 커밍아웃할 때 이런 숙고의 단계를 거친다고 말해주었다. 각 단계가 의미하는 맥락을 세세히 떠올리기는 어렵지만, 커다란 흐름만큼은 어쩐지 강렬하게 가슴에 남아 이 책의 순서를 구성하는 과정에서 활용하게 되었다. 나의 독특한 몸과 이질적인 사회적 경험을 말하는 이 책이 내게는 일종의 커밍아웃으로 느껴졌던 것이다.

제1부 '탐색의 순간'에는 장애운동에 입문하게 된 배경과 첫 실무를 맡아 느꼈던 단상을 담았다. 현장 연구 과정에서 만난 장애인의 설득에 넘어가 졸지에 장애운동판에서 한솥밥을 먹게 되고, 첫 실무로 맡은 청도대남병원 정신장애인 코로나19

집단감염 사태 대응에서 느꼈던 충격에 대해 이야기한다.

제2부 '직면의 순간'에는 활동 초기 장애운동 현장에서 맞닥뜨렸던 낯선 문화와 어려움에 대해 썼다. 운동 현장에서 외치는 '민중' '해방' '투쟁' 등 낯선 단어에 대한 호기심과 거부감에 대한 고민, 성공가도로부터 이탈하여 난데없이 '아스팔트'로 향하겠다는 결심을 부모님과 은사님께 어떻게 고백해야 할지에 대한 고민, 돈이 없어 수감을 택한 나쁜 장애인들이 남긴 최후의 변론을 이야기한다.

제3부 '이해의 순간'에는 활동 과정에서 만난 동료와 주변인의 고통에 통감하게 된 장면을 담았다. 희귀난치병으로 고통받는 장애인 동료, 언어장애인과의 대화를 피하는 사람들로 하여금 당사자와 직접 소통하게 하는 비장애인 동료, 부당한 산업재해 참사 속 스러져간 청년 노동자와 유족, 장애운동의 불법성에 대해 물어보는 라디오 진행자와의 대담 경험을 이야기한다.

제4부 '연결의 순간'에는 장애운동을 계기로 생각하게 된 몇가지 단상을 담았다. '어떻게 질 것인지'를 이기는 법 이상으로 중요하게 고민해야 될 때가 있다는 것, 사회운동과 예술활동은 다른 듯 같은 모습을 띄고 있다는 것, 타인에게 상처를 주는 말로부터 벗어나야 한다는 것, 떠나기 전 마지막 인사를 나

눌 때 나누었던 무언의 교감에 대해 이야기한다.

각부 앞에는 '데모는 왜 하는가'라는 내용의 짧은 메모가 수록되어 있다. 지난 이 년간 대체 왜 데모를 하느냐고 묻던 질문에 대한 대답을 정치학 및 행정학 이론을 통해 풀어내고자 했다.

만일 이 책을 읽는 독자가 주변 지인에게 책에 대해 설명하는 일이 생긴다면, '500일간의 전장연 활동 일기'라고 말해 주었으면 좋겠다. 비록 이해를 돕기 위해 딱딱한 설명을 덧붙였지만 나는 이 책이 무엇보다도 한 사람의 생생한 일기로 소개되고 기억되길 바란다.

장애운동이 어려움을 마주한 지금. 저마다의 편견과 두려움을 이겨내고 이 책을 두 손 가득 펼쳐 잠깐이라도 읽어보리라 마음먹은 당신께 진심 어린 감사를 전하며.

2023년 여름
변재원

차례

제1부

탐색의 순간

데모는 왜 하는가 1

— 스스로 문제를 정의하기 위해

프랑스의 철학자 자크 랑시에르는 '불화'가 정치의 본질이라고 보았다. 민주주의 사회의 규칙이라 여겨지는 '분배를 목표로 한 합의'는 정치(politics)가 아니라 치안(police)을 위한 활동이라는 것이 그의 주된 주장이다. 민주주의 정치는 그저 자원을 나눠 갖기 위해서가 아니라, 그간 존재를 부정당했던 '몫 없는 자들'이 몫을 추구하기 위해 존재한다. 목소리 없는 이들, 몫 없는 이들이 몫을 추구하는 과정에서 발생하는 불화는 민주주의의 위협 요소가 아니라 민주주의의 번영을 견인하는 힘이다. 가령 '평등'이라는 어휘 하나만 두고도, 모두가 그 가치를 인정하며 대화하고 있음에도 도무지 제대로 소통되지 않는 상황을 마주한 적이 있을 것이다. 우리 사회에서 몫을 인정받는 '정당성'이 부여된 사람들과 그렇지 못해 '아무개'로 취급되는 나머지 사람들이 대화를 나눌 때 발생하는 숱한 문제의 일부다.

국가는 오랜 시간 장애를 가진 시민을 사회적 아무개로 인식해왔다. 불쌍하긴 하지만, 다른 시민과 동등하지는 않은 누군가. 자리에 끼워주기는 하겠지만 의견에 귀 기울일 필요는 없는 존재 정도로. 장애인을 대상으로 하는 정책조차 이들을 '수혜자'라고 부르는 것에 어떤 문제도 느끼지 못할 만큼 장애인은 능동적인 주체가 아니라 콩고물 받아 먹는 대상처럼 인식되어온 것이 현실이다.

오늘날 대표적인 민주주의 국가로 언급되는 미국의 장애인들은 자신을 수혜자로 취급하는 문제에 저항하기 위해 '우리 없이 우리를 논하지 말라'(Nothing about us, without us)라는 구호를 만들어 거리에 나섰다. 그들의 적극적인 외침이 미국 장애인법을 제정하는 계기가 되었고, 탈시설과 자립생활의 권리를 이루어 오늘날 배리어프리(Barrier Free) 사회로 향하는 초석이 되었다. 한편, 영국의 장애인들은 '동정심에 오줌을 갈겨라'(Piss on pity)라는 구호를 내세웠다. 그들은 국가에 시혜와 동정의 콩고물이 아니라 정당한 권리를 요구했다. 장애인들이 직접 구호를 외치며 영국 전역에서 '계단 차별 버스'를 막아섰으며, 대중교통에 탑승할 권리를 주장했다. 이를 계기로 1995년 영국의 장애인법이 제정되기도 했다.

미국과 영국의 선진적인 장애인 정책은 민주주의의 신이 내려준 선물이 아니다. 국가가 주도해 만든 결과도 아니다. 그저 불화를 두려워하지 않은 장애인 당사자들의 목소리가 만들어낸 일상적 민주주의의 결과물일 뿐이다. 미국과 영국의 모든 저상버스는 몫 없는 이들이 몫을 외쳤기에 설치될 수 있었다. 이처럼 오랫동안 사회적 문제로 정의되었던 사람들이 직접 문제를 정의하고 정치에 참여할 수 있을 때 민주주의의 이념은 활짝 꽃피우게 된다.

전장연의 장애인권 보장 활동도 마찬가지다. 전세계에서 같은 예를 찾기 어려운 '이동권'이라는 독특한 이름의 권리는 한국의 장애운동이 만들어낸 문화적 산물이다. 세계적으로 통용되는 '접근성' 대신 '이동권'이라는 단어가 만들어진 것은 오롯이 2001년 오이도역 장애인용 리프트 추락사고의 충격으로 결성된 장애인이동권쟁취를위한연대회의(전장연의 전신)가 장애인의 이동할 권리를 주장한 덕이다.

소외된 자, 차별받는 자, 무시당하는 자 모두 숨지 말자. 불화를 민폐처럼 여기지 말자. 민주사회 구성원으로서 당당히 자신의 목소리를 지키자. 우리 없이 우리의 문제가 정의될 때, 우리가 동정심의 대상으로 취급될 때, 우리가 사라질 때, 민주주의가 위기를 맞는다는 사실을 잊지 말자.

삶과
죽음의
경계선

이 글은 전장연 박경석 대표를 연구 대상으로

처음 만난 날에 관한 이야기다.

그날은 진한 검정빛이 내 삶에 물들기 시작한 날이었다. 만나서 안될 '나쁜' 상애인을 만난 날이기도 하고, 그가 품은 지독한 잉크가 내 마음에 서서히 번지기 시작한 날이기도 하다. 태어나 처음 듣는 영문 모를 말들을 잔뜩 마주한 까만 날의 시작. 시간이 오래 지나 머릿속에 남아 있는 몇개의 단어 뭉치만으로는 당시의 분위기를 적확하게 담아내기 어렵다. 글쎄, 내 삶의 경로를 뒤바꾼 거대한 인연을 만난 건 틀림없는데, 만남 속에서 어떤 제스처가 오갔더라. 관절이 그리는 커다란 동선,

미간에 자리 잡은 깊은 주름같이 지금 와서 보는 그의 특징은 잘 기억나지 않는다. 세세한 감각과 기억은 소각되어 그을린 연기만 피워 올린 채 형체를 알아볼 수 없게 됐다. 불꽃이 붉고 세게 번질수록 잿더미만 남기듯이, 강렬했던 그날 만남의 인상이 전에 없던 잿빛을 가득 마주하게 했다.

2019년 나는 대학원 졸업 논문 발표를 앞둔 학생이었다. 석사학위 논문의 주제는 장애인의 공공시설 접근성이었다. 논문을 쓰기 위해 건축물 내 장애인 편의시설 설치를 관리·감독하는 공무원과 이를 설계하는 건축가, 편의시설을 이용하는 장애인과 비장애인 시민 등을 대상으로 한참 인터뷰를 다녔다. 당시 내 연구 질문은 접근이 어려운 공공시설이 대체 왜 이렇게 지어졌는지를 묻고 있었다. 평소 장애인이 이용하기 힘든 건물을 짓겠다고 작정한 못된 건설업자를 단 한명도 본 적 없었기 때문에, 그 누구도 악의를 가지고 설계하지 않은 공공 건축물이 왜 결과적으로는 불편한 공간이 되고 말았을지, 그 이유가 궁금했다.

문제를 파악하기 위해 전국의 '불편한' 건물들을 오가며 건물의 설계와 관리를 책임지는 사람들을 만났다. 장애인이 이용할 수 있는 엘리베이터나 화장실이 설치되지 않은 건축물을 담당했던 이들에게 왜 이렇게 이용하기 어려운 건물을 만들게 된 것인지 물었다. 만났던 사람들은 입을 모아 아무래도 장애인의 접근 가능성을 사전에 충분히 염두에 두지 못해서 생기는 문제가 아니겠냐고 말했다. 모두가 같은 답을 이야기했는데, 왜 문제를 알면서도 바뀌지 않은 걸까. 행정당국의 규제나 감독이 불충분했던 걸까. 건물을 지을 돈이 부족했던 걸까. 공사 마감 기한이 촉박했던 걸까. 더 구체적인 이유를 알기 위해 전국을 한참 돌았다. 졸업 요건을 충족하기 위해 어쩔 수 없이 쓰기 시작한 논문이었지만, 막상 집필을 시작하자 졸업 여부는 의식하지 않을 만큼 그저 세상을 이해하고 글로 풀어내는 데 재미를 느꼈다.

건물을 설계한 이들의 입장을 이해하기 위해 시작한 연구는 여러 사람의 입에 오르내리는 '악성 민원인'에 대한 궁금증으로 이어졌다. 몇몇 관계자가 건물에 출입하지 못해 분노하는 장애인들의 민원 때문에 난처하다는 이야기를 해주었다. 화까지 낸다고? 아마 대다수 장애인은 계단뿐인 건물을 마주하면 침울해하거나 짜증이 난 나머지 발길을 돌리고 말 텐데, 어떤 장애인은 계단을 막고, '뿅망치'로 때리고, 경사로를 설치하라는 민원을 목에 핏대 세워 제기하며 바뀔 때까지 분노를 표출한다고 해 의아했다. 몇번 들르고 말 공공시설에 대해 이토록 적극적으로 지적하는 열정은 대체 어디에서 오는 걸까. 왜

남의 건물에 자기 시간을 이렇게까지 쏟는 걸까. 공공장소 앞에서 민망함을 감수하면서까지 차별당하며 살고 싶지 않다는 소리를 크게 외치는 동기와 이유가 무엇일까. 단체를 조직해서 대답 없는 시멘트와 싸우면 그들에게 무엇이 남는 걸까. 과도한 수고로움을 이끄는 동기가 궁금했다.

연구 질문에 답할 수 있는 이들을 끊임없이 찾아가 인터뷰를 요청했다. 자세한 건 말하기 곤란하다며 유감스러운 표정을 지은 시청의 인허가 담당자와 시설관리과 직원, 나날이 새로운 규제만 더해지면 대체 정상적인 설계가 가능하겠냐며 약이 오른 건축사무소 직원과 건축가, 여기도 문턱, 저기도 문턱이라고 인터뷰 내내 우울함과 짜증을 동시에 표현한 장애인, 그래도 이 정도면 살기 좋은 나라 아니냐며 문제점을 잘 모르겠다고 시큰둥하게 말한 비장애인 등, 연구 참여자들이 전해준 각양각색의 진술을 수집했다.

그들의 말을 종합하면 돈이, 시간이, 땅이, 규제가, 법이, 절차가 문제였다. 건물 설계에 어떤 어려움이 있는지를 파악하기 위한 첫번째 연구 질문은 쉽게 답을 구할 수 있었다. 그러나 두번째 질문, 무슨 이유로 이미 완공된 건축물에 그렇게 매달리고 있느냐는 물음은 좀처럼 해명하기 어려웠다. 인터뷰 중 만났던 장애인 중 다수가 열악한 접근성에 약이 오르거나 짜증이 난다고는 말했지만, 별수 있겠느냐는 식으로 체념하고 말았지, 차마 건물에 맞서지는 않았다. 그나마 긍정적인 사람은 아무래도 건축 공법과 IT기술이 조금 더 발전하면 미래에는 환경이 나아지지 않겠느냐며 막연한 기대를 내비쳤다. '까짓것, 열받아서 들이받았습니다. 왜 내가 이 건물에 못 들어갑니까.'라고 진술하는 장애인을 찾는 건 생각만큼 간단하지 않았다. 적합한 응답자를 구하지 못해 연구가 좌초될 위기에 처하자, 발등에 불이 떨어진 나머지 지인들에게 혹시 주변에서 차별에 진절머리 난 장애인을 본 적 없느냐며 화가 많은 장애인을 수배하기 시작했다. 어느날 지인 한 사람이 박경석 대표에게 연락해봤는지 물었다. 웅장한 추천사가 곁들여졌다. 온 동네에 싸움꾼으로 유명한 휠체어 탄 어르신이 하나 있는데, 어느 동네 어느 건물이건 한번씩 들이받아본 적 있을 것 같다며, 관우의 모발, 장비의 풍채, 조조의 간악함을 가진 사람이라고, 머리도 백발이라 범상치가 않다 했다. 어디에 가면 만날 수 있는지 묻자, 장애인 야학의 교장을 하고 있으니 그 학교에 가면 단서를 찾을 수 있을 것이라는 대답이 돌아왔다. 권위적인 교장 말고 유쾌한 '고장'이라는 단어로 불리는 걸 좋아하니 그렇게 부르면 좋다고 팁도 알려줬다.

아침 뉴스에서 장애인들의 출근길 지하철 타기 소식이

다뤄지는 요즘은 사람들이 박경석 대표의 유별난 생김새와 행동을 익히 알지만, 내가 학위논문을 집필하던 당시까지만 해도 그가 만인에게 유명한 사람은 아니었다. 시민단체 활동가들은 그를 잘 알았지만 활동의 바깥에 있는 평범한 시민들은 아니었다. 그는 십년 넘게 새롭고 놀라운 각종 장애인 집회를 연속적으로 기획했지만, 장애인 언론사 바깥에서는 좀처럼 다뤄지지 않는 소식에 불과했다. 나도 그의 존재를 알지 못했다. 장애인이지만 사회적 변화에는 관심을 갖지 않았던 평범한 대학원생이었기 때문이다. 장애운동, 사회운동, 인권운동은 나의 관심사가 아니었다. 박경석의 이름을 처음 언급한 친구의 도움으로 그의 연락처를 건네받고, 인터뷰 섭외 절차를 밟았다. 바쁘다는 그에게 몇번을 간곡히 부탁한 끝에 겨우 약속을 잡을 수 있었다.

그는 나에게 농성장으로 오라고 말했다. 농성장이 정확히 무슨 건물을 뜻하는지 몰라 포털에서 검색해서 이미지를 찾아보았다. 아, 데모하는 텐트. 그가 제시한 약속 장소는 데모하는 텐트였다. 눈 내리던 겨울날 어느 주말 오후 다섯시쯤, 서울 시청역 지하에 있는 시청 별관 통로로 향했다. 주말까지 농성장을 지키는 분노한 장애인. 딱 내 연구 취지에 걸맞은 인터뷰 대상이라 생각했다. 심지어 서울시청 별관 구석에 설치된 농성장에서 듣는 공공시설 접근성 이야기라니 얼마나 연구에 적합하고 값지겠는가. 내가 찾던 사람을 내가 찾는 장소에서 만난다는 생각에 출발부터 느낌이 좋았다.

그를 만나기 직전까지 연구 질문을 잊지 않기 위해 계속 되뇌었다. 이런 내용이었다. "서울시청을 이용하는 데 어떤 불편함이 있었나요?" "화장실을 출입하기에는 어떤가요?" "민원 업무 처리 중 어려움을 느낀 적이 있나요?" 이 글을 쓰며 돌이켜보건대, 이십년 넘게 이동권 투쟁을 한 사람에게 서울시청 이용 시 불편함을 묻는 게 얼마나 어처구니없었을까 싶다.

나는 1호선 시청역에서 내려 지하로 연결된 길을 따라 별관 에스컬레이터를 타고 내려갔다. 에너지를 절약한다며 대부분의 전깃불을 꺼 황량하고 적막한 모습으로 방치된 안쪽 공간에 두 사람의 실루엣이 보였다. 휠체어를 탄 사람, 안 탄 사람 한명씩이었다. 휠체어를 탄 쪽이 박경석 대표 같았다. 소문대로 장비 몸집에 관우 머리를 한 할아버지였다. 휠체어에 앉은 그는 저 멀리서 나를 알아보고는 왼손으로 손짓을 보냈다. 오른손으로는 휴대폰을 쥐어 귀에 대고 있었다. 휠체어 바퀴를 고정한 채 한참 누군가와 통화하고 있었던 것 같았다.

가까이 다가가 "안녕하세요. 저, 연락드린……" 하고 고개 숙여 인사를 건넸다. 그는 나에게 "네, 잠깐만요. 이 통화만

마칠게요." 하고 양해를 구했다. 인터뷰 시작 전 급하게 처리할 것이 하나 있다며 대뜸 내게 윙크하더니 통화를 이어갔다. 통화를 끝내고 난 뒤에도 그는 인터뷰를 진행해야 한다는 사실을 잊은 것 같았다. 그는 다시 자기 옆에 있는 동료와 한참 새로운 이야기를 나누었다. 투쟁이라는 단어, 연대라는 단어도 들렸고, 머잖아서는 만원이니, 오만원이니 하며 커피값 얘기도 했다. 생전 처음 만난 나를 앞에 두고 이렇게 자기들만의 대화를 해도 괜찮은 걸까 싶은 생각이 들어, 엿듣지 않고자 자리를 피하려 목발을 집었다. 갑자기 그가 내게 어디로 가냐며 서둘러 옆 사람과의 대화를 마쳤다. 그러고는 내가 대답할 틈도 없이 잠깐만 쉬자며 새로운 기다림을 요청한 뒤, 커피를 마시겠느냐고 물었다. 두터운 팔로 휠체어 바퀴를 굴리더니 이내 어디선가 따뜻한 커피를 한잔 받아와 내게 건네주었다.

그는 무너질 것 같은 플라스틱 테이블 위에 커피를 올려놓고는 팔에 힘을 주어 엉덩이를 들었다. 그렇게 잠깐의 스트레칭 시간까지 마친 뒤, 드디어 나에게 제대로 된 인사를 건넸다. 나무 테이블을 경계로 한쪽에는 그의 휠체어가 있었고, 반대쪽에는 나의 목발이 세워져 있었다. 휠체어와 목발이 마주 보고 대화를 나누기 시작한 순간이었다. 휠체어를 닮아 덩치가 큰 할아버지 장애인, 목발을 닮아 앙상한 대학원생 장애인. 그와 나는 전등이 나간 건물 구석에서 적막에 둘러싸인 채로 서로를 마주 보았다. 잠깐의 겸연쩍은 침묵을 뒤로 하고, 내가 먼저 인사 하는 것으로 인터뷰를 시작했다. 메모해둔 종이를 펼쳐 연구 개요를 쭉 읽어나갔고, 인터뷰 소요 시간과 질문 내용을 차례로 안내했다. 모든 행정적인 절차는 "동의하십니까?"라는 질문으로 끝났고, 그는 "네" 하고 대답했다. 이어서 연구 참여에 동의한다는 취지의 서명을 받았다. 일련의 할 일들을 마치고, 무미건조한 소비자 만족도 조사 같은 연구 질문을 차례로 꺼냈다.

"공무처리 과정 중에 어떤 접근의 어려움을 느껴보신 적이 있나요?" "지난 일주일간 일상생활 환경과 공공시설 간 접근상의 차이가 있었나요?" "특히 이용이 어려운 공공시설이 있나요?" "접근이 어려워 민원을 넣어본 경험이 있나요?" "민원을 넣은 기관에 재방문하는 데 부담을 느끼시나요?" "신설 행정 서비스를 장애인이 먼저 체험하고 평가를 거칠 시 서비스 변화가 있을까요?"

상투적이고 의례적인 질문들이 쉼 없이 이어졌다. 리듬이 부족한 단어의 배열은 모두 성급한 물음표로 끝났다. 그는 마치 취조에 응하듯이 단답형으로 대답했다. 아마도 질문에 큰 의미를 느끼지 못했거나, 다소간 지루했거나, 자신의 이야기를 꺼낼 만한 날카로운 물음이라 생각하지 않았기 때문이었을 것이다. 한평생을 바친 이동권 투쟁으로 산전수전 공중전을 다 겪었다며 자신을 소개하던 백발의 노인은 민원을 넣어본 경험이 있느냐는 질문을 대체 어떻게 받아들였을까. 인터뷰 참가자는 질문을 통해 자기의 경험을 뒤돌아보게 된다는데, 이런 건조한 질문들이 과연 그의 마음 한구석 어느 장소를 되돌아보게 했을까. 혹시 '연구자들, 또 시작이구나. 세상이 당장 급박하게 돌아가는데 갈 길 잃은 서생은 상황 파악 못 하고 이렇게 뻔한 걸 나한테 묻고 글까지 쓰고 있구나.' 생각하지 않았을까. 그가 나와 나누고 싶었던 감정은 불편과 슬픔으로 얼룩진 잿더미가 아니라, 분노와 저항으로 타오르는 불꽃 같은 것이었을 텐데. 오래된 차별을 뒤흔들 만한 사회운동의 경험을 말하고 싶지, 세상 사람들이 따돌려서 슬프다는 투의 자기연민을 진술하고 싶지는 않았을 것이다.

　　당시의 나는 눈치가 없었고 잘 몰랐다. 이건 불편하지 않았는지, 저건 이용하기에 어땠는지, 속상함을 느끼지는 않았는지 하는 진부한 질문을 계속 던졌다. 장애인이 장애인다워야만 대답할 수 있는 질문들 앞에 그는 전형적인 연구 대상처럼 취급되었다. 그가 나에게 화를 낼 법도 했지만 그러지는 않았다. 도리어 그는 나의 운율 없는 형식적인 말들에 자신의 리듬을

섞어 응수했다. 어설픈 질문은 엉뚱한 답변으로 빛났다. 현재의 불편함을 묻는 말에는 과거의 용감함에 대한 이야기로, 비참함을 묻는 말에는 장애운동의 전망으로 뻗어갔다. 연구에 쓰기에는 부적절했지만 인간적으로 빨려 들어가는 이야기들이었다.

"편의시설을 바꾸는 데 집착하는 이유가 무엇인가요"라는 질문에 그가 대답했다. "장애인에게 계단은 계단이 아닙니다." 계단은 위층과 아래층을 연결하는 통로가 아니라 장애인과 비장애인을 나누는 차별의 단면이었다. 그는 돈키호테 같은 대답을 이어갔다. 돈키호테가 풍차를 향해 거침없이 돌진했듯, 그는 계단을 보면 계단으로 향했고, 계단이라는 괴물을 무찌르고 엘리베이터가 설치되기를 꿈꿨다. 공공장소에 설치된 계단과 문턱에 대드는 활동에 그토록 진심을 다하는 이유를 묻자, 그는 이렇게 말했다. "나한테 계단은요, 마치 삶과 죽음의 경계선 같은 거예요, 그건."

고작 시멘트 덩어리가 삶과 죽음의 경계선이라니. 못 알아듣겠다는 듯 고개를 갸우뚱하자, 그는 휴대폰을 꺼내 무언가를 검색하고는 한 사람의 사진을 보여줬다. "서울 거리 턱을 없애주시오. 휠체어 시민, 유서쓰고 자살."이라는 문구가 붙은 고 김순석의 사진이었다. 1952년 부산에서 태어나 1980년 교통사고로 장애를 갖게 된 뒤, 1984년 서른다섯의 나이로 자결한 장애인이었다. 그의 사망 소식이 실린 조선일보 1984년 9월 22일자 기사 판본에는 그를 한평생 괴롭혔던 계단들 이야기가 자세히 기록되어 있었다. 기사 왼편에 첨부된 그의 가족사진 옆에는 그의 유서 내용 일부가 옮겨져 있었다. "건너갈 수 없는 횡단보도, 들어갈 수 없는 식당과 화장실, 우리가 살 땅은 어디입니까"라는 그의 마지막 물음이 서울시장 앞으로 던져졌다. 1984년 서울 거리의 턱을 없애달라는 절규를 남긴 사람에게 계단과 문턱은 삶과 죽음의 경계선이었다. 계단에서 굴러 사망한 사연이 아니라, 계단을 오르지 못해 사망한 사연이었다.

박경석 대표는 기사를 보여주며 장애인을 괴롭히는 계단이 아직도 우리 사회에 여전한 모습으로 남아 있다고 말했다. 차별의 역사에 저항한다는 거창한 목표가 일상의 계단 앞에서 소리 높이는 모습으로 실천된다는 사실을 깨달았을 때, '아!' 하는 기분이 머릿속에 여러차례 지나갔다. 차별의 역사에 대한 슬픔의 감정과 논문에 쓸 만한 문구를 찾은 기쁨의 감정이 번갈아 찾아왔다. 다만 연구자로서 깨달았다는 사실에, 장애인 당사자로서 느낀 슬픔의 무게보다는 기쁨의 무게가 더 무거웠다. 오랫동안 해소하지 못한 연구 질문에 이제야 적절한 대답을 찾았다는 생각에서 비롯된 짜릿함이 있었다. '그래! 어떤 장애인은 접근성의 제약을 느낄 때 속상하고 마는 것이 아니라, 삶과 죽음의 경계선이라 인식할 수도 있구나. 그래서, 살고자 하는 이들이 모여 목소리를 높이고 시위를 하는구나.' 드디어 논리적 인과가 빈틈없이 성립한다는 것을 느꼈다.

해변에서 예쁜 조개를 주우면, 풀밭에서 네 잎 클로버를 발견하면 이런 기분을 느끼게 되는 걸까. 도무지 풀리지 않을 것 같은 일간지 뒷면의 가로세로 퍼즐의 가운데 문제를 완성했을 때 이런 걸 느끼는 걸까. 휠체어를 탄 백발의 장애인이 매일 마주하는 건물의 단차(段差)가 마치 삶과 죽음의 경계선 같다고 말할 때 나는 그 단어에서 마음을 무겁게 누르는 바위 같은 중압감을 느끼지 않았고, 논문을 예쁘게 치장해줄 커다란 공작새의 깃털 같은 표현을 찾았다며 한참을 감탄하고 기뻐했다. 당시의 나는 그의 생각과 말과 행동을 철저히 대상화했다. 차별과 고통의 의미를 담은 진술이 지닌 역사적 무게를 이론에 가둔 채, 실재하는 사람들을 전혀 바라보지 못했다. 그저 귀갓길 내내 그날의 인터뷰를 인용하면 논문이 완성될 것 같아 가슴이 두근거렸다.

쿠오 바디스
도미네

이 글은 예상치 않게 전장연 활동을 시작하게 된 배경에 관한 이야기다.

어릴 적부터 줄곧 그랬다. 누군가 되고 싶었지만, 무엇도 되고 싶지 않았다. 수많은 책들은 한결같이 현대인의 미덕으로 선택과 집중을 꼽았고, 수많은 TV 연사들은 확신을 품고 전진하고 달려들며 살아가라 말했지만, 나로서는 따르기 어려운 교훈들이었다. 과녁의 영점을 노려보며 살아야 한다는 조언을 곧장 따르기에 앞서, 늘 그 주변이 함께 눈에 들어왔다. 하나만 바라보고 살다보면 결국 후회하지 않을까. 무엇에 집중하는 삶은 나머지 것들의 잠재력을 무시하고 살아야 한다는 뜻으로 다가왔다.

선택의 순간은 졸업과 함께 찾아왔다. 졸업은 끝이 아니라 시작인 것만 같았다. 과연 졸업장의 진짜 의미는 진로를 정해야 할 때라는 출발대기신호 같은 것이었지만, 그때까지도 인생을 어느 방향으로 주행해야 할지 정하지 못했다. 이제는 내비게이션을 켜고 목적지를 정해야만 한다니. 미루고 미뤘던 시간이 닥치고야 말았다. 꼼짝없이 마주해야 할 도로는 아득하게만 느껴졌다. 마땅히 가고 싶은 곳이 없는데 엔진을 끌 수 없다니. 서른해 전, 김광석이 통기타를 치며 부르던 노래 「서른 즈음에」가 유행한 것은 당시 한국인의 평균 연령이 서른이었기 때문이라는 어느 평론가의 말이 떠올랐다. 삼십대에는 미래를 뜨겁게 꿈꾸고 도전하는 어른의 모습을 갖추고 있을 줄 알았는데, 서른을 목전에 둔 나는 전혀 그렇지 않았다. 떠밀려 집 밖으로 일단 나섰지만 목적지가 없는 상태였다. 어떡하지, 답이 보이지 않는 질문 앞에 남은 건 자책뿐이었다.

'졸업논문을 도서관에 제출하고 나면 정말 학업이 끝나는 건데… 뭐해 먹고살지?' 땡볕 속에서 갈팡질팡하던 마음은 단풍이 떨어져가는 순간까지도 그대로여서 나는 자신을 추궁하는 물음에서 도망치려 했다. 곧 소복하게 눈이 쌓였고, 이내 녹기 시작했다. 유학을 가게 되거나 새 직장을 구한 친구들은 화창한 봄날의 졸업식 사진을 연인과 함께 찍겠다며 그날을 기다렸지만, 나는 졸업식이 싫었다.

졸업식을 준비하는 동안 몇가지 일들을 새로이 경험했다. 논문 심사를 받으며 "노력은 가상하나 무얼 말하는지 잘 모르겠다"는 냉철한 평가를 마주했고, 지도교수님 앞에서 소리내어 울며 신파극을 찍기도 했다. 마지막으로 학교 도서관 사이트에 논문 사본을 올릴 즈음에는 그간 함께 공부한 학우들과 교수님 앞에서 "먼저 가. 난 이미 틀렸어."의 의미를 담아 박사과정 진학 포기 선언도 했다. 대학원 생활이 허겁지겁 끝났다. 저 멀리 제주에 계신 부모님은 장애인 자녀의 대학원 졸업장이 CEO나 교수가 되는 자격으로 작동하리라 굳게 믿는 분들이셨지만, 사실 졸업장은 나에게 당혹스러움과 수치심을 안겼다.

결정적으로 길을 잃었던 이유는 논문 최종 심사에 있었다. 그 심사일은 나에게 슬픈 기억으로 남아 있다. 논문 심사장에서 '깨지는' 건 비단 나만의 이야기는 아니다. 수많은 졸업자가 저마다 산산조각이 난 자기애착의 경험을 공유할 수 있을 것이다. 나는 아직도 논문 심사위원들이 휙 하고 던진 비수 같은 물음을 좀처럼 잊을 수 없다. "당신의 논문이 이론에 기여하는 바는 무엇입니까?" 또는 "당신의 논문이 사회에 기여하는 바는 무엇입니까?"와 같은 질문은 대전액션게임에서 가드를 무시하고 들어오는 필살 '가불기'와도 같았다. 온 힘을 다해 변론하긴 했지만, 끝내 마주한 건 고개를 갸우뚱거리는 심사위원의 심중을 알 수 없는 모습뿐이었다. 만일 그런 의아스러운 보디랭귀지를 체험하고 싶다면 대학원에 진학할 것을 추천한다. 그들의 반응은 나처럼 오로지 졸업 논문 하나만 보고 달려왔던 대학원생일수록 더 생생하게 기억된다. 약 일년의 시간 동안 학위논문을 끝내는 데 온 삶의 원동력을 쏟았다가, 논문 심사장에서 내가 경로를 한참 이탈한 채 너무 먼 곳으로 빠졌다는 조언을 마주할 때 뒤늦게 닥쳐오는 긴장감과 좌절은 정말 절망적이다.

우울한 논문 심사를 거치면서 연구자로서 꿈을 단념했다. 나는 연구할 자격이 없는 사람이라고 생각했다. 지도교수님이 가끔 언급하셨던 취미로 하는 공부와 생업으로서의 연구가 다르다는 게 구체적으로 이런 뜻이었을까. 지도교수님은 늘 다른 사람의 지식을 배우는 것만으로 즐겁다면 졸업하고 대학원에 진학하지 말고 책을 읽으며 공부를 하라고 말씀하셨다. 대학원에서의 연구는 지식을 나의 결과물로 만드는 노동을 수반해야 하기 때문이다. 공부는 취미로 할 수 있지만, 연구는 생업에 가깝다. 공부는 적당히 만족할 만큼만 하면 충분하지만, 연구는 꾸역꾸역 쏟아내야 하는 부담이다. 연구를 한다는 건 공부를 하는 것과 달리 이론과 정책에 도움이 되는 결과물을 생산하는 책임을 지는 일이고, 연구자가 된다는 것은 지식 생산 노동을 평생 하기로 마음먹는다는 뜻이다. 그런 점에서 박사과정에 진학한다는 것은 지식을 생산하고 조립하는 일을 업으로 삼는 숙련공으로 살겠다는 선언과도 같다.

논문 심사 한번만으로도 무너졌는데, 과연 한평생 이런 과정을 거쳐 지식 생산을 책임지는 연구 노동자가 될 수 있을까. 나는 과연 재능이 있는 숙련공이 맞는 걸까. 그저 관광지에 잠깐 들러 체험으로 양초와 비누 정도만 만들어보고 싶은 사람은 아닐까 생각했다. 돌이켜보는 시간이 길어질수록 자신감은 점점 더 달아나고 말았다. 내 글이 깃털처럼 가벼워 보였고, 연구 문제의식에는 집요함이 없는 것 같았고, 결론에는 확신이 담기지 않은 것 같았다. 이 상태로 박사과정에 진학하는 건 불가능하다고 스스로 결론짓고는 미래를 정하지 못한 채로 학교를 떠났다.

학교를 나온 뒤, 당장 새로운 길을 찾기보다는 길 자체를 잊기 위한 현실 도피를 시작했다. 지적 유희를 즐기는 나 같은 '딜레탕트'적 애호가에게 가장 효율적인 취미는 외국어를 공부하는 것이었다. 마땅한 계획 없이 홀린 듯 강남 모 영어학원에 학원비부터 입금했다. 영어 공부는 나의 적당한 자의식을 지켜주는 최후의 보루였다. 학습의 과정보다 학습을 통해 미래의 가능성을 꿈꿀 수 있는 게 무척 만족스러웠다. 세상이 싫어질수록 열심히 학원에 다녔다. 키가 작아 앞좌석에 앉지 못하면 칠판을 볼 수 없어서, 그 어떤 학생보다 일찍 학원에 도착했다. 새벽 2호선 지하철에 몸을 맡기고 인파에 깔려가며 강남역 10번 출구로 빠져나오는 전쟁이 반복되었다. 영어학원은 공허한 마음의 둥지가 되었다. 펼쳐지지 않는 미래를 열심히 꿈꿨다. 사색을 한가한 자들의 자기위로처럼 여기는 한국 사회의 규칙에 자발적으로 젖어들었다.

어느날 학원 수업을 마치고 나오는 길, 부재중 전화가 한 통 찍혀 있었다. 저장되지 않은 번호였다. 모르는 번호에는 잘 회신하지 않지만, 그날따라 왠지 기분이 좋아 통화 버튼을 눌렀다. 신호음이 갔다. 이윽고 통화연결음이 목소리로 바뀌었다. 상대방은 "여보세요. 변재원씨죠?" 하더니 이내 자신을 활동가라고 소개했다. 나는 그 당시까지만 해도 운동하는 사람들이 활동가라는 이름을 달고 있는 걸 알지 못했다. 무슨 활동하는 사람이냐고 되물었고, 통화 상대는 전장연의 활동가라고 대답했다. 딱히 전화 올 일이 없는 사람이어서 "아, 예… 그런데요" 하고 떨떠름한 투로 대답했다. 그는 나에게 대뜸 시간이 되는질 물었고, 곧장 커피 한잔을 제안했다. 모르는 사람과의 통화가 낯설기도 했고, 당시 한창 집중하고 있던 영어 공부 때문이라도 시간을 내는 것이 썩 내키지 않았다. 우물쭈물 거절하려던 중 상대가 눈치챈 듯 상황을 이어서 설명했다. "얼마 전에 박경석 대표님 만나셨죠? 그때 옆에서 같이 인사했는데." 아, 휠체어 안 탄 동행인. 기억났다. 논문을 마치는 데 큰 도움을 준 인연이어서 만남 요청을 차마 거절하기 어려웠다. 결국 만날지 말지에 대한 잠깐의 고민이 무색하게 "어디로 가면 되는데요?" 하고 물을 수밖에 없었다. 혜화동 대학로에 있는 전장연 사무실 4층 카페라는 구체적인 대답이 돌아왔다. 알겠다 답하고는 전화를 끊었다.

약속 장소에 도착하고 느꼈던 첫인상이 여전히 강렬한 기억으로 남아 있다. 내가 찾아간 곳은 미팅에 어울릴 법한 평범한 카페가 아니었다. 건물 외벽에는 온갖 구호를 지탱하는 현수막들이 해어진 채로 걸려 있었고, 길가에는 장애인도 같이 살고 싶다며 뭐라 뭐라 하는 내용의 다양한 글귀들이 적힌 선전물이 여럿 놓여 있었다. 건물 로비 엘리베이터 앞에는 휠체어를 탄 사람 몇명이 부산스럽게 떠들며 나란히 줄을 서 있었다. 내 앞의 사람들을 모두 올려보낸 후에야 엘리베이터를 탈수 있었다. 꽤 오랜 시간이 걸렸다. 건물 4층에 들어서자 초록 잎의 식물들이 줄지어 있었다. 통로를 따라 들어가자 휠체어 탄 사람들 열 명 이상이 저마다 커피를 마시고 있었는데 아무래도 그곳이 카페인 것 같았다. 그런데 누군가는 커피를 마시는 사람들 옆에서 밥을 먹고 있었다. 급식실과 카페의 경계가 모호한 그 공간에는 구수한 뭇국 냄새와 산미로 가득 찬 아메리카노 향이 뒤섞여 있었다.

낯선 냄새와 기묘한 모습이 좁은 공간에 응집되어 있었다. 수많은 휠체어, 나란히 놓인 뭇국과 아메리카노, 해어진 현수막과 낡은 포스터, 언젠가 시위에서 쓰였던 것 같은 부서진 패널과 집기들이 어우러진 4층은 일반적인 카페의 질서를 따르고 있지 않았다. 각각의 사물이 있어야 할 자리를 벗어나지 않는 고지식하고 숙연한 대학원 열람실과는 전혀 다른 풍경이었다. 복잡하게 뒤섞인 사물의 층위가 자아내는 긴장감이 있었다. 기가 눌린 채로 구석에 자리를 잡았다. 그곳에 놓인 작은 테이블에 앉아 휴대폰 액정만 한참 들여다봤다. 머잖아 누군가 내 이름을 부르며 찾아왔다. "변재원 씨, 저예요. 전화한 활동가." 화답의 인사를 건네려던 순간 그는 손을 쫙 펴면서 소리 없이 '잠깐만'을 외쳤다. 그러고는 주머니에서 휴대폰을 꺼내 걸려온 전화를 받았다. 박경석 대표와의 첫 만남이 떠올랐다. 이 일을 하는 사람들은 대체로 다 바쁜 사람들인 것 같았다. 그는 통화를 나에게 다가오는 사이에도 한번, 자리에 착석한 후에도 한번, 인사를 주고받다가도 한번 더 했다.

　　어수선한 분위기 속에서 겨우 각자의 자리를 찾아 앉았다. 한참 시시한 이야기를 나눴다. 올해 유난히 춥다는 이야기, 4층 식당 반찬 중에 특히 이게 더 맛있다는 이야기 따위를 하며 겸연쩍은 웃음을 교환했다. 그러다 본론이 나왔다. "혹시 전장연에서 활동할 생각 없어요?" 그가 물었다. "네? 왜요? 저는 이런 거 안 해봤는데." 전혀 예상치 못한 말에 당황했다. 일단 나에게 왜 활동을 제안하는지부터 되물었다. "글쎄요. 일단 장애인이고. 정책 문건도 이해할 수 있고, 직업도 없는 것 같고. 우리가 사람을 뽑고 있거든요. 그 세가지 기준에 꽤 적합한 인재세요." 내 물음에 상대가 당연한 듯 대답했다. 음, 학교를 끝까지 못 다녀서, 예술을 전공해서, 단체 생활이 서투른 것 같아서 나를 좋아한다는 누군가의 고백을 들은 다음으로 신기한 제안이었다.

　　"제안은 감사한데… 당장 일할 생각이 없어서요." 망설임 없이 거절했다. 예기치 못한 대답이었는지, 상대는 그냥 일하는 게 아니라 정책 활동을 담당하게 되는 거라며, 그 일이 장애 운동에서 얼마나 중요하고 필요한 역할인지 한참을 더 설명했다. 그러나 중책이라는 표현이 더해질수록, 더 거부하고 싶어졌다. 그날 아침까지도 나의 꿈은 무엇도 되지 않는 것이었기 때문에, 무언가에 책임을 지는 건 속박되는 것으로 여겨졌다. 완강한 상대에게 아무리 거절 의사를 밝혀도 순순히 보내줄 것 같지는 않아, 고민해보겠다고 둘러대고는 서둘러 그 이상한 공간에서 빠져나왔다. 4호선을 타고 밤늦게 집으로 돌아와 영어 숙제가 밀렸다며 투덜거리고, 자정쯤 책가방을 싼 채로 잠이 들었다.

며칠이 지났을까. 그날도 어김없이 영어학원 수업을 마치고 휴대폰을 켰다. 또 부재중 전화 한통을 발견했다. 전과는 다른 번호였다. 전화를 걸까 말까 고민 끝에 통화 버튼을 눌렀다. 통화연결음은 이번에도 목소리로 바뀌었다. 중년 남성의 목소리가 들렸다. "어이. 잘 지냈어요?" 수화기 너머 상대는 나를 잘 안다는 듯 말을 걸어왔다. 누구시냐 묻자 얼마 전 시청에서 만났던 전장연 활동가 박경석이라고 자신을 소개했다. 그는 지난번에 대학로에 들르지 않았느냐며, 이번에는 자신을 만나자고 제안했다. 이유는 같았다. 커피 한잔이었다. '아, 거절할 수도 없고, 참……' 인터뷰 값 한번 제대로 치른다고 생각하면서 약속을 새로 잡았다. 장소는 같은 곳이었다.

퇴근 시간 무렵. 살을 뚫는 매서운 추위를 피하려고 두꺼운 패딩을 걸쳐 입고 털장갑을 낀 손으로 목발을 쥔 채 집을 나섰다. 칼바람을 헤치며 그대로 혜화로 향했다. 거추장스러운 겨울철 거적때기를 끌고 다녀야 하는 이동은 언제나 번거롭고 괴롭다는 생각을 하면서, 저 멀리 한강 이북까지 어떻게 올라가야 할지 막막함을 느꼈다. 사당역에서 혜화역까지 향하는 4호선 상행선은 환승도 없는데 유독 멀고 험하게 느껴졌다.

해가 저물고 나서야 도착한 건물 앞. 마로니에 공원 뒤편에 있는 그 건물의 실루엣은 그대로였다. 문구를 알아볼 수는 없었지만 낡은 천막이 여전히 찬 바람에 나부끼고 있었다. 빨간 히터를 다리 옆에 두고 모니터를 바라보는 경비 아저씨는 빡빡한 인상을 한끝 더 찡그리고 있었다. 깃발도 있겠다, 수위도 있겠다. 철통보안이 이루어지는 요새 같은 곳일까 싶다가도, 바닥에는 휠체어 바퀴 자국이, 벽면에는 마모된 모서리가, 유리창에는 얼룩이 남아 있는 것을 보면 관리자의 손길이 잘 안 닿는 게 아닐까 하는 의구심이 생기는 알쏭달쏭한 공간이었다. 엘리베이터를 타고 위층에 올라, 입구에서 휠체어를 탄 백발의 할아버지를 다시 만났다. 관우 머리에, 장비 풍채를 한 사람. 할아버지는 일터로 가자며 따라오라고 손짓하고는 휠체어를 굴리기 시작했다. 그가 안내한 통로의 벽면에는 오랜 투쟁의 역사가 차곡차곡 기록된 여러 신문 스크랩들이 붙어 있었다. 장애인을 주제로 한 영화 포스터 패러디라든가, 각종 집회 선전물도 함께 걸려 있었다. 우리는 함께 요란스런 복도 끝을 지나 어떤 방으로 들어갔다. "어, 앉아요, 앉아." 수북한 문건이 쌓인 책상 앞에서 그와 정식으로 인사를 나누었다. 초가을 저녁, 텅 빈 서울시청 별관 지하에서의 만남 뒤로 처음이었다. 나는 책가방을 의자 옆에 세워놓고 고개를 꾸벅이며 덕분에 성공적으로 논문을 마무리할 수 있었다고 감사 인사를 했다.

그는 내 인사를 받으면서 외투를 벗고 편안한 복장으로 갈아입었다. 해어진 낚시 조끼 같은 것을 걸치고 안에는 한겨울에 조금도 어울리지 않는 흰색 반소매 면티를 입고 있었다. 아래에는 고등학교 도덕 선생님들이 애용할 것 같은, 생활한복같이 펑퍼짐한 보라색 바지를 입고 있었다. 여전히 덥수룩하고 굵은 털들. 하얀 눈이 쌓인 것처럼 소복한 턱수염과 콧수염. 수염 길을 따라 이어지는 흰 장발. 새로운 공간에서 살펴보아도 그의 '오래된' 것 같은 인상은 처음 모습 그대로였다. 딱딱했던 지난 면담과는 달리 그날의 박경석 대표는 듬직한 풍채에 어울리지 않는 천방지축 신이 난 분위기를 마음껏 방출하며 말을 걸어왔다.

그가 "어…" 하고 한숨을 뱉더니, 덥석 내 손을 잡고는 수수께끼 같은 외국어를 외쳤다. "쿠오 바디-스! 도미네!" 갑작스러운 외국어에 놀라 "네?" 하고 되물었다. 뭐지. 외국 드라마나 영화 대사인가. 그는 다시 영문 모를 말을 다른 박자로 외쳤다.

"쿠오-바디-스. 도미네!" 당최 어떻게 반응해야 할지 몰라 표정을 찡그린 채로 고개만 가로저었다. 내 반응을 보고 그가 혹시 성경을 읽어본 적이 없느냐고 물었다. 나는 조용히 고개를 끄덕였다. "아, 그렇구먼" 하고는 대뜸 베드로라는 사람에 관한 일화를 들려주었다. 자신이 반복한 말과 관계가 있다며.

로마의 폭군 네로가 저지르는 박해가 날이 갈수록 심해지자, 예수의 제자 베드로는 로마에서 피해 시골로 도망을 갔다. 피난길 중 우연히 예수의 환영을 마주했다. 방금 자신이 도망쳐 나온 로마로 거슬러 향하는 예수의 모습을 본 베드로는 자신의 스승에게 "주여, 어디로 가시나이까?" 하고 급히 물었다. 그 말이 곧 "쿠오 바디스 도미네"(Quo Vadis, Domine?)였다. 예수는 베드로에게 답했다. "네가 도망친 그곳 로마에 내가 대신 십자가에 못 박히러 다시 간다"고. 예수가 그렇게 사라졌다는 수수께끼 같은 일화로 이야기가 끝났다(나중에 알고 보니 성경에는 나오지 않는 말이었다).

대체 무슨 말을 하고 싶은 걸까, 곰곰이 생각했다. 그의 의도를 종잡을 수 없었다. 알 수 없는 침묵이 시작됐다. 꽤 오랜 정적이 계속된 뒤에, 그가 먼저 고요함을 깨며 내게 말했다. "'쿠오 바디스 도미네'가 무슨 뜻 같아요?" 모르겠다고 대답했다. 이어서 그는 대뜸 "활동합시다"라고, 대답에 대답을 더했다. 산 넘어 산이었다. 그가 말한 '쿠오 바디스 도미네'는 무슨 뜻이고, 활동은 또 무엇인가. 어떤 활동을 말하는 건지, 지난번 받았던 제안을 다시 한번 하는 건지, 아니면 곁에서 응원하고 지지하는 서포터가 되어달라는 것인지, 정기적인 후원 회원이 되어달라는 건지. 많은 것이 생략된 그의 말은 알쏭달쏭하고 갑작스러웠다. 멀뚱멀뚱 아무 대답도 하지 못한 채로 그를 쳐다보았다.

그는 장애운동에 관해 이야기하기 시작했다. 함께 운동하는 사람들을 이렇게 소개했다. "여기에 모인 장애인은 우리 사회에서 침전물 같은 취급을 받는 존재예요." 전장연 운동은 차별받고 배제되는 중증장애인들이 나서 사회의 차별에 저항하는 활동이라고 했다. "동지와 잠깐이라도 좋으니 같이 활동하고 싶소." 그는 전에 없이 심각한 목소리로 말했다. 앞선 장난기는 쏙 빠진 진지한 제안이었다. 그 자리에서 결정하기에는 너무 부담스러운 제안처럼 느껴져 제대로 된 대답을 하지 못한 채로 어영부영 '아, 예…' 얼버무리다 말고 그를 자리에 둔 채 빠져나왔다.

집으로 되돌아가는 길, 머릿속이 복잡해졌다. 우선 중증장애인 본인이, 다른 중증장애인들을 우리 사회의 침전물이라고 표현하는 것이 낯설었다. 그가 이 말을 아무렇지 않게 하기까지 얼마나 많은 생각의 시간을 가져왔던 걸까. 생각은 성경 일화로 뻗어 나갔다. 나를 만나 그 알 수 없는 이야기는 대체 왜 들려줬던 걸까. 베드로가 누군지 정확히 몰라 채 알아들을 수 없는 성경 이야기가 잘 와닿지 않았지만, 기분이 나쁘지는 않았다. 마땅한 신앙심도 없었지만 "주여, 어디로 가시나이까"를 외치는 사람의 일화가 왠지 기억에 남았다. '나도 그렇게 도망치고 있었던 걸까. 스스로 비겁한 망설임을 마주하게 하려고 그 말을 준비했던 걸까…' 돌이킬수록 가슴이 답답해지는 만남이었다. 밤으로의 긴 여로 속, 귀갓길 마을버스를 기다리며 되새기고 있자니, 가슴 한구석이 왠지 울렁거렸다.

집으로 돌아와 신발장에 섰을 때 자연스럽게 켜지는 주황색 무드등이 전에 없이 사치스럽게 보였다. 안락한 내 방. 따스한 내 침대 위에 구축된 조용한 평화가 과도한 것처럼 느껴졌다. 낯설게 보이는 조명과 가구들을 보며 물었다. "왜 나만 이런 걸 누리고 있는 거지?"

다음 날 아침, 잠을 설친 탓인지 정신이 사나워져 학원에 가지 않고 가까이 있는 모교 열람실로 향했다. 들어가는 순간 고요하고 깔끔하게 구성된 공간이 나를 맞이했다. 그곳에는 나부끼는 깃발도, 뭇국과 아메리카노가 뒤섞인 냄새도, 수십대의 휠체어도 없었다. 모두들 시원시원하게 걸어 다녔고, 말끔

하고 단정했으며, 고급스러운 향기를 풍겼다. 전날 밤 박경석에게 들은 말을 빌리자면, '침전물'을 찾아볼 수 없는 일상의 풍경이었다. 평범하다 생각했던 사람들이 낯설게 느껴졌다. 모두가 완벽해 보였달까. 어떻게 여기 있는 사람들은 모두 휠체어 없이 움직일 수 있는지, 볼펜을 손에 잡아 책에 밑줄을 긋고 지우개로 낙서를 지우는 게 수월한지, 숟가락과 젓가락을 쥐었던 손을 자유롭게 씻을 수 있는지. 장애가 없는 사람들의 공간에서 장애는 흔치 않은 불운의 상징처럼 아주 가끔 볼 수 있을 뿐이었지만, 사실 장애를 가진 사람들이 없었던 게 아니라 그들이 이 공간에 머물 수 없는 것이었다는 것을 깨달았다. 무균실처럼 차단된 공간에 너무 오래 있었다는 생각을 뒤늦게야 했다. 같은 장애를 가지고 있는데 왜 나만 여기 있는 건지, 그 이유를 한참 생각했다. 전에는 느끼지 못했던 낯선 감각과 시선이 며칠간 계속되다가 나의 위선적인 모습을 비추었다.

'어떻게 해야 하지. 난 정말 비겁한 사람일까…?' 자책하는 물음이 계속되어 결국 주변 사람에게 고민을 털어놓았다. 그 사람은 내게 혼자서 생각을 단정짓지 말고, 박경석 대표를 다시 만나보는 게 어떻겠느냐고 말했다. 어차피 졸업하고 시간도 남는데, 팔자를 고치려면 팔자를 받아들이는 방법이 제일 좋다는 어른들의 말을 흉내를 내가며 지금이 적당한 때라고 조언했다.

　다음 날, 반신반의하는 마음으로 박경석 대표에게 전화했다. 면접을 보고 싶다고 말했다. "활동하게?" 다짜고짜 되묻는 그에게 대답했다. 내가 면접을 보고 싶다는 게 아니고, 당신을 면접 보려 한다고. "나는 당신을 잘 알지 못하는데 같이 활동하는 게 맞을까요? 잘 믿지도 못하겠고요." 내가 가진 두려움과 걱정을 솔직히 말했다. 스피커 너머 하하하 웃는 소리가 들리더니 흔쾌히 좋다는 응수가 이어졌다. 그 길로 약속을 정했다.

　일주일 지나 다시 나타난 나는 전장연이라는 곳이 어떤 곳인지, 믿을 만한 단체인지, 무얼 하는 곳인지, 당신은 좋은 사람인지, 이 활동의 목표는 무엇인지 등을 쉴 틈 없이 물었다. 한 시간 넘게.

　지난가을, 연구자로서 박경석에게 물었던 것은 일종의 소비자 만족도 조사같이 의례적인 질문들이었지만, 겨울이 되어 다시 만난 그에게 물은 것들은 내 진로를 담보로 둔 질문들이었다. 장애운동을 낯설어하는 나에게 그는 지난 삼십년간의 활동 이야기를 들려주었다. 이동권이라는 단어가 처음 탄생했을 때의 이야기, 저상버스가 도입될 때의 이야기, 누군가 세상을 떠났을 때의 이야기, 장애인들이 한나절 꼬박 기어서 한강대교를 건넜던 이야기 같은 것들. 대체로 짜릿하고 통쾌하게 시작하는 투쟁에 관한 이야기였지만 그 배경에는 낯설고 원통한 죽음이 있었다. 그가 기억에서 끄집어낸 이야기들은 한국 현대사를 관통하는 역사였다. 그 이야기 속 주인공은 한결같이 장애인이었다. 장애인의 관점에서 바라보는 한국의 현대사는 처음이었다.

그는 사회운동가로서 자신이 거쳐온 역사의 무게를 잘 아는 사람이었다. 자기의 삶과 결정에 애착을 갖는 그가 어쩐지 부러웠다. 나는 그동안 무언가 되고 싶지만, 누구도 되고 싶지 않아 아무것도 선택하지 않은 채로 살고 있었는데, 그가 걸어온 삶의 경로는 뚜렷하고 명확했다. 장애인이 어디나 갈 수 있고 언제나 배울 수 있고 무슨 일이든 할 수 있는 환경을 만드는 것. 비장애중심주의로 구성된 사회에 균열을 내는 것. 그것이 그가 가진 삶의 목표였다. 이야기를 들으며 문득 그와 같이 활동하는 게 재밌을지도 모르겠다고 생각했다. 그와의 대화 속에서 내 삶을 잠식하는 우유부단함과 막막한 침묵이 조금은 깨지지 않을까 기대되었기 때문이다. 이러나저러나 평생 헤매며 살 것이라면 당분간 그가 꿈꾸는 것처럼 장애인이 차별받지 않는 세상을 만들기 위한 활동에 힘을 보태는 것도 좋겠다는 생각이 들었다.

그를 면접하며 채용당하기로 결정했다. 그리고 말했다.

"이번 달부터 저를 보길 원하신다면, 영어학원 환불금 십만원을 입금해주세요. 계좌번호는 메시지로 보내드릴게요. 그게 아니라면, 일단 돈은 아까우니까요. 학원 먼저 다 다니고 다음 달부터 출근할게요" 하고 말했다. 대답을 들은 면접 참여자의 인중 주변 하얀 털들이 위로 삐죽 솟으며 기쁜 표정을 한껏 드러냈다.

건물을 나오는 순간 휴대폰 알림이 울렸다. 십만원 입금 소식을 알리는 자동이체 메시지였다.

코호트
격리

**이 글은 많은 장애인의 삶을 앗아간 코로나19
방역 정책에 관한 이야기다.**

모르는 이의 죽음을 보고, 듣고, 말하며 그 끝을 지켜보는 일. 감당해본 적, 아니 상상해본 적조차 없는 유형의 일이었다. 2020년 2월 청도대남병원 정신병동에서 촉발한 집단감염 사태의 근본적인 원인인 코호트 격리로 인권 활동의 어려움과 위태로움을 여지없이 마주하게 되었다.

이천이십년 이월 이십일을 기억한다. 20.02.20. 연월일을 표시하는 숫자의 배치가 마치 일련의 기계 언어처럼 느껴졌던 날. 국내 첫 코로나19 사망자가 발생했다고 알려진 날이다.

그는 청도대남병원에 거주하던 정신장애인이었다. 고인은 열살 때 조현병이 발병한 뒤로 여러 정신병동을 오가며 살았고 생의 마지막 집이었던 청도대남병원으로 자리를 옮긴 지 이십년이 넘었다고 한다. 예순을 훌쩍 넘긴 망자는 코로나19 감염으로 폐렴 증상이 악화하여 2020년 2월 19일 새벽에 세상을 떠났다. 코로나19로 인한 사망자로 발표되기까지는 하루가 더 걸렸다. 사망 익일에야 양성 판정을 받았기 때문이었다. 바이러스가 망자보다 하루 더 지상에 머무른 것처럼 느껴졌다. 지역사회에 살아가는 평범한 동네 이웃이 아니었기 때문에, 폐쇄정신병동에서 출발한 이 비극적인 전보에 누구도 큰 관심을 두지 않았다.

비극은 쉴 틈 없이 생의 문턱을 넘어 도래했다. 2020년 2월 21일 오후에는 54세 여성 환자가 사망했다. 역시 청도대남병원 정신병동에 입원 중인 환자였다. 망자는 첫번째 사망 사례가 기록된 날, 같은 정신병동 내부에서 급작스럽게 상태가 악화됐다. 정신병동에서 일반병동으로 옮겨졌지만 차도가 없었다. 생사가 오가는 상황이 되어서야 적극적인 치료가 가능한 큰 병원으로 옮겨졌다. 이송 결정은 이미 너무 늦었다. 그는 부산대병원에 채 이르지 못하고 끝내 사망했다.

이틀 후 오전, 또 한명이 죽었다. 국내 네번째 사망자였다. 56세의 청도대남병원 정신병동 입원 환자였다. 손쓸 수 없을 만큼 병세가 진행되고 난 후에야 동국대 경주병원으로 이송되었으나 치료 중 사망했다. 이송이 조금만 더 빨랐더라면……

같은 날 오후 또 사람이 죽었다. 59세의 남성으로 청도대남병원 정신병동 입원 환자였다. 마찬가지였다. 그도 동국대 경주병원에서 치료받던 중 결국 사망했다. 조치를 취하기에는 이미 늦었다고 했다. 다음 날 오전 또 사람이 죽었다. 국내 일곱번째 사망자다. 61세의 남성으로 청도대남병원 정신병동 입원 환자였다. 다음 날 저녁에 또 사람이 죽었다. 국내 여덟번째 사망자로, 66세의 남성이었으며, 역시나 청도대남병원 정신병동 입원 환자였다. 열번째 사망자 역시 청도대남병원 입원 환자로 58세 남성이었다. 여덟번째 사망 사례가 보고된 다음 날 사망했다.

청도대남병원 폐쇄병동은 국내 첫 코호트 격리 병동이었다. 이미 출입이 통제된 정신병동을 다시 한번 폐쇄하는 이 방역정책은 머물던 이 대부분이 집단감염되는 참사의 원인이 되었다. 청도대남병원 내 정신질환 거주인 104명 중에서 102명이 코로나19에 감염되었다. 여전히 유례를 찾을 수 없을 정도로 심각한 수준의 집단감염 사례다.

2월 20일 목요일 첫 사망 사례 보고 이후 닷새가 지난 화요일까지 추가로 알려진 최초 코로나19 사망자 열명 중 일곱명이 청도대남병원 정신병동 환자였다. 채 일주일도 안되는 기간 동안 발생한 일곱명의 연이은 사망 소식은 열악한 병동 환경에서 강행된 코호트 격리가 초래한 필연적인 결과였다. 죽음은 불평등했다. 재난의 빗장은 단절된 세상을 살아가는 이들, 고립된 이들, 힘없고 약한 이들에게 먼저 열렸다.

코호트 격리는 집단감염과 집단사망의 규모를 키우는 실패한 정책에 지나지 않았다. 예방의 실효성이라고는 찾아볼 수 없었다. 국가가 주도했던 방역정책은 마치 생화학 실험실에서 실험군과 대조군을 둔 채로 병원균 테스트를 하듯 대상별로 다르게 전개됐다. 지역사회에는 간격을 유지하는 사회적 거리두기 조치가, 폐쇄병동에는 전부 몰아넣고 감금하는 조치가 시행됐다. 코로나19 국내 유행이 본격화되면서, 정부는 일상을 사는 사람과 시설에 사는 사람 사이에 차별적인 대응지침을 확립했다. 일상 속 사회적 거리두기 원칙은 확실하고 안전한 대응책으로 소개됐다. 정책 규칙은 간단했고 단번에 이해할 수 있었다. 사람과 사람 사이 간격이 2미터 이상이면 감염병 예방에 효과적이라고 했다. 최대한 멀리 그리고 넓게 분산되어 있을수록 좋은 방역이었다. 그러나 집단 시설에는 적용되지 않는 방역 문법이었다.

감염 발생 장소가 치료 방식을 좌우했다. 청도대남병원에서 속출한 감염자들은 지역사회 감염자들과 다른 처지에 놓였다. 그들은 적극적 치료 대상이 되지 못했고 손쓸 수 없는 예외 대상처럼 취급되었다. 코로나19 초기 대다수 확진자가 감염 즉시 음압병동 등이 설치된 대형병원으로 옮겨져 집중치료를 받았던 것과는 전혀 달랐다. 이곳의 정신장애인들은 회복을 기대할 수 없는 수준으로 건강이 악화되거나 죽음이 예고되었을 때에야 겨우 감염장소를 벗어나 음압병동에 갈 수 있었다. 그래서 병원 어귀에서 세상을 떠나기도 했다.

정부는 상황의 심각성을 인지하고도 코호트 격리에 대한 고집을 꺾지 않았다. 그 무렵 발표된 「장애인거주시설 코로나19 관련 대응 방안」 자료는 역으로 코호트 격리의 확대 필요성을 강조 또 강조하는 논리로 구성되었다. 관련 부처는 코호트 격리를 마치 시설 이용자의 특성을 고려한 맞춤형 방역조치인 것처럼 홍보했다. 불평등한 죽음을 초래한 장본인이 갖는 반성 같은 건 없어 보였다. 정신병동, 장애인거주시설, 사회복지시설에 내려진 코호트 격리 조치는 사회적 거리두기와 정반대의 모습이었다. 그들의 문건에는 한 공간에 뒤엉킨 이들의 고통도, 폐쇄된 공간에 갇힌 사람들의 두려움도 없었다. 코호트 격리라는 어려운 방역정책의 이름은 힘없고 약한 이들의 희생

뿐 아니라, 국가의 폭력성마저 은폐시키고 말았다.

청도대남병원의 코호트 격리가 결정될 당시, 실제 현장의 활동가들 사이에서는 코호트 격리라는 용어의 해석을 두고 혼선이 있었다. 저마다 이해하는 의미가 달랐다. 어려운 두 단어의 합성어는 아득하게만 느껴졌고 누구도 코호트가 무엇이고, 격리란 무엇이라고 자신있게 말할 수 없었다. 사회적 거리두기와는 다른 정책이라는 점 빼고는 아는 것이 없었다. 질병관리본부는 코호트 격리를 '치료가 필요한 환자가 다수 발생한 상황에서 이들을 분산 배치할 병실이 부족한 경우 고려할 수 있는 접근 방식'이라고 정의했지만, 그게 구체적으로 무슨 말인지 되물을 수밖에 없었다. 암호 같은 용어를 정확히 이해하기 위해 저마다 보건소에 전화하거나, 시청에 연락하거나, 정부 문건들을 찾아보느라 바빴다.

그러던 중 어느 공무원과 통화한 활동가 한 사람이 말했다. 코호트 격리는 같은 시설에 머무는 사람들끼리 모인 공간을 감금 폐쇄하는 걸 뜻한다고. 외부와 접촉을 차단하는 목적으로 단체 격리시킬 거라고. 그것이 집단거주시설의 방역수칙이라고.

처음에는 사회적 거리두기 원칙과 정반대로 집단을 한 공간에 격리하고 통제하는 방역정책을 시행한다는 것을 좀처럼 믿기 어려웠다. 분명 사회적 거리두기와 코호트 격리는 모두 사회구성원 간 접촉을 최소화하고, 감염을 차단하기 위한 방역조치라고 들었건만, 두 정책은 정반대의 모습이었다. 어떻게 다른 조치로 같은 목표를 추구할 수 있다는 것인지 상식적으로 납득할 수 없었다. 인파를 한 공간에 감금시키는 코호트 격리가 대체 무슨 접촉을 어떻게 차단시킨다는 것인지. 문밖에 있는 사회구성원의 감염을 막기 위해 사람들을 가두면, 안에 밀집된 사람들은 어떻게 되는 건지. 매일 아침 뉴스에서는 사회적 거리두기 원칙의 대국민 홍보를 진행하는데, 그러면 정신병원, 거주시설, 요양시설에 사는 이들은 국민이 아니란 말인가. 밀폐된 좁은 공간에 사는 사람들은 어떻게 거리두기를 실천할 수 있는가. 사회적 거리두기는 개개의 시민을 저마다의 독립된 인격으로 바라보는 인식에서 출발한 방역정책이었다면, 코호트 격리는 기저질환자, 장애인, 노인 등을 도매금으로 묶어 취급하는 조치 같았다.

　　코호트 격리는 고통의 감각을 단절시키는 정책으로 쓰였다. 코로나19 초기, 시민들은 집단감염이 발생한 청도대남병원이 정확히 어디인지, 집단감염의 규모는 얼마나 되고, 얼마나 많은 이들이 그곳에서 사망했는지, 그 원인은 무엇인지 크게 관심 두지 않았다. 지역사회에서 살아남은 이와 폐쇄병동에서 죽어간 이의 거리는 코호트 격리를 벽에 두고 너무도 멀어졌다. 밖에서 산 자는 안에서 스러진 자의 죽음의 무게를 느끼지 못했다. 힘없는 이들의 통곡이 병실 밖으로 빠져나오지 못한 채 코호트 격리되었다. 코호트 격리라는 어려운 개념어는 참사의 진실을 모호하게 만들고 집단 감금 폐쇄라는 본질을 은폐했다. 국민 다수는 손쉬운 최후의 방역조치가 가리키는 실제 의미를 알 수 없었다. 이 방역정책 용어의 난해함은 청도대남병원의 열악한 의료 자원, 기울어진 의료 불균형, 격리된 이들의 무기력함을 모두 가리기에 충분했다.

코호트 격리 조치 이후 보고되는 사망 사고를 마주하고도, 사람들은 방역정책에 물음을 갖는 대신 죽음을 당연하게 받아들였다. 망자가 생전에 기저질환을 앓고 있었거나 정신장애가 있었기 때문에 일찍 죽었으리라 단정하기도 했고, 구체적인 병명을 알 수 없을 때는 병원에 입원한 환자여서 죽었으리라 쉽사리 추정하고 말았다. 인과관계가 무너진 비상식적 말들이 사회에 돌았다. 살기 위해, 살아남기 위해 찾아가는 곳이 병원인데, 병원에 입원했기 때문에 죽었으리라는 논리는 앞뒤가 맞지 않는데도, 무감각한 속단이 만연했다. 노골적으로 표현한 사람은 없었지만, 당시 다수의 시민이 장애인의 희생을 당연하게 여기고 있었던 것 같다. 청도대남병원에서 발생한 장애인들의 집단감염 사태는 어떤 식으로 결론이 나건 그들 안에서 매듭을 짓는 것이 사회라는 구명보트가 가라앉지 않는 최선의 대응책이라 믿었기 때문일 것이다. 재난 발생 지점과 아직은 떨어져 있는 나머지의 안위를 위해서라도.

　돌이켜보건대, 코호트 격리는 홀로코스트 역사의 재현과도 같다. 나치가 제2차 세계대전 당시 사용한 '최종 해결' '특별취급' 따위 추상적인 행정 용어가 집단학살 현장의 실상을 의도적으로 은폐하고, 희생자를 물화하는 데 활용되었다면, 팬데믹에 적용된 최종 해결 방식은 2020년 청도대남병원 집단감염 참사에 활용된 '코호트 격리'라는 모호한 용어였다. 코로나가 처음 등장했을 때, 선출직 정치인과 직업 관료 등 공공정책의 책임자들은 너나없이 시설 안팎을 기준으로 국민을 분류했다. 그들은 시설 안에 수용된 이들의 생존권은 국가 치안이 감당해야 할 몫이 아니라고 여겼으며, 오직 시설 밖에 있는 이들의 자유와 안위만을 염두에 두었다. 집단 감금 폐쇄와 사회적 거리두기 방역정책 사이에 놓인 거리는 극단적이었다. 어떤 미사여구를 동원하더라도 인류 역사에서 반세기 전 유대인 학살은 최종 해결책이 아니라 홀로코스트로 평가받듯, 코호트 격리 정책의 잔혹한 결과도 명확히 인식해야 한다.

　먼 훗날 우리 사회가 코호트 격리를 어떻게 평가할지 모르겠지만, 국가의 차별에서 비롯된 이 고통만큼은 분명히 기록되길 바란다. 대다수 국민의 방역을 지키기 위해 가장 먼저 희생된 이들은 우리 사회에서 가장 약한 이들이었다는 것을, 출구를 잃은 청도의 정신장애인은 집단감염, 집단사망의 참사에 희생되었음을 모두가 기억하길 바란다. 'K-방역'의 성취보다 중요한 건, 힘없고 약한 이들이 가장 먼저 스러졌다는 사실이다.

도망철
권리

이 글은 활동가로서 처음 맡게 된 코로나19
대응 긴급 기자회견에 관한 이야기다.

코호트 격리 초창기, 사고 현장을 지원하는 인권단체들은
연이은 사망소식과 무책임한 방역정책을 마주하고 충격에 휩
싸였다. 각종 방송에서 정부 관계자는 늘 국가가 국민의 안전
을 최우선으로 생각한다고 강조했지만 활동가가 직면한 현실
은 달랐다. 힘없는 사람은 그들이 말하는 국민으로 취급될 수
없다는 사실을 적나라하게 마주친 순간, 그리고 '시급한' 국민
과 '나중에' 취급되는 국민이 시설의 경계를 따라 결정된다는
것을 알아차린 그때, 공권력의 무책임함에 모두 할 말을 잃고

야 말았다.

활동가들은 코호트 격리에 의해 발생하는 참사 소식이 폐쇄 공간의 문턱을 넘어 온 사회에 드러나야 한다고 생각했다. 코호트 격리 병동에서 밀폐되고 만 절규를 병동 밖의 사람들이 들을 필요가 있다고 여겼다. 지금 갇힌 이들에게 필요한 것은 감금이 아니라 치료라고 주장하기 위해서라도 말이다.

사태의 심각성을 먼저 파악한 이들끼리 모여 긴급 회의를 열었다. 대다수가 장애인 당사자 혹은 그 가족들이었다. 회의 참석자들은 누구에게 책임을 물어야 할지 고민했다. 같은 맥락으로 기자회견 장소도 국가인권위원회 앞과 질병관리본부(현 질병관리청) 앞을 두고 의견이 엇갈렸다. 이 사건을 방역 기술의 문제로 인식한다면 질병관리본부를 찾아가야 했지만, 인권운동가들과 공익변호사들은 이 참사가 폐쇄된 수용시설의 낙인을 악용하는 반인권적인 국가행정의 일환임을 강조했다. 장시간의 회의 끝에 인권위 앞에서 2020년 2월 25일 「'격리수용', '격리치료' 인권이 없는 차별적인 코로나 대응 국가인권위원회 긴급구제 기자회견」을 열고, 청도대남병원에 대한 긴급구제 대책을 요구하기로 결정했다. 진행 방향이 대략적으로나마 결정되자마자, 분주함이 익숙한 이들은 저마다의 업무를 분담하기 시작했다. 나에게는 누군가가 기자회견에서 코호트 격리 정책이 얼마나 가혹한지 알리는 발언을 요청했다. 당시는 활동을 시작한 지 단 일주일도 지나지 않았을 때여서 그 제안이 부담스러웠다. 생애 첫 기자회견 발언이라 그렇기도 했지만, 무엇보다도 방역정책은 내가 뭐라고 논할 수 있는 문제라 생각하지 않았기 때문이다. 마음의 무게도 무게지만 사안과 쟁점도 복잡했기에 주저했으나 대신할 사람이 없었다.

발언의 책임을 진 순간부터, 멀리 떨어져 바라보았던 코호트 격리 대책이 가깝고 두렵게 실감 났다. 정책 내용의 잔혹함, 마이크를 잡아야 하는 두려움이 내 몸의 긴장으로 체화되었다. 대체 무슨 말을 어떻게 해야 하는 건지 알 수 없었고, 알려주는 사람도 없었다. 절망적인 속보만 켜켜이 쌓였다. 문장과 문장 사이, 호흡과 호흡 사이의 순서와 질서를 세우지 못해 혼란을 떠안은 채로 선잠이 들었다.

기자회견 당일 아침. 을지로에 있는 인권위로 운전하는 길 내내 준비한 발언의 논리적 정합성을 끊임없이 되짚었지만 뜻대로 정리되질 않았다. 준비한 서론과 본론, 결론이 자동차 핸들을 꺾을 때마다 튕겨져나갔다. 도착지점에 다다르지 못한 말들은 도로가 바뀔 때마다 매 순간 처음부터 새로 시작했다. 어느 회전교차로에 들어섰을 때는 출구를 찾지 못한 채 돌고 도는 말들이 내 앞에 적체된 것만 같은 기분을 느꼈다. 겨우겨우 인근 주차장에 도착해서는 시트를 젖혀 누운 채로 눈을 감고 현실을 부정하기 시작했다. 도망치고 싶은 욕구뿐이었다.

시작 시각이 임박하자 무거운 몸은 하는 수 없이 목발에 이끌려 억지로 인권위 앞으로 향했다. 기자회견이 어디서 열리는 건지 잘 몰라 고개를 두리번거리다 저 멀리 건물 앞 계단 위의 무리를 보았다. 건물 맞은편에는 여러 카메라가 설치되어 있었다. 크고 작은 카메라에는 TV 리모컨을 누를 때마다 보이는 익숙한 방송사 채널 로고들이 수두룩했다. 참석자와 기자가 섞인 인파가 넓지 않은 입구를 끼고 계단 위아래로 모여 있었다. 한가득한 기계와 사람 무리가 지켜보는 곳에서 무언갈 말해야 한다는 사실이 두려웠다. 현장 공기의 무거움과 밀집한 인파의 규모는 발언의 내용을 완전히 잊어버리게끔 하기에 충분할 정도로 위압적인 모습이었다.

너무 긴장해서 그랬던 걸까. 외워온 서사의 기계적 규칙을 잊어야만 본능적인 흥분을 마주할 수 있었기 때문일까. 기자회견에 대한 사회적 질서를 잘 몰랐기 때문일까. 힘을 조절할 여유가 없었기 때문일까. 예고치 않은 돌발 행동이 튀어나오고야 말았다. 행사 시작 전 사회자에게 대뜸 짧은 즉석 발언을 요청한 것이다. 기자분들께 꼭 하고 싶은 말이 있다고 덧붙였다. 그러고는 촬영을 준비하며 자리를 잡고 있는 취재진을

제1부 탐색의 순간

향해 입을 열었다. 양손에 힘을 주어 쥐고도 오락가락하는 마이크 앞에서 덜덜 떠는 목소리로 말했다.

"기자 여러분, 안녕하세요… 사람이 죽었습니다." 누군가 툭 하고 건들면 픽 하고 쓰러질 만큼 위태로운 내 몸은 한 뼘만 한 마이크에 기대고 있었다. 겨드랑이 한편에 어설프게 끼워진 목발이 각성된 정신과 말을 내뱉는 입을 지탱했다. 한창 취재를 준비하는 이들에게 왜 기자가 되었느냐고 물었다. 사회의 공익을 위해 기자가 된 것이라면, 동료 시민이 죽어가는 현실에 대해 진심 어린 기사를 써달라고 간곡히 요청했다. 돈보다 사람을 먼저 생각해달라고. 늦었지만 혹시라도, 그날 그 자리에 계셨던 기자 중 누군가 지금 이 글을 읽고 있다면 당신의 생계를 비하하려는 의도가 아니었다고 사과하고 싶다. 당시의 나는 주체할 수 없는 슬픔과 분노를 다룰 줄 몰랐다. 공적인 자리에 서기에는 능숙하지 못했다. 무엇보다 앞서는 마음을 달랠 줄 몰랐다. 매일매일 죽어가는 사람들의 소식에 포화된 채 절박함을 어떻게 전달해야 할지 몰랐다. 그저 어떤 말이라도 하지 않으면 내 발언 차례가 오기 전에 심장이 가슴 안에서 터질 것만 같았다.

머리가 새하얘지고 온몸이 떨리던 그 시간을 모두 또렷하게 기억하지는 못하지만, 휘청거리는 마음속 깊은 곳 어디에 선가 곪아 있던 음울한 말들이 소리를 찾아 몸 밖으로 나왔다는 사실만큼은 떠오른다. 우리 사회 어딘가에서 장애인들이 밀폐된 공간에 갇혀 있다는 현실이 불합리하다, 그 현실을 고발하려고 모인 이들은 최소한 스스로 자리를 옮겨 다닐 수 있는 안전과 자유가 보장된 사회구성원이라는 게 미안하다, 동료 시민의 연이은 죽음이 원통하다. 그런 마음들이 복잡하게 섞여서, 눈앞의 언론을 향해 살려달라고 호소하는 말밖에는 할 수 없었다.

예정에 없던 사전 발언이 끝난 뒤 정식 기자회견이 진행되었다. 청도대남병원 내 확진자들이 적합한 치료를 받고 사회적 거리두기를 실천할 수 있도록 하는 긴급구제조치를 촉구하는 활동가들의 발언이 이어졌다. 코로나19로 어려움을 겪는 장애인과 가족의 사연이 아프게 다가왔다. 한 인권변호사는 코호트 격리에 관한 법률적 문제들을 하나씩 설명했다.

머지않아 내 차례가 다가왔다. 앰프 사이를 분주하게 뛰어다니던 누군가가 또다시 나에게 마이크를 넘겨주었다. 차가운 마이크를 손에 꼭 쥔 채로 인권위 맞은편 건널목에 서 있는 사람들을 쳐다봤다. 점심시간 무렵이라 식사를 하러 명동 한복판을 지나가는 직장인들이 보였다. 나는 내 옆에 선 활동가 대신, 내 앞에 선 기자 대신, 맞은편 횡단보도 멀리에 선 채로 주변을 두리번거리며 식당가를 찾는 직장인들을 향해 말했다. 그들이, 시민들이 잠시 건널목 앞에 머무르는 그 시간만큼이라도 코호트 격리에 관하여 관심 갖길 바랐다. 소리가 저 끝까지 닿길 바라는 절박함을 품고 호소를 시작했다. 떨리는 목소리와 주체할 수 없는 호흡 소리가 잇따랐다.

"여러분, 살려주세요… 여러분은 아프시면 여기서 가장 가까운 대학병원에 가실 수 있지만, 장애인은 거기에 못 갑니다. 뒤엉켜서 감염되고 뒤엉켜서 죽고, 오늘도 내일도, 매일매일……" 나는 집단감염의 위험으로부터 도망칠 권리가 절실하다고 외쳤다.

발언하는 동안 코로나19로 일곱명의 병동 환자가 며칠 새 거의 매일 죽었다는 사실이 떠올랐다. 사고 장면이 생생해질 때마다 호흡이 가빠지고 목소리가 떨렸다. 나에게 눈길을 주지 않고 분주히 발걸음을 옮기는 직장인들과 동일하게 장애인들에게도 생존을 향해 걸음을 옮길 권리가 필요했다는 생각이 자꾸만 떠올랐다. 발언이 이어질수록 목소리는 갈라졌고 눈물과 콧물이 뒤섞였다. 얼굴은 시뻘겋게 부어올랐다. 죽어간 이들의 마지막 모습을 내 입으로 언급해야 할 때, 치료가 아니라 집단 감금의 대상으로 취급되었던 이들이 마주한 정책의 불평등함을 언급할 때, 머무를 권리가 아니라 도망칠 권리를 외칠 때,

마이크를 쥔 손과 말하는 입이 흐트러지고 무너지는 것 같은 기분을 느꼈다. 원통함이라는 표현이 갖는 무게를 알 것만 같았다. 공포가 엄습할 때마다 호흡이 끊어져 소리의 규칙을 잃은 말들이 생략과 하자가 연속되는 문장으로 울려 퍼졌다. 전날 밤까지 어느 단락에서, 어느 문장에서, 어느 단어에서는 한숨을 돌리며 발언해야겠다고 연습했지만, 현장에서 내뱉은 말들은 계획된 표현과 무관했다. 의도했던 논리정연한 말들은 어떤 것도 제대로 발음되지 않았다. 현장을 뒤덮은 슬픔과 분노의 감정이 의식을 이끌었다. 발언이 아닌 살풀이에 가까웠다.

논리를 잃은 발언은 '이러저러한 방역 문제'를 지적하기 위해 나왔다는 식으로 거리를 두고 말할 수 없는 내 처지에서 기인했다. 나 또한 장애인으로 살아가며 평생 병동에 얽매여온 시간이 있었기 때문이다. 병동은 나의 유년기 집이나 다름없다. 거기서 만난 어떤 친구는 아직 살아 있고, 다른 친구는 일찍 세상을 떠났다. 병동 시설을 둘러싼 코호트 격리 앞에서 나는 안타깝다며 혀를 끌끌 차는 주변인이 아니라 당사자일 수밖에 없었다. 나에게 합리적이고 질서있는 대책을 제안할 여유란 없었다. 당사자로서 생존을 절박하게 외칠 수밖에 없었다. 도망칠 권리를 허락해달라며.

무슨 말을 했는지 모를 정신없는 기자회견은 그렇게 끝

이 났다. 넋이 반쯤 나간 상태로 일정을 마치고 사무실로 복귀했다. 종일 움직이고 쉴 새 없이 말했건만 허기를 느낄 수 없었다. 당장은 아무것도 소화가 안될 것 같아 끼니를 거르고 곧장 책상에 앉았다. 컴퓨터를 켜고 문서를 연 채로 한동안 깜빡이는 커서를 쳐다봤다. 커서는 유난히도 요란스러웠고, 나는 침울했다.

곧 사무실에 전화가 빗발치기 시작했다. 언론사의 추가 취재 요청이었다. 청도대남병원의 연원이 어떻게 되는지, 취재를 위해 현장 연결이 가능한지, 코호트 격리의 문제가 무엇인지, 코로나19와 장애의 상관관계가 무엇인지 묻는 질문이 꼬리에 꼬리를 물었다. 오래된 사무실 전화기가 자신의 능력을 다 소화하기 버거울 만큼 온종일 울리고 또 울렸다.

졸지에 담당자가 되어 전화에 응대하고 있었지만, 나는 여전히 이 사건을 전문가처럼 설명할 수 없었다. 그저 장애를 가진 당사자일 뿐인 내가 짐작하는 건 신종 유행병의 구체적인 의학 기전이 아니라 병동에 갇힌 사람들의 피상적인 고통뿐이었다. '사실 저는 활동을 시작한 지 일주일밖에 안된 신입활동가입니다. 여쭤보신 사항에 대해 저도 잘 모릅니다'라고 대답하고 전화를 끊고 싶었지만, 그랬다가는 모든 취재가 무산될지도 모르겠다는 생각이 들었다. 기자들은 당장 보도될 수 있을 만큼 확실한 말들을 원했다. 그들 앞에서 나는 능력 이상으로 태연해야만 했고 능숙해야만 했다. 취재 질문을 듣고, 잠시 전화를 끊고, 끊임없이 수소문하고 조사한 뒤 회신하여 응답하는 일. 참사 소식이 병실 밖으로 나올 수 있도록 발걸음을 옮기는 일. 온종일 그 작업에 몰두했다.

취재에 협조한 기사들이 저마다의 데스크로 송고되고 잠잠해질 퇴근 시간 무렵, 전화 한통이 새로 걸려왔다. 라디오방송 작가의 생방송 섭외 전화였다. 그는 퇴근 시간 라디오에서 청도대남병원 사태에 대해 십분가량 설명해줄 것을 요청했다. 한두 질문으로는 끝나지 않을 긴 시간의 인터뷰였다. 나는 법률가도 아니고, 역학자도 아닌데, 퇴근길 방송에서 집단감염 및 사망 사례를 보고하고 더 나은 방역 대책을 제시해야 하는 것은 나의 능력을 한참 벗어나는 일처럼 느껴졌다. '아무래도 못한다고 해야겠지' 생각하며 전화를 끊었다. 사무실 동료에게 라디오에 출연할 수 있는 전문가가 누가 있을지 물었다. 당장 우리를 도와줄 수 있는 사람은 없었다. "그냥 하지 말까봐…" 하고 말하자, 포기하기엔 너무 아까운 기회라고 누군가 말했다. 퇴근길 라디오에서 코호트 격리 소식이 다루어진다면 장애인이 겪는 방역에서의 차별을 더 많은 이들에게 알릴 수 있을 것이라며, 어떻게든 참사 소식이 방송을 타기를 원했다. 방법이 없었다. 밑천이 드러날 게 뻔할지라도 출연하기로 했고 그 순간부터 서둘러 인터뷰를 준비해야 했다. 당장 퇴근 시간에 진행되는 방송이어서 퇴근도 할 수 없었다. 무얼 먹기라도 하면 그 즉시 체할 것 같아 식사를 또 거르고 비어가는 사무실 책상 앞에 가만히 앉아 라디오 연결 전화만을 기다렸다.

정적이 흐르는 사무실에서 전화가 울리기를 기다리며 생각했다. 너무 많은 일이 단 하루에 벌어진 것 같다고. 나는 지금 역량 이상의 책임을 지고 있는 것 같다고. 활동을 시작한 지 일주일밖에 되지 않은 내가, 세상의 잔혹함도, 죽음의 무게도 마땅히 알지 못하는 내가, 모르는 이들의 연이은 죽음을 대신 말할 자격이 있는 걸까 생각하니 모든 게 두렵게 느껴졌다.

부정적 감정이 회의적 생각의 꼬리를 문 순간 전화기가 울렸다. 라디오 인터뷰 연결 전화였다. 방금까지 나를 덮쳐오던 무기력한 마음을 서둘러 감춰야만 했다. 아무렇지 않은 척 인터뷰를 수행했고, 방송에 출연해주셔서 감사하다는 앵커의 인사말과 함께 비로소 그날의 모든 일정을 마무리했다. 수화기를 달칵 제자리에 놓고 의자에 기대어 한참 눈을 감았다. 좀처럼 발길이 떨어지지 않았다. 퇴근할 힘조차 없었다.

그날의 몰아치는 하루로 장애인권단체에서 활동한다는 것이 어떤 무게를 갖는 일인지 처음 알게 되었다. 나는 내가 맡은 책임이 내가 받는 임금 수준일 거라 생각했다. 최저임금을 받는 딱 그만큼만 감당하게 되리라 예상했다. 국가의 차별과 억압에 의해 먼저 세상을 떠나는 이를 지켜보고, 기리고, 알리는 일의 무게를 지게 될 거라고는 그 누구도 말해준 적 없었다.

청도대남병원 집단감염 참사는 활동의 의미와 무게를 직접적으로 체감한 사건이었다. 그리고 장애운동은 중증장애를 가진 이들이, 정신장애를 가진 이들이 저마다의 장애를 이유로 죽음까지 내몰리는 상황 속에서 이들의 곁을 지키는 일임을, 위협받는 삶 속에서 함께 손잡고 쓰러지지 않도록 버티는 이들이 있었음을, 만연한 삶을 다루는 일이 아니라 만연한 죽음을 다루는 일이 나의 활동임을, 죽어간 이들이 못다 한 이야기를 끊임없이 말하고 기억하며 마주하는 일임을, 기나긴 하루를 버티며 깨달았다.

청도대남병원의 상황은 그날의 집단 대응을 계기로 빠르게 개선되었다. 기자회견을 통해 인권위에 긴급구제 신청이 접수되었고 이윽고 코호트 격리되었던 환자들이 공공의료원 등 가까운 진료기관으로 분산 이동되었다. 사망행렬은 일단락되었다. 애초에 코호트 격리를 고집하지 않고 더 빨리 치료할 권리, 도망갈 권리를 보장했다면, 보다 많은 장애인이 우리와 함께 엔데믹 전환을 지켜봤을 것이다.

눈앞의 참사를 마주하며 깨달은 것은 모두에게 평등한 국가는 존재하지 않는다는 사실이었다. 국민 생명의 우선순위조차 은연중에 정해져 있음을 뼈저리게 느꼈다. 도움이 필요하고 취약한 이들에게 더 많은 지원이 가는 것이 아니라, 오히려 더 빠르게 포기될 수 있다는 사실을 알게 되었다. 행정학을 전공할 때는 몰랐다. 학문으로서 행정학과 현실의 행정이 다르다는 사실을. 코로나 대응 현장에서 마주한 국가는 정의롭지도, 공정하지도 않았다. 국민의 필요에 기반을 둔 행정 서비스를 신속하게 제공한다는 현대 국가의 이념은, 어디까지나 우선 생존권을 쥘 수 있는 일등 시민을 대상으로 하는 말들이었다. 사회적 발언권을 가진 이들에게는 안전을 보장하는 사회적 거리두기를, 장애에 의해 지역사회에서 격리된 이들에게는 희생이 뒤따를 수밖에 없는 코호트 격리를 결정하는 판단이 행정부의 민낯이었다. 문제 제기 없이도 생존의 대우를 받을 수 있는 계층이 있는가 하면, 힘없는 누군가는 겨우 살아남기 위해서 끊임없이 목소리 내야만 한다는 사실을 그제야 처음 알았다. 살자와 죽을 자를 가르는 비참한 통치의 규칙이 존재한다는 것을 알게 되었을 때의 충격이란. 정책이 이토록 가혹하고 불평등하게 설계되어 있다는 사실을 불과 일주일 전 활동가가 아닐 때는 전혀 알지 못했다.

제2부

직면의 순간

데모는 왜 하는가 2

─권력자를 움직이기 위해

숱한 민주주의 위기론에도 불과하고, 우리 사회가 아직 민주주의의 가능성의 믿는 이유는 어디에 있을까. 민주주의가 사회의 불평등을 최소화하고 자유와 평등의 번영을 꿈꿀 수 있는 합리적인 제도라는 최소한의 전제가 있기 때문일 것이다. 그런데 현실에서 그 전제가 제대로 수행되지 않는다면?

우리가 살아가는 세상에는 여러 사람이 모여 있다. 돈이 많은 사람과 돈이 적은 사람, 더 많은 기회를 누리는 사람과 기회를 박탈당하는 사람, 성차별을 겪었던 사람과 아닌 사람, 신체가 온전한 사람과 그렇지 않은 사람까지. 각 구성원들은 서로 다른 여건에서 생의 레이스를 시작할 뿐 아니라, 시간이 지날수록 그들 사이에 더 큰 격차가 발생하기도 한다. 오늘날 눈앞에 보이는 모든 격차가 사회 구조 때문은 아니겠지만, 대부분의 격차는 서로 다른 계급과 지위에서 비롯한 결과물이다.

지금 우리가 따르고 있는 선거민주주의는 시민 중 능력이 탁월한 사람을 뽑아야 민주주의가 제대로 실현된다고 가정한다. 그래서일까. 정치인이 되기를 꿈꾸는 이들은 저마다 자신이 타인보다 더 탁월하다는 사실을 증명해내고자 노력한다. 다른 후보를 비방하고, 자신의 업적을 부풀리는 자기중심적 행위는 모두 탁월성의 원칙에서 비롯되었다.

불행하게도, 자신의 대단함에 도취되어 권력을 손에 얻게 된 이들은 가난한 사람들과 장애를 가진 사람들이 어떤 삶을 살아가는지에 더이상 관심 두지 않는다. 대다수 정치인에게 약자가 필요한 순간은 오직 재선을 도모하기 위해 기념사진을 찍을 때 정도뿐이다. 약자는 권력자의 너그러움을 장식하는 수단이 된다. 권력을 쥔 자들은 권력을 상상할 수 없는 이들에게 팽배한 불안함을 전혀 알지 못한다. 아는 것이 없기에, 움직이지 않는 것도 당연하다. 우리가 '탁월한' 배경을 지닌 사람들을 정치적 대표로 삼는 이상, 정치인과 시민의 감수성 격차는 사라지지 않을 것이다.

권력자가 소수자를 무시하는 사회적 현상은 선거민주주의의 한계 속에서 되풀이될 수밖에 없다. 그럼에도 우리는 포기할 수 없다. 민주주의의 구성원이 현재 상황을 직시하고 사각지대를 해소할 수 있는 유일한 방법은 참여뿐이다. 보다 적극적으로 민주주의를 꿈꿔야 한다. 정치적 대표에 목숨을 걸지 않고 당사자가 직접 목소리 내야 한다. 선거로 뽑힌 이들이 출근하는 국회, 도청사, 교육감실, 대통령실에 장애를 가진 시민이 찾아가는 것이 중요하다. 무감각한 이들이 사회적 불평등을 보지도, 듣지도, 느끼지도 못한다면, 유일한 해결책은 그들이 직접 보게끔, 듣게끔, 느끼게끔 하는 것뿐이다. 소외되고 배제된 이들을 맞이하는 창구가 없다면, 나의 존재를 인식할 때까지 창구 앞에서 직접 기다려야만 한다. 더 많은 사람과 더 많은 목소리가 창구 앞에 모일수록 권력자들은 문제를 외면할 수 없게 된다. 날파리같은 이들이 성가시고 귀찮아서라도. 권력을 탈취하지 않고도 사회를 바꾸는 힘을 갖는 방법은 모든 것을 결정하는 권력자가 우리를 신경 쓰게끔 만드는 것이다.

사회적 소수자가 그 어떤 전문가가 되어 기술을 취득하거나 명석함을 증명한들, 갈등과 불화를 일으키지 않고 근본적인 문제를 해결할 수 있는 방법은 없다. 밀실 속에서 은밀한 관계를 맺는 것이 아니라 거리에서 성가신 감각을 일깨울 때 정직한 사회 변화를 꿈꿀 수 있다. 기꺼이 불청객이 되기로 작정한 장애인들은 자신의 존재를 드러내는 것만이 무의사결정 (non-decision making, 정책결정자의 이익에 반하는 의제는 원천적으로 논의의 장에 올라가지 못하도록 막는 결정)에 대한 유일한 타개책임을 체감한 민주주의의 시민이다. 자신의 이익을 최우선으로 하는 사회적 엘리트들의 눈앞에 나타나, 그들의 이해관계와 무관하거나 때로는 방해가 되는 장애인과 가난한 사람들의 이야기를 관철하기 위해서라도 데모할 권리를 포기해선 안된다. 적어도 우리를 애써 외면하는 이들의 심기가 못 견뎌 폭발할 때까지는.

허니문
기간

이 글은 대학원을 떠날 때 지도교수로부터
건네받은 신뢰에 관한 이야기다.

젊은 사람이 좀처럼 찾아오지 않는다며 걱정이 커져만 가는 오늘날 시민사회 현장에서 이십대 활동가는 늘 호기심의 대상이 된다. 현장에서 만난 이들 누구나 나에게 어디서 무얼 하다가 여기까지 오게 되었는지를 묻곤 했다. "장애운동을 어찌 알고 오셨슈?" 같은 질문은 무심하지만 내가 살아온 배경을 겨냥하는 날카로움을 품고 있다. '착한 일'을 하기 위해 온 것인지, '나쁜 일'을 각오하고 온 것인지를 묻는 물음이기도 하다. 봉사활동을 했던 건지, 후원 경험이 있는 건지, 아니면 신앙 같은 데서 비롯된 건지, 대체 삶의 경로가 어떻게 지금 이 길로 이어지게 된 것인지 궁금한 것이다. 특히 민주화운동 혹은 2000년대 이전 학생운동 전통으로부터 활동의 의미를 찾은 '오래된' 활동가들일수록 2020년대 초보 활동가의 입문 계기를 궁금해했다. 그러나 나는 그들의 의문과 가설을 검정하기에 적당한 대상이 아니었다. 나의 활동 계기는 오로지 박경석 대표의 꼬임이 전부였기 때문이다. 박경석 대표의 꼬임이 없었더라면 그저 평범한 대학원생이었을 것이고 오늘날 초보 활동가들의 신규 유입 경로를 이해시키는 데 도움이 될 만한 황금 열쇠는 내 손에 없다는 사실을 밝히고 나면 뜨거운 관심을 보이던 사람들이 김이 빠진 듯 실망한 표정을 띠었다. "어쨌거나 대학원보다는 여기가 더 좋지. 환영해요." 하며 더는 궁금해하지 않았다. 처음에는 대학원에서 나온 것을 축하한다는 말이 신기한 환영 인사라고 생각했다. 내가 보기에 활동가만큼 저임금 격무에 시달리는 직업도 없는데, 정작 대다수 활동가는 자신의 일터보다 대학원을 더 불행한 곳으로 여겼기 때문이다. 그만큼 활동가들에게 오늘날 대학원은 위계적이고 폐쇄적인 공간이라는 인식이 있었다. 무사히 대학원을 마치고 활동가가 된다는 것은 그들 눈에 축복할 만한 사건이었던 것이다.

'대학생이 잘못하면 대학원에 간다'는 말이 유행하는 요즘, 활동가 외에도 많은 사람이 대학원을 감옥처럼 생각한다. 그곳은 돈이나 자유가 없고, 오직 굴종만을 요구하는 곳으로 여겨진다. 그러나 사실 나에게 대학원은 새 삶을 기약할 수 있는 가능성을 제공한 장소였다. 아마 대학원이 없었다면 이십대를 무사히 보낼 수 없었을 것이다. 나에게 대학원은 감금의 공간이 아니라 해방의 훈련소였다.

　　학교 밖에서 고리타분하게 인식되는 낡고 무용한 이론을 깊이 추구할수록 학생의 본분을 다한다며 칭찬받을 수 있는 공간인 대학원은 생산성 없는 몸에 자유를 선물했다. 나는 오히려 학교를 경계로 차별과 어려움을 드나들었다. 당장 학교 공간을 나서 지하철을 타는 순간부터 교통약자석에서 좀처럼 비켜주지 않는 사람들 앞에서 후들거리는 두 발로 버티는 인고의 싸움을 치러야만 했다. 일을 구하기 위해서, 그리고 잘리지 않기 위해서 비장애인이 우려하지 않을 만한 체력을 길러야 하는 등 나는 나 자신을 끊임없이 몰아세워야만 했다. 반면 학교 정문에 들어서는 순간 오직 차분하게 앉아 있을 것만을 요구하는 대학원은 내 하체의 비정상성과는 무관한 평가기준을 가진 곳이었다. 움직임이 불편하더라도 공부하는 데 아무런 지장이 없었다. 심지어는 대학원 재학 기간 동안 책상만을 지키도록 필수 생활 자원을 아낌없이 지원했다. 저렴한 학생식당, 숙식 가능한 기숙사, 무료로 개방된 독서실까지. 무직의 장애인에게 대학원은 무적의 공간이었다. 그래서일까. 장애인단체에서의 활동이 먹고 사는 문제를 감당해주기 전까지 나는 좀처럼 대학원 밖으로 나설 생각을 하지 않았다.

대학원을 생존을 위한 목적지로 인식하게 된 계기는 몇 년 전 출근길 교통사고였다. 나는 군대를 가지 않아 또래 남학생들보다 빨리 대학 과정을 마쳤고 스물네살 무렵 졸업과 함께 결혼했다. 기혼자가 될 때 생기는 책임감이 무엇인지도 모를 때였다. 단지 서로 좋아한다는 이유로 혼인신고 서류에 도장만 찍으면 되는 줄 알았다. 그러나 막상 결혼생활이 시작되자 이 것이 연애와는 다른 차원의 무게를 삶에 더한다는 사실을 뒤늦게 깨달았다. 당장 둘이 살아남기 위해 생활비가 필요했다. 결혼과 동시에 구직 활동을 시작했지만, 번번이 탈락하고 말았다. 어느 면접에 나서건 인사팀 관계자들은 나의 장애를 과도하리만큼 우려해주었다. 장애는 아무것도 아니라며 매번 씩씩하게 대답했지만 신뢰로 이어지진 않았다. 단지 '열심히 일할 수 있습니다'라는 각오만으로는 눈앞에 보이는 신체적 기형성을 덮을 수 없었다. 반년 가까이 아무 직업도 구하지 못한 채로 어떻게 먹고살아야 할까 고민하던 차에 모교에서 장애인 계약직을 채용한다는 소식을 접했다. 그곳이 나의 첫 직장이 되었다.

첫 일터에 반년쯤 출근했을까. 어느 아침 출근길, '아, 바퀴는 사람을 죽일 수 있을 만큼 무겁구나' 하는 실존적 공포가 나를 삼켰다. 부주의하게 운전한 버스에 온몸이 깔리고 말았다. 버스가 사람을 덮친 큰 교통사고였다. 어두운 새벽에 운전하던 버스 기사는 횡단보도를 건너는 행인을 놓치고 그대로 들이받았다. 장애를 이유로 수차례의 면접에서 떨어진 뒤 겨우 일자리를 구한 지 얼마 지나지 않았는데, 다시 일자리를 잃을 위기에 처했다. 면접 당시 열심히 일하는 인재가 되고 싶다고 말했던 건 거짓말이 아니었는데…… 장애인에게 너무도 고단한 출근길은 모든 의지를 짓뭉개버렸다. 운전기사가 이른 아침 거리가 깜깜하고 자기도 정신이 없었다고 해명하는 걸 들으며, 너무 이른 출근이 사고의 원인으로 지목되는 것에 억울함을 느꼈다. 인파로 가득 찬 지하철이 '목발'을 태우지 않은 채로 번번이 지나가버렸기 때문에 남들보다 더 일찍 출근한 것뿐인데. 부지런해서 차에 치여야 한다니. 그러나 혼수상태에 가까워 마땅히 반박할 수 없었다.

무거운 자동차 바퀴가 척추를 짓누를 때 두가지 생각이 머릿속을 스쳐 지나갔다. 하나, 죽을 거면 결혼하지 말걸. 둘, 새벽에 출근하지 말걸. 허무하게 죽어버리고 말 나와 일년 전

결혼한 상대에게 미안했고, 캄캄한 새벽에 횡단보도를 건너기로 한 결정이 후회스러웠다. 새 가족과 새 직장에 민폐를 끼치지 않고 싶어 나섰던 출근길이 저승길이 될지도 모르겠다는 생각에 모든 게 공허해졌다. 남은 가족을 잘 부탁한다는 메시지를 지인에게 남긴 채 그대로 의식을 잃었다. 버스에 탑승 중이던 승객과 지나가던 행인이 급히 차를 세우고 내 몸을 꺼내어 살아남았다지만, 나는 차에 치인 이후의 장면이 기억나질 않는다.

며칠간의 중환자실 치료로 간신히 살아났지만 척수 장애가 악화되었다. 내 몸은 신경통이 흐르는 지뢰밭이 되었다. 나 홀로 충성을 맹세했던 첫 직장은 그만두어야만 했고, 수입은 끊겼으며, 한참이나 이어진 치료의 비용은 나를 가난하게 만들었다. 언젠가 병실에 누워 있을 때 문득 '아, 이래서 면접관들이 나를 채용하지 않았구나' 하는 생각을 했다. 그다음에는 나를 채용해주었던 회사에 미안함을 느꼈다. 회사에 죄송한 나머지 산재 신청조차 하지 않았다. 당시에는 내가 당한 사고가 오롯이 나의 잘못인 줄만 알았다.

출근길 교통사고 후 나에게 남은 건 통증뿐이었고, 내가 잃은 것은 미래였다. 아무것도 꿈꿀 수 없었다. 어디에도 속할 수 없었다. 그 당시 내가 살아남을 수 있는 방법은 다시 학생이 되는 것뿐이라고 생각했다. 대학은 유일한 피난처였다. 내가 안전하게 보행할 수 있는 몇 안되는 공간. 사람들은 커리어를 개발하거나, 승진에 도움을 받거나, 교수가 되기 위해 대학원에 왔지만, 저주받은 몸의 당사자는 어딘가에 등록금을 내고학생이자 고객으로 등록되는 것 말고는 사회구성원으로서 안전감과 소속감을 느낄 방법이 전무했다. 대학원은 나에게 학생증을 주었고, 잘 곳을 제공했고, 먹을 것도 주었으며, 공부할 수있는 공간까지 마련해주었다. 그곳은 마치 숙식 가능한 재활병원과도 같았다. 그래서 대학원에 입학하게 되었을 때 더없이기뻤다. 학교에서 제공하는 각종 환경은 나를 집어삼켰던 바깥보다 더 안정적이었고, 더 안전했고, 더 저렴했다. 이곳에서는 살기 위해서 최소한의 돈만 있으면 됐다. 몸을 쓰는 아르바이트를 할 수 없던 나는 대학원 입학과 더불어 글쓰기 강의를열고, 후배의 자기소개서를 검토해주고, 웹진에 칼럼을 기고하며 소소한 글 삯을 챙겼다. 그렇게 벌어들인 월 수십만원 정도로 꽤 오랫동안 살아남았다. 그러나 안정적인 결혼생활을 유지하기에는 턱없이 부족한 금액이었다. 아무리 절약한들 돈은 늘부족했다. 작업비를 받는 시기도 항상 불규칙했다. 정해진 날짜에 고정적인 수입을 받는 방법은 학교의 조교가 되는 것 말고는 없겠다는 판단이 섰을 때부터 나의 장래희망은 조교가 되었다.

　　한동안 주변의 또래 대학원생들을 붙잡아 물었다. 조교는 무슨 일을 하는 거냐고. 그들은 교수님 업무를 도와주면 되는 거라며 인쇄물을 출력하거나 비품을 준비하는 '간단한' 일만 하면 된다고 했지만, 정작 그 '간단한' 일들의 목록에는 내가 할 수 있는 것이 거의 없었다. 나는 아무리 가벼운 것도 제대로 들거나 옮길 수 없었기 때문이다. 나는 교수님을 대신해 시험지를 인쇄하고, 배포하고, 강의실을 정리하는 등의 잡다한 육체노동을 할 수 있기는커녕, 당장 저녁에 먹을 급식판도 조력을 받아야만 밥상 위에 올릴 수 있는 장애인이었다. '간단한' 일에 수고로움을 더할 각오를 한 학생들은 사전 훈련 없이 손쉽게 조교 자리를 구해 학업과 병행하고 있었지만 나에게는 마치 올림픽 참가 자격처럼 높게만 느껴졌다. 조교를 뽑는 채용 시장에서 나의 노동력은 수요 없는 공급이었다. 과연 장애인을 조교로 받아줄 교수가 있을까 계속 고민하는 동안 통장 잔액은 십몇만원에서 몇만원으로, 몇만원에서 몇천원으로 줄어들었다. 아침, 점심, 저녁을 때우는 천원짜리 학식도 사 먹을 돈이 거의 남지 않은 상황이 닥쳤을 때 처음으로 빈곤의 공포가 무엇인지를 느꼈다.

　　그 무렵 어느날이었던가. 대학원 앞 매점 앞에 앉아 삼각

김밥을 먹으며 공책을 펼쳐 남은 돈을 한참 계산할 때였다. 발걸음이 가벼운 한 남성이 매점에 들어가는 모습을 보았다. 긴 다리를 뻗어 경쾌하게 걷는 남성은 홀로 매점에 들어갔고, 이내 과자 한 봉지와 캔 음료를 들고 홀연히 사라졌다. 그는 며칠 뒤에도, 또 며칠 뒤에도 경쾌한 발걸음으로 매점에 왔고, 무언가를 들고 사라졌다. '혹시 저 사람 교수일까?' 하는 생각이 스쳐 지나갔다. '만일 저 사람이 교수라면 나도 조교가 될 수 있지 않을까' 하는 희망에서 비롯한 직감이었다. 스스로 매점을 오가며 간식거리를 사가는 교수님이라면, 조교에게 심부름을 따로 요구하지 않을 것이라는 선입견에 따른 추측이었다. 그렇다면 나도 조교 업무에 승산이 있다고 생각했다. 대학원 생활을 잘 모르는 독자에게는 다소 비약적으로 여겨질지도 모르겠지만, 대학의 모든 교수가 번번이 스스로 매점에 들러 과자와 커피를 사가지는 않는다. '그래. 교수의 '모이'를 나르지 않아도 된다면, 물건을 들어 옮기는 일 같은 걸 시키지 않을지도 모르겠어.' 하는 확신을 갖고 그의 조교가 되기로 내 맘대로 결정했다.

그 길로 서둘러 자리를 옮겨 근처 독서실로 향했다. 무언가 희망을 발견했다는 마음에 흥분을 가득 안은 채로 재빨리 컴퓨터를 켜고 학과 사이트에 접속했다. 교수진 명단을 한참 들여다보며 매점에서 본 얼굴을 대조했다. 어! 익숙한 한 사람의 얼굴을 발견했다. 분명 매점에서 과자를 들고 다니던 사람 같았다. 우리 학과 교수가 맞을까 반신반의하던 찰나에 그를 다시 볼 수 있어 기분이 좋아졌다. 같은 학과이니만큼 나도 조교로서 그의 '대'를 이을 자격이 있었다. 내 마음은 전에 없이 한껏 부풀어올랐다. 홀로 망상에 가까운 상상을 하는 동안, 나는 더욱 확고히 그의 조교가 되기로 결심했다. 그의 동의 여부는 중요하지 않았다. 어떻게 구애를 하면 좋을까 고민하다가 아무래도 그가 쓴 논문을 알아야 하지 않을까 싶어 찾아 읽기 시작했다. 머잖아 또 우연히 만난다면, 내가 먼저 인사를 건네며 이야기를 시작해야겠다고 생각했기 때문이다. "교수님? 안녕하세요? 대학원생 변재원입니다. 논문 잘 읽고 있습니다." 하며 말 한번만 붙이면 다음 기회가 열리리라. 그렇게 물꼬를 트고 마침내 당신의 조교가 되고 싶다고 고백하는 계획을 단계적으로 세우게 됐다.

　　머잖아 기회가 찾아왔다. 매점 앞에 앉아 있던 어느 오후, 매점에 입장하는 그를 보았다. 서둘러 쫓아갔다. 그리고 최대한 태연하게 말을 걸었다. 영어로 뭐라 뭐라 쓰여진 그의 논문을 사실 하나도 이해할 수 없었지만, 기억나는 키워드를 몇개 간략히 언급하며 '논문 잘 읽었다'는 상투적인 말을 했던 것 같다. 난데없는 논문 평가에 그가 나를 이상하게 보고 자리를 떠나기 전에 서둘러 나를 소개했다. 그는 떨떠름한 듯 어색하게 나의 인사를 받아주었다. 마음이 방방 뛰었다. 집으로 돌아오는 길 내내 계획대로 되고 있다는 생각이 들어 어쩐지 계속 웃음이 났다.

일단계 관문을 통과했다고 자축한 다음 날, 계획적으로 교수님 연구실에서 일하는 조교님께 연락을 드렸다. 교수님의 조교가 되고 싶은데 어떻게 신청하면 될지 방법을 몰라 전화를 드렸다고 설명하고 면담을 신청했다. 면담일, '드디어!' 하는 마음을 안고 그의 연구실 문을 두드려 입장했다. 그는 반기면서도 왠지 난처한 표정으로 나를 맞았다. 당장 남은 조교 일자리가 없다고 미안한 표정으로 말했다. 내가 오랜 시간 우려했던 것과 같이 나의 장애를 이유로 거절하는 것 같지는 않았고, 정말 여석이 없는 것 같았다. "어쩔 수 없네요…" 하고 아무렇지 않은 척 말하기는 했지만 희망이 산산조각 나던 순간이었다. '아, 수중에는 이제 정말 몇푼 안 남았는데……' 생각하면서도, 지금 와서 새로운 인연을 찾아간들 장애학생을 환영할 교수는 많지 않을 것 같다고 스스로 단념하고는, 뭐가 어찌 되었건 당신의 지도제자가 되고 싶다고 말했다. 졸지에 내 계획과는 다르게 돈 한푼 받지 못하는 지도학생이 되었다.

그래도 오랜 기간 붕 뜬 채로 홀로 대학원에 다니다가 지도교수를 만나서 처음 집단적 소속감을 갖게 된 것만큼은 더없이 든든했다. 그후로 한동안 매주 대학원 내 어느 조그마한 휴게실에 교수님, 동료 학생들과 모여 함께 책을 읽고 토론하며 공부했다. 비록 생활비 문제는 해소되지 않았지만, 이따금씩 교수님이 사주시는 피자는 먹을 수 있었다. 교통사고 이후 오랜만에 되찾은 사회적 관계였다. 사람이 있었고 음식이 있었다. 생활비가 부족하다는 사실 빼고는 모든 것이 완벽했다. 오랫동안 추구하던 일상의 일부를 회복한 느낌이었다. 장애를 이유로 기대할 수 없었던 이 당연한 일상을 오랫동안 꿈꿔왔다. 근근이 버려가던 중 얼마 지나지 않아 운 좋게도 교수님이 조교 자리를 구해주셨다. 교수님의 배려 덕에 첫 직장 퇴사 이후 약 일년 만에 다시 월급을 손에 쥐게 된 날의 기쁨을 잊지 못한다. 월 칠십만원 정도 하는 조교 임금은 타인에게 돈을 빌리지 않고도 기숙사비와 급식비를 납부할 수 있는 재원으로 쓰였다.

이처럼 조교라는 직업 정체성뿐 아니라, 돈, 소속, 장소까지 제공해준 대학원 생활은 나에게 자유와 해방의 기반이 되었다. 대학원이라는 인큐베이터가 없었다면 나는 병실 혹은 집안에만 누워 있어야 했을 것이다. 사회적 재활 과정과도 같았던 이년의 석사 과정은 나의 회복을 빠르게 도왔다. 나는 그 시간을 통해 긍정적인 마음을 되찾을 수 있었다. 공부하며 틈틈이 치료를 병행한 덕에 교통사고 직후 시작된 통증이 극성기를 지나 다소간 완화되기도 했고 고통스러운 몸에 적응하는 여유까지 갖게 되었다. 세상은 나에게 잔혹했지만, 대학원은 나에게 안전한 곳이었다.

그런데 건강이 회복될수록, 마음이 허전해지기 시작했다. 무엇보다도 대학원이라는 온실은 급박한 현실과 너무도 다른 모습의 공간이었기 때문이다. 대학원 생활이 익숙해질수록 사회의 문제에 무감각해지는 느낌이 들었다. 학교라는 울타리 안에서 내가 공부하는 각종 이론들은 현실에 펼쳐진 일상과 무관할 정도로 고차원적이고 현학적인 내용이었다. 나의 전공인 행정학은 불평등한 세상의 아픔을 직면하지 않는 적당한 주제만을 다루는 것 같았다. 교통사고 이후의 회복을 도운 대학원은 나의 현실 감각을 차단하는 밀폐된 공간이기도 했다. 책상 하나, 삼단 책꽂이 하나, 전기 플러그인 하나 놓여 있는 세평 남짓의 대학원 내 연구 공간은 장애를 가진 내게 큰 자유와 해방을 보장하는 영토였지만, 그 자유로움은 오직 대학의 테두리 안에서만 만끽할 수 있는 보상이었다. 지나치게 이상적인 삶의 방식에 의구심이 들던 어느날, 거리에서 사람들을 다시 만나고 현장을 기술하는 연구를 해야겠다는 생각을 하고 현상학을 주제로 석사논문을 작성하기로 마음먹었다. 그리고 연구과정에서 대학원 바깥 공간의 사람들을 만날수록, 그들이 호소하는 사회의 불안정함을 듣게 될수록, 과도하게 안전한 대학원이라는 공간에서 빨리 나와야겠다는 생각을 갖게 됐다. 현실을 까맣게 잊기 전에.

졸업 논문을 마무리할 즈음, 지도교수님과 앞으로의 진로에 대해 논의할 시간이 있었다. 박사 과정에 바로 진학하지 않고 사회로 돌아가고 싶다고 계획을 밝혔다. 조심스럽게 말하는 내내 교수님이 나의 일방적인 작별인사를 섭섭하게 생각하지는 않을까 걱정됐다. 그러나 그는 나의 이야기를 듣고 고민하더니 이내 그러는 게 좋겠다며 크게 고개를 끄덕였다. 그는 내 결정을 있는 그대로 존중해주었다. 이제는 사회로 돌아갈 때가 된 것 같다고 하면서도, 세상살이가 설령 생각한 대로 진행되지 않더라도 인내를 갖고 계속 부딪쳐보라고 조언했다. 사는 게 힘들지언정 대학원으로 곧장 돌아올 생각은 갖지 말라고. 언제나 하루를 꼼꼼히 살아내고 기록하는 습관을 가지라고. 그는 떠나는 나를 향해 한참을 충고해주었다. 아마 그게 당신과 나의 마지막 대화가 될 수도 있다고 생각했던 것 같다. 나는 그의 격려를 끝으로 학교를 떠났다.

전장연에서 활동을 시작한 지 한달이 되던 어느 밤 퇴근길. 코호트 격리에 대응하는 업무를 한창 하다가 사람들이 죽어나가는 것을 무기력하게 지켜볼 수밖에 없던 상황에서 대체 뭐하고 있는건가 싶은 회의감에 휩싸였던 날이었다. 괜히 안락한 학교를 떠난 건 아닐까 후회하는 감정이 처음 피어올랐다. 집으로 가는 버스 안에서 문득 지도교수님이 그리웠다. 잠자리에 들기 전 늦은 밤 그에게 이메일을 보냈다. 그리움과 감사를 빙자한 푸념이었다.

다음 날 아침 답신에는 그의 진심 어린 조언이 담겨 있었다. 그는 편지에서 이렇게 말했다. "어디든 충실하되, 더 큰 그림을 보고 있는 이들을 신뢰하고 마음을 열어보세요"라고. 그리고 "운동가로서 여러 '유혹'에 빠질 수 있을 텐데 그것을 스스로 자각하고 있어야 해요"라고. 또 "조직과의 유대를 지속하는 힘은 신뢰에 기반해요"라고. 한껏 부풀린 내 푸념과는 무관한 내용의 무거운 문장들이 있었다. 마치 내가 학교를 떠나던 날 연구실에서 미처 다 말하지 못한 조언을 건네는 것만 같았다. 새로운 일터에서의 적응이 쉽지만은 않겠다며 나를 우려하는 동시에 응원하는 그의 문장은 이렇게 끝났다. "모든 조직은 허니문 기간이라는 것이 있어요. 곧 그 기간이 끝날 때가 올 거예요. 그 이후에는 무엇으로 유대를 지속할지는 지금 얼마나 서로 신뢰와 기능적 상호의존을 쌓아두느냐에 달린 것 같아요."

장애인 조교를 쓰는 데 망설임이 없었던 나의 지도교수

　　　　　　　　제2부 직면의 순간

님. 내가 먼저 그를 떠났지만, 그는 나에게 섭섭함을 드러내는 대신, 열심히 공부하라는 호통 대신, 그가 살아가며 고민했던 가치들을 담은 진심어린 언어를 전했다. 언제나 신뢰할 수 있는 사람이 되어야 하며, 상대를 신뢰할 수 있는 마음을 가져야 한다는 사실을 일러주었다. 그가 보낸 사랑의 조언들이야말로 가장 신뢰에 기반한 말들이었다. 나는 그가 이메일에 남긴 문장들을 다이어리에 메모해 가지고 다니며, 활동을 하면서 길을 잃은 것 같은 기분이 들 때마다 소리 내어 읽었다. 그가 내게 건네준 지난날의 신뢰를 기억하며.

표준이
아닌
말들

이 글은 집회 현장에서 들리는 낯설고 무서운
용어들에 관한 이야기다.

전국집회 또는 전국대회라는 이름을 한 명절 같은 날이
있다. 그곳에 가면 전국의 장애운동 활동가를 한날한시에 모두
만날 수 있다. 주로 국회가 있는 여의도나 각종 정부 부처가 모
여 있는 세종시 등 중요한 정치적 의사결정이 이루어지는 곳
에서 진행된다. 이곳에 모인 활동가들은 장애인을 향한 차별과
불평등의 문제를 지적하고 국가의 적극적인 응답을 촉구한다.

전국의 활동가들이 모이는 이 행사는 늘 정해진 식순을
따른다. 하나, 묵념으로 시작할 것. 둘, 「임을 위한 행진곡」을 부

를 것. 셋, 순서 중 여러 단체의 발언을 골고루 분배할 것. 넷, 문화공연을 할 것. 다섯, 구호를 열심히 외칠 것. 탄탄히 다져진 선로를 달리는 기차와도 같이 거침없이 진행되는 행사의 첫번째 순서는 사회자의 아래 발언으로부터 출발한다.

"본 대회를 시작하기에 앞서, 장애해방과 민중해방을 위해 활동하신 열사들을 기리며 일동 묵념."

집회 현장에서 처음 묵념을 마주했을 때의 이질감을 잊을 수 없다. 전국 각지의 활동가가 모여 시끌벅적한 인사를 나누다 말고 사회자의 안내에 따라 삽시간에 침묵하면 장내의 공기가 반전되어 전에 없이 무거워졌기 때문이다. 비록 묵념 중 무릎을 꿇거나 허리를 굽히는 등의 큰 동작은 요구하지 않지만, 초상집의 중압감 같은 것이 삽시간에 떠오른다. 나는 이 분위기에 좀처럼 공감하기 어려웠다. '민중'이나 '해방'이라는 말에 담긴 역사를 잘 알지 못하기에, 먼저 떠나보낸 동료가 없었기에, 전국 규모의 집회마다 어김없이 반복되는 필수 의식 같은 묵념을 속 깊이 이해할 수 없었기 때문이다. 이해는커녕 거부감이 들었던 게 사실이다. 현장에서 누군가를 기리며 사용되는 어휘들은 지나치게 뜨겁고 추상적이었다. 누굴 위해 어떤 추모를 하자는 건지 파악하기 어려운 표현들이 내 가슴을 적시기에는 무리였다. 이런 생각도 들었다. '아니, 타인의 명복을 기원하는 첫 순서가 이어질 집회 발언과 어떤 논리적 관계를 갖는 거지?' 묵념으로 모임을 시작하는 이유를 알 수 없었다. '불평등한 현실에 저항하기 위해 모였다면, 장애인을 차별하는 국가의 법과 예산에 맞서기 위해 모였다면, 슬픔이 지배하는 묵념이 아니라 열정이 지배하는 응원을 이어가는 게 최선 아닌가?' 집회를 시작하기도 전에 망자를 기억하고 위로하는 행위를 하면 집회 참석자의 사기를 도리어 떨어뜨리는 게 아닐까 하는 회의적인 물음이었다. 그래서일까. 낯선 묵념이 집회 때마다 반복되는데, 나는 늘 어색하게 서 있었다.

아마도 이 글을 읽는 독자 가운데 누군가는 앞서 언급된 '해방'이라든가 '민중'이라든가 하는 어휘들, 혹은 「임을 위한 행진곡」을 부른다는 식순 자체에 대해 거부감을 느끼거나 그런 행사에 참여하는 사람들을 두고 '혹시 말로만 듣던 빨갱이 아니야?' 하고 의심할지도 모르겠다. 해방과 민중이라는 단어가 사어(死語)쯤으로 취급되는 요즘, 이 낱말을 반복해서 발음하는 사람들은 아마 '빨갱이' 혹은 '사이비'뿐일 거라 생각하는 그 마음을 모르는 것도 아니다. 나도 처음 집회에 참석할 당시 이게 뭘까 싶은 의구심을 가졌으니까. 대학 시절 학생운동단체에 소속되었던 경험이 없던 나는 해방과 민중의 의미를 별도로 배우거나 정의할 기회를 갖지 못했다. 아니, 도리어 내가 살던 세상은 '운동권적 어휘'가 편파적이고 선동적이라는 이유로 배척되거나 금기시되는 곳이었다. 그런 사회에 평생을 살아서 그럴까. 투쟁, 해방, 민중 같은 말들은 터무니없이 낡은 용어로 느껴졌다. 나는 그런 말들을 쓰는 사람을 두려워하는 사람에 가까웠다.

초보 활동가 시절 처음 나간 각종 집회에서 마주한 묵념이 일종의 주술처럼 위압적으로 느껴졌던 이유도 내 삶의 편견이 만든 거리감이었다. 영한사전으로 유명한 출판사 민중서림의 '민중'이라던가, 독일에서 비판이론을 펼친 프랑크푸르트학파의 '해방' 같은 말들은 학술적으로는 인정할 수 있지만, 일상생활에서 아무렇지 않게 발음되면 어쩐지 겁나는 말에 가까웠다. 전국집회에 참석할 때면 당장 뭔가 잘못된 곳에 온 건 아닌가 하는 막연한 두려움이 들곤 했다.

한동안 나에게는 묵념을 비롯한 집회에서의 추도 문화를 이해하는 것이 활동가로서 마주한 최우선 과제였다. 슬픔을 표현하는 운동의 어휘에 대해 좀처럼 집중하지 못하고 딴청을 피우는 것도 하루 이틀이지, 이 말들을 체화할 수 없다면 활동을 지속할 수 없겠다는 판단에서 비롯되었다. 몇번씩이나 눈을 질끈 감고 묵념의 시간에 몰입해보려 했지만 이 오래된 말들은 내 마음 깊이 편입되지 못한 채 어딘가에서 원천적으로 통제되었다. 내 옆에 선 나이 든 활동가는 역사를 함께 나눈 동료를 회상하는 듯 진심으로 침통해하는 모습을 보였지만 나는 결국 두리번거리고 멀뚱거리다 말 뿐이었다. 어릴 적, 예배 후 나눠주는 카레라이스가 맛있다는 교회에 따라가 예배 시간 내내 실눈을 뜬 채로 두리번거리던 모습 그대로였다.

묵념과 추모의 전통, 일상적이지 않은 어휘의 활용 등으로 구성된 전국집회의 문화는 언제나 나의 진심을 시험에 들게끔 했다. 활동가로서 내가 중요시했던 생각 대부분은 어떤 종류의 장애인 정책을 요구할 것인지, 좋은 정책을 어떻게 전국적으로 확산시킬 수 있을지, 정책 예산의 확대를 위해서 어느 부처와 협조해야 하는지, 정책의 확산을 위해 어떻게 지역 활동가들과 소통하면 좋을지, 올해 달성해야 하는 정책 목표는 무엇인지, 추후 정책 과제는 무엇인지에 관한 실무적 차원의 고민이었지, 무언가를 통감하는 수준에는 미처 뻗어나가지 못했다. 행정학 전공자로서 내가 인식했던 장애운동은 권리의 역사라기보다 정책 및 예산 결정 과정에 개입하는 효과적인 수단에 가까웠다. 차별에 저항하는 이들의 응분에 대해서는 신경 쓰지 못했다. 수십년간 자리를 지켜오며 싸워온 이들의 굴곡에 대해서도 알고자 하지 않았다. 나는 장애인 당사자였지만, 오랜 역사를 이해하지 못한 채 오로지 권력 층위에서만 장애운동을 해석했다. 소수자의 언어와 문화를 이해할 필요 없이 그저 더 많은 정책 자원을 확보하면 된다는 식의 생각이 확고했다.

집회의 문화를 등한시하는 시간이 길어질수록 겉도는 느낌이 지속되었다. 좀처럼 어울리지 못한 집회에 다녀오고 나면 어김없이 혼란스러웠다. 어느날 밤, 문득 퇴근길 지도교수님 연구실에 들러 고민을 나누었다. 그가 나를 이해할 수 있는 유일한 어른이라는 생각에서였다. 내가 이곳에 있어도 되는 건지 잘 모르겠다고. 함께 거리를 나서는 동료와 같은 공간에 서 있지만 정신적 교감을 나누지 못해서 답답하다는 사실을 빗댄 말이었다. 활동가들에게는 익숙한 언어와 문화가 나에게는 너무 낯설게만 느껴진다고 그에게 토로했다. 잠자코 듣고 계시던 교수님이 나에게 되물었다. "혹시 '표준어'를 고집하고 있는 거 아니에요?" 내가 조직문화에 적응하지 못하는 것은 이념 대립이나 갈등 같은 거창한 이유가 아니라 태도 때문이라는 것이 그의 생각이었다. 오랜 시간 대학, 직장, 대학원 등에서 활용해 온 '사회적 표준어'가 인권 현장에서 사용되는 언어와 다를 텐데 새로운 언어를 습득하기 위해 스스로 얼마나 노력했는지 걱정하는 의견을 덧붙였다. 교수님은 나에게 세상의 모든 집단이 구사하는 언어에는 저마다 고유한 문화와 가치가 서려 있는데, 마음을 열지 않으면 그들의 말을 이해할 수 없다고 충고했다. 아무리 가까운 것만 같아도 오랫동안 활동한 동료의 말을 알아듣고 마음으로 느끼기 위해서는 정책을 분석하는 노력과는 다른 방식으로 운동의 가치를 이해하기 위한 태도를 가져야 한다는 것이 그의 지론이었다.

예상과 달리 위로 아닌 충고를 듣고 집으로 돌아가는 길, 그의 조언을 토대로 나의 처지를 바라보았다. '나는 어떤 마음으로 활동에 임하고 있는 걸까' '나는 정말 이들과 어울리고자 하는 걸까' '어쩌면 나는 내가 속한 활동가 집단의 문화와 가치를 진심으로 이해하지 않고, 그들의 문화가 담긴 언어를 그저 고리타분하고 낡은 것이라고 낮춰 보고 있지 않은가' 교수님의 지적은 모두 사실이었다. 나는 현장에서 공유되는 말들과 감정을 가슴 깊이 이해하려 하지 않았다. 그저 정책을 개선하겠다는 목표만을 중요하게 여기고 있었다. 바뀌어야 할 것은 그들이 아니라 나 자신이었다. 닫혀 있던 것은 그들의 모습이 아니라 나의 마음이었다. 그들이 나와 소통하지 않은 게 아니라, 내가 그들과 소통하지 않았던 것이다. 불평등과 차별에서 비롯된 장애운동의 역사와 문화를 나누려는 노력 없이는 생각과 말과 행동을 이해할 수 없는 것이 당연했다.

그날 이후로 현장에서 활용되는 말들을 이해하기 위한 '번역'에 노력을 기울였다. 장애인 정책을 분석하는 것과는 전혀 다른 접근이었다. 선배 활동가나 동료를 붙잡고, 민중이라는 말에 대해 듣거나, 해방이라는 말은 어떤 용도로 활용하는지 물어보았다. 오래된 활동가들은 우수에 젖은 눈빛을 한 채 저마다 가슴속에 품고 있던 뜨거운 이야기를 나눠주었다. 수십 년 전 자신이 활동을 시작할 때의 이야기를 들려준 사람도 있었고, 장애가 있는 가족에 대해 이야기하는 이들도 있었다. 사람을 가리키는 민중(people)이라는 단어 하나만 두더라도, 단어를 구성하는 의미에 저마다의 과거, 현재, 미래의 추억과 기대가 공존했다. 내가 선입견 속에서 고철 덩어리처럼 취급했던 딱딱한 표현은 사실 흘러가는 물처럼 유동적인 모습으로 존재하는 것이었다.

낯선 단어들이 내 귀에 들릴 때까지, 차별에 저항하는 사람들이 모인 공동체에서 활용되는 표현을 이해하기까지 나는 스스로의 편견과 오랜 시간 싸워야만 했다. 말과의 사투는 곧 나와의 사투였다. 우연히 시작한 운동으로 인해, 나는 평생 사회적으로 인정받기 위해 몰두해온 표준어의 체계로 더 중요한 주변의 말들을 지우고 있었다는 사실을 낯설게 되돌아볼 수 있었다. 현장 활동은 사장된 것처럼 느껴졌던 말을 구체적인 언어로, 추상적이라 느꼈던 말을 생생한 경험으로 번역했고, 내 언어의 온도를 뒤엎는 계기가 되었다.

인권운동에서 통용되는 언어의 맥락과 집회의 문화를 이해하게 될수록 직업으로서 활동가에 대해 편안함과 자신감을 가질 수 있게 되었다. 앞선 시간을 거쳐온 덕분에 이제 두렵게만 느껴졌던 민중이라는 단어가 더는 무섭지 않다. 민중은 그 자체로 소탈한 사람들을 지칭하는 표현임을 알기 때문이다. 무시무시하기는커녕 꾸미지 않은 사람들을 가리키는 단어로서 민중. 국가에 종속된 사람을 뜻하는 '국민'이 아니라, 행정 구획에 종속된 사람을 뜻하는 '시민'이 아니라, 생물학적 분류를 나타내는 '인간'이 아니라, 집단의 힘을 포괄하기 힘든 '개인'이 아니라, 인간답게 살기 위해 거리에 모인 사람들을 가리키는 어휘로서 민중의 의미가 이제는 낯설지 않다. 공동체의 평등, 평화, 자유를 꿈꾸는 이들이 곧 집회 현장의 민중이다.

해방도 마찬가지다. 인간의 해방은 완전한 평등과 자유를 지향한다. 집회 현장에서 해방을 중요시하는 장애인은 평등과 자유를 양보할 수 없다는 각오를 담고 있다. '당신의 해방이 곧 나의 해방'이라는 장애인 활동가들의 말은 상투적인 감동을 이끌어내기 위한 수사가 아니라, 사회구성원 모두의 완전한 평등과 자유를 함께 꿈꾼다는 선언이다. 사다리를 메고 쇠사슬을 건 채로 이십년간 장애인들이 외쳤던 해방은 표준과 정상으로 분류될 수 없는 다양한 사람의 인권을 앞서 지키기 위한 구호의 최전선으로 느껴진다. 활동은 나에게 새로운 언어를 감각할 수 있는 힘을 주었다.

사회운동의 어휘가 더는 낯설지 않게 느껴질 때쯤, 활동을 정리하고 박사과정에 진학하게 되었다. 중증장애인 활동가 규식이 형(현 서울장애인차별철폐연대 상임대표 이규식)은 나를 붙잡고는 마지막 조언을 천천히 더듬어가며 말했다. "공…공부… 너…너무 많이 하지 마. 사…사람이 멍청해지고 자기 잇속만 챙기게 돼." 그는 내가 민중이라는 말을 이해하지 못하는 과거로, 해방이라는 말을 이해하지 못하는 과거로 회귀할까봐 진심으로 우려하고 있었다. 규식이 형은 대학원으로 돌아가는 내가 더 똑똑해지는 게 아니라 둔감해지는 게 아닐까 진심으로 걱정했다. 평생 가난으로 고통받고 차별로 핍박받으며 살아온 중증장애인 활동가는 표준어로 이루어진 세상의 규칙으로 돌아간다는 동료를 보았을 때 몇년 전 내가 전국집회에서 느꼈던 이질감과 위태로움 같은 것을 느꼈을까. 과거의 내가 걱정했던 사람들이 이제는 나를 걱정하고 있었다. 규식이 형은 표준어와 비표준어를 나누는 이들의 지식이 정상과 나머지 이웃을 구분하는 폭력의 논리로 쓰인다고 생각했다. 내가 영어 논문을 수십, 수백편씩 읽을수록, 닫힌 사고와 갇힌 사회에 살아가게 되지는 않을까 우려했다. 투쟁, 민중, 해방, 연대 등 오래된 단어가 품고 있는 역사와 가치를 이해하는 중년 활동가의 지혜는 삶으로부터, 길로부터, 차별받아온 생애로부터 비롯한 것일 터이다. 그는 스스로 자신을 가두지 말라는 진심 어린 조언을 건넸다. 똑똑함으로 포장된 우둔함과 무감각함으로 되돌아가지 말라고 조언했다. 대학원 열람실에 앉아 있다보면 문득문득 그가 나에게 남겼던 마지막 경고가 떠오르곤 한다.

아버님
전 상서

이 글은 아버지께 오랫동안 숨겨왔던 나의

일터를 고백하는 이야기다.

아버지, 막내아들이에요. 환갑이 되신 것을 축하해요. 친구분들과 환갑여행은 잘 다녀오셨나요? 제 기억 속 아버지의 나이는 아직 마흔인데, 그로부터 이십년이 더 흘렀다는 사실이 믿기지 않아요. 이십년 전, 일요일 점심쯤일 거예요. 「전국노래자랑」이 끝나고 목욕탕으로 가는 길에 제가 아버지 보고 '아빠는 사십살이야? 나보다 네배는 더 많네' 하고 놀랐던 때를 기억해요. 시간이 얼마나 빠른지. 그사이 아버지는 환갑이, 저는 서른이 되었어요. 이제 나이 차이는 네배가 아니라 두배밖에 나질 않네요. 제 나이가 아버지의 나이를 부쩍 따라잡고 있는 걸까요.

아버지. 사실 오늘 드릴 말씀이 있어요. 그간 아버지께 제대로 말씀드리지 못했던 제 직장에 대해 말씀드리고 싶어요. 아버지는 제가 장애인 복지관에서 일하는 줄 아셨겠지만 사실 아니에요. 고백하자면요. 대학원 졸업 후에 일을 시작했다고 했을 때, 어디서 일하는지를 물으시는 질문에 정확히 대답하기 어려웠어요. 아버지가 화를 내실 것 같아서요. 아니, 실망하실까봐요. 그래서 전부 설명해드리지 못했어요. 결국 장애인 복지 관련한 일을 하고 있다고만 두루뭉술하게 표현하고 말았죠. 아버지가 제게 정확히 어디에 있는, 뭐하는 직장이냐고 다시 물어보셨던 것 같은데, 어디서부터 어떻게 말해야 할지 몰라 사회복지사 같은 일을 하고 있다고 뭉개고 말았어요.

아버지, 사실 저는 사회적 불평등에 맞서는 일을 하고 있어요. 그런 직업을 가진 사람을 활동가라고 불러요. 네, 데모하는 사람 맞아요. 아버지가 데모 같은 걸 마땅찮아 하시는 것을 아는데, 차마 제 일이 그거라고 말할 수 없었어요. 인권운동이나 사회운동은 우리 집안의 암묵적인 금기어라는 것을 잘 알고 있으니까요. 제주 4·3 때 모진 희생과 수모를 겪으면서, '육지 사람들끼리 하는 정치 같은 것에 개입하지 말라'는 친척 어르신들의 당부는 가훈과도 같은 것이 되었죠. 인권, 사회, 정치 같은 세상의 말들은 억울한 사람을 위한 표현이 아니라, 그들을 궁지에 몰리게끔 하는 악랄한 개념이었고요. 그 모습을 듣고 보며 자라서일까요. 서른 즈음에 이르러 아버지께 막내아들인 제가 택한 활동가가 무얼 하는 직업인지 설명해드릴 수 없었어요.

알아요, 아버지. 아버지가 살아온 세상에도 화가 서려 있다는 사실을요. 의료사고로 장애를 갖게 된 아들을 삼십년간 돌보면서 저만큼, 아니 어쩌면 저보다 더 많은 허무와 분노를 삭이셨다는 것을요. 아버지께서도 장애인과 가족들을 배제하는 너무 힘든 사회 분위기에 절망하기에, 이 차별의 문제를 고쳐나가야 한다고 믿고 있다는 사실도 잘 알아요. 다만 그 방법이 사회운동만큼은 아니길 바라셨던 것뿐이죠. 더욱이 거리에서 하는 데모는 장애를 가진 당신의 아들이 택하기에 매우 부적절한 방식처럼 느끼셨을지도 모르겠어요. 아버지는 아들이 데모꾼보다는 사회적으로 영향력을 가진 엘리트가 되길 오랫동안 바라셨어요. 변호사가 되고, 검사가 되고, 판사가 되고, 고위 공무원이 되거나, CEO가 되어서 정치력과 재력을 토대로 세상을 바꾸는 게 가장 적절하다고 생각하시죠. 세상에 불만이 있는 모든 이들은 공인된 영향력을 가질 때까지 인내해야 한다고 믿으실지도 모르겠어요. 평범한 시민의 자격으로는 세상을 바꿀 수 없고, 그들이 택한 거리에 나오는 방식은 남에게 피해를 주는 행위라고 탄식하실지도요. 그런 평가를 하실까봐 미처 말씀드릴 수 없었어요. 저는 평범한 사람, 가난한 사람, 몸이 약한 사람들과 함께 세상을 바꾸고 싶었으니까요.

늦게라도 오늘 말씀드려요, 아버지. 제 직업은 활동가예요. 저는 차별에 저항하는 일을 하고 있어요. 사회를 바꾸기 위해 움직여요. 졸업장에 기대지 않고, 자격증에 기대지 않고, 오직 민주주의라는 우리 사회의 가치에 기대는 동료 장애인들과 함께 목소리 내며 차별에 저항하고 있어요. 사회는 그들을 '투쟁밖에 모르는 사람', '투모사'라고도 불러요.

아버지께서 언젠가 제 상사가 누구냐며 물었을 때, 누구누구와 함께 일을 한다고 알려드리면서 제일 소개하고 싶었던 말이에요. 저와 함께하는 활동가를 소개하는 데 이보다 간결하고 명료한 단어는 없거든요. '투모사'라는 말. 싸움꾼을 뜻하는 것도 아니고, 떼 쓰는 사람을 뜻하는 것도 아니에요. 온몸으로 정직하게 문제를 제기하는 사람들을 가리키는 표현이에요. 한평생 장애인을 향한 사회적 차별에 저항해온 올곧은 중증장애인의 활동 방식을 함축한 표현이에요.

아마 잘 믿기지 않으실지도 모르겠어요. 자기 휠체어조차 스스로 움직이지 못할 것만 같은 장애인들, 우리 사회에서 신체적으로 가장 취약한 이들이 무섭고 무거운 투쟁을 감당하고 있는 사실 말이에요. 어쩌면 가소롭게 보일지도 모르겠어요. 키가 작은 사람도, 몸이 구부정한 사람도, 인공호흡기를 낀 채로 누워 있는 사람도, 발달장애인도 모두 투쟁하는 사람이 될 수 있겠느냐는 우려 섞인 상상을 하고 나면 말이죠. 네, 어처구니없게 느끼실지도 모르겠지만, 아버지의 생각이 맞아요. 그들 모두 투모사예요.

장애인 동지들과 거리에 서서 세상을 다시 보니까요, 이상하게도 말이에요, 투쟁은 덩치가 크고 우락부락한 사람들의 몫이 아니라, 사회를 바꿔야 한다는 뚜렷한 문제의식을 가진 사람들의 몫이더라고요. 자유와 평등의 가치를 소중하게 꿈꾸는 이들이 오늘날 투쟁하는 주체더라고요. 투쟁에 나선 이들이 비록 튼튼한 체력을 갖고 있지는 않을지언정 권위에 굴종하지 않는 정신력이 있다면 그들 모두 충분히 투모사로 살아갈 수 있어요. 허약한 몸의 비참한 내구연한을 스스로 인식할지언정, 그것을 창피함이나 두려움으로 받아들이지 않는 사람들 말이에요. 투쟁의 계기가 소외된 삶의 허무로부터 비롯하는 것일지, 희열로부터 비롯하는 것일지, 분노로부터 비롯하는 것일지는 모르겠지만, 이들은 정말 단단한 사람들이죠. 아버지, 저는 그 사람들과 세상을 바꾸고 싶어요. 그들이 나아가는 길을 좇고 싶어요. 차별과 배제의 파도로 얼룩진 사회에서 동정의 온기를 연료로 태우지 않고, 배제의 냉기에 저항하며 목적지를 향해 부유하는 배의 생명력을 믿고 싶어요.

늦었지만 제대로 소개할게요. 저와 함께하는 두 동료를요. 어떤 사람들과 일하느냐고 물으신 말에 장애인과 함께 일하고 있다며 얼버무리고 만 바로 그 장애인들이에요. 저의 동료를 이름으로 호명하지 않고 납작하게 장애인이라고만 부른 이후 몇날 며칠간 너무 괴로웠어요. 아버지가 듣고 싶으실지는 잘 모르겠지만, 그들을 정식으로 소개하고 싶어요. 제일 먼저 소개할 이름은 이규식이에요. 허무와 낙관 사이를 늘 넘나드는 사람이죠. 그는 이동권이라는 단어가 생기기 전부터 투쟁의 책임과 무게를 알았어요. 그에게는 투쟁이 곧 삶이죠. 동료들은 투쟁 현장에서 규식이 형을 볼 때면 그의 건강이 아직 괜찮다고 짐작했고, 보지 못한 날에는 그가 아픈 건 아닐까 걱정하곤 했어요. 그는 그만큼 늘 투쟁에 앞장서는 사람이죠.

규식이 형이 집 밖으로 나온 것도, 저항을 시작한 것도 모두 이십년이 훌쩍 지났어요. 장애가 있다는 이유로 학교가 어떻게 생겼는지 구경조차 할 수 없어 학교에 다닐 수 없었고, 어디서 돈을 버는지 알 수 없어 직장을 다닐 수 없었어요. 온종일 집을 지키는 자신과는 달리 분주하게 학교며 직장을 오가고 외출하는 동생들의 성장 모습을 보며 자신을 받아주지 않았던 학교와 직장의 존재를 배웠죠.

규식이 형이 자연스럽게 외출하기까지 엄청난 용기가 필요했어요. 많은 사람들이 그러길 원치 않았죠. 그래서 그는 집을 나서서 무언가를 해보는 경험을 늦은 나이에 시작했어요. 청소년기에는 장애인 거주시설에서 매일같이 새벽에 일어나고, 같은 시간에 밥을 먹고, 같은 시간에 잠을 자는 일상뿐이었죠. 그러다 우연히 전동 스쿠터를 타고 문밖을 나선 순간 새로운 세상을 보았다고 해요. 우리에게는 평범한 삶의 경로들이, 그에게는 늘 신대륙 탐험 같은 모험에 가까웠죠. 문밖의 사람들이 자신과는 전혀 다른 문화 속에서 살고 있다는 사실을 알게 되는 매 순간이 말이에요. 집 밖에 모여 공부하는 사람들, 일하는 사람들, 밥을 먹는 사람들, 사랑을 나누는 사람들의 모습을 마주하고 삶이란 무엇인지 몸소 느꼈을 때, 그는 매일 자신에게 충격을 준 세상과 마주하고 싶어졌어요. 집 밖으로 외출하기 위해 가족의 등에 업혀 계단을 오르내려야만 하는 껄끄러운 시간을 견뎌야 했지만, 그는 그 과정을 반복하며 세상에 나왔어요.

화려한 외출과 함께 그의 존재가 곧 투쟁이 된 지는 이십년이 넘었어요. 이제 규식이 형은 자신의 전동휠체어에 카메라를 부착해 삶을 기록하고 있어요. 그리고 자신의 하루 일기를 유튜브에 올리곤 하죠. 언어장애로 유창한 말을 하기는 어렵지만, 지체장애로 글을 쓰기는 어렵지만, 그는 자신의 휠체어 높이에 달린 세상을 기록하는 반려 카메라와 함께해요.

얼마 전 어느 집회에 갔을 때예요. 현장의 경찰분들께서 규식이 형에게 유튜브를 잘 보고 있다고 반가운 인사를 건네는 모습을 곁에서 지켜봤어요. 인사를 건넨 경찰들은 규식이 형의 유튜브 영상을 어떻게 알았을까요. 어쩌면 중증장애인의 일과가 궁금했다기보다, 핵심인물로 지목되는 이규식의 일상 동선을 파악하기 위한 용도로 사찰하는 건 아닐까 싶어 간담이 서늘했어요. 저라면 정색했을 것 같은데, 규식이 형은 웃으며 그들에게 고맙다고 이야기했죠. 어떤 의도로 시작된 영상 시청이건, 규식이 형은 집 밖을 나오면서 경찰을 비롯한 사회구성원들과 끊임없이 소통하고 있다는 것을 뿌듯하게 여기는 사람이었어요. 규식이 형이 말을 천천히 고쳐가며 타인과 소통하는 그 모습이 왠지 너무 기분 좋게 느껴졌어요. 한평생 규식이 형을 외롭게 했던 것은 관심이 아니라 무관심이라는 생각이 드니까 더욱 말이에요.

아버지, 규식이 형은 지하철에 엘리베이터를 설치하는 장애운동의 역사 그 자체예요. 지난 이십년간 엘리베이터 설치를 요구한 현장에 늘 그가 있었기 때문이죠. 2001년 오이도역에서 발생한 리프트 추락사, 혜화역에서 발생한 규식이 형의 리프트 추락 사고 등에 대응하고 교통약자가 안전하게 이동할 권리를 요구하는 현장에 규식이 형이 있었어요. 그는 지금 이 시간에도 비난을 견디면서 모두를 위한 안전한 엘리베이터 설치를 쉬지 않고 외치는 중이에요. 그런 점에서 서울시 지하철역에 설치된 대다수 엘리베이터는 이규식의 땀과 눈물 아래 착공되었다고 말해도 과언이 아니죠. 오이도역에서 노부부가 휠체어 리프트를 타다 고장이 나 굴러떨어져 참사가 발생했을 때도, 분노한 장애인들이 지하철 선로 위에 올라 엘리베이터 설치를 외치는 일촉즉발의 상황에도, 이규식이 늘 제일 앞에 있었어요. 선로 위 전기가 휠체어를 타고 올라와 장애인이 감전되어 병원에 실려갔다는 험헌 뉴스 속 장애인도 이규식이에요. 그가 스스로 자랑하지는 않지만, 교통약자 이동권 정책의 처음과 끝에 모두 이규식이 있었어요.

　　아버지, 이제는 말씀드리고 싶어요. 지하철역에 설치되는 엘리베이터는 엘리트 정치인만의 업적이 아니에요. 세상 사람들 대다수가 엘리베이터를 설치한 서울시장과 관련 법률을 제정한 국회의원만 기억할지 모르겠지만, 아버지만큼은 이규식이라는 이름 세 글자를 기억해주시길 바라요. 수많은 정치인이 박수갈채를 독점하는 결과에도 굴하지 않고, 비난을 감내하며 묵묵히 선로 위에 선 것도, 엘리베이터 설치를 요구하며 완강히 버틴 것도, 감전된 것도, 기절한 것도 모두 이규식과 중증장애인들의 역사예요. 그 어떤 사회적 지위조차 없는 초라한 중증장애인이 엘리베이터를 설치했다는 사실을 믿기 어렵겠지만, 인정하지 않을 수도 있겠지만, 그는 보이지 않고 들리지 않는 곳에서 이십년간 줄곧 자신의 몸을 던져 앞장섰어요. 규식이 형은 예나 지금이나 투쟁밖에 모르는 사람이에요. 진짜 투모사죠. 그는 세상을 구하고 싶은 사람이고, 세상을 바꾸고 싶은 정직한 사람이에요.

규식이 형과 하루를 즐겁게 보내다보면 문득 무엇이 규식이 형을 나서게 했던 걸까 생각해요. 형의 평화로운 일상은 호전적인 투쟁과는 거리가 멀거든요. 형은 물 위에서 수영하는 걸 좋아해요. 제주도 바다에서 수영하고, 튜브에 기대어 햇볕을 쬐는 것을 좋아하죠. 뭍에서는 꽃과 들과 나무를 충분히 바라보며 아름다움을 느끼는 사람이에요. 저는 미처 이름을 알지 못하는 식물들 앞에 휠체어 바퀴를 세운 채 가만히 지켜보곤 해요. 규식이 형이 세상의 큰 존재보다 일상의 작은 존재들을 더 소중하게 여기는 것처럼, 투쟁의 가치도 작고 소중한 것으로부터 출발합니다. 그는 정치적 대의보다 삶의 낭만을 사랑해요. 이십년 전에도, 지금도 말이에요. 최근에 우연히 규식이 형이 간직한 비디오 속 십수년 전 젊은 이규식을 보았어요. 자신의 활동에 대해 스스로 평가하며 '다 알고 나니 재미없는 것 같기도 하다'라고 부끄럽게 웃으면서 소감을 나누는 젊은 시절 얼굴에서 그 삶의 소박함과 너스레를 느낄 수 있었어요. 뭐랄까, 신입사원 때는 복사 업무도 재밌었는데, 경력이 쌓이고 나니 일은 그저 일일 뿐이라는 직장인들의 흔한 소리처럼 느껴지지 않나요? 두근거리며 세상으로 나온 규식이 형의 입에서 정치적 흥분이 아니라 일상의 허무함이 지배하는 말들이 들릴 때 저는 무척 기뻐요. 절박하게 투쟁하는 삶을 강요받지 않은 채로 하루의 책임을 소박하게 인식하는 것만 같아서요.

참, 아버지, 규식이 형이 얼마 전 아버지의 미래도 바꾼 것 아시나요? 제주에서도 이제 곧 자유로이 저상버스를 탈 수 있게 되었어요. 여든이 되신 서귀포 할머니가 무릎이 시리고 아프다며 집 밖에 나서지 못하는 모습을 보며 걱정하곤 하셨잖아요. 저상버스가 마땅히 없는 시골에서 오일장 한번 오가는 낙조차 잃어버린 할머니를 보며 늘 속상해하셨잖아요. 할머니의 미래, 아버지의 미래, 저의 미래가 소외되지 않고 존중받기 위해서는 모두가 탈 수 있는 저상버스가 꼭 필요해요. 아버지가 오늘 처음 이름을 알게 된 규식이 형이 국가로부터 저상버스 도입 의무화를 이끌어냈어요. 작년 마지막 날 국회 본회의에서 압도적 찬성으로 통과된 교통약자의 이동편의 증진법에는 이규식의 오랜 투쟁 역사가 서려 있어요. 한국 사회 1,250만 교통약자의 외출을 보장하기 위한 저상버스 도입을 이십년간 외친 끝에 이제 우리나라도 유럽처럼, 미국처럼 저상버스의 신규 도입이 의무화되었어요. 규식이 형의 목소리는 장애인만을 향하지 않았어요. 규식이 형이 스무해 넘게 꿈꿔온 저상버스는 할아버지와 할머니, 어린아이와 다친 청년 들을 염두에 둔 교통수단이기도 해요. 버스 문턱의 높이가 낮아질수록, 세상의 문턱이 낮아지리라 생각해온 이 장애인은 비록 자신의 삶은 외출할 권리를 누리지 못한 채 기회를 잃고 말았지만 다른 이들의 삶은 턱 앞에 좌절하지 않기를 간절히 바라고 있어요. 아버지, 교통 약자의 이동 해방을 이끄는 데 가장 많이 몸을 던진 규식이 형을 기억해주세요. '장애인도 버스 타고 싶다'는 구호 아래 거대한 버스 앞에 선 이십년의 삶을 바라봐주세요. 온갖 저주와 욕설의 가시 같은 말들을 감내하면서, 지하철 선로에 고의적으로 바퀴를 빠뜨렸다는 왜곡된 기사를 견디면서, 늘 자유를 향해 전동휠체어를 타고 앞으로 나아간 규식이 형을 떠올려주세요. 아버지가 저상버스를 탈 때, 엘리베이터를 탈 때 한번씩 그의 허무와 고독의 움직임을 이해해주세요.

아버지, 활동가들이 사회적 시달림과 고된 노동을 끝없이 마주하다 지치지 않을까 하는 걱정일랑 하지 마세요. 모두 든든한 규식이 형으로부터 많이 사랑받고 있어요. 규식이 형은 아스팔트 위 투쟁을 사랑하고, 바다 위 수영하는 자신을 사랑하지만, 무엇보다도 자신과 함께하는 이들을 가장 사랑해요. 규식이 형은 자신과 함께 이동권 보장을 외치는 활동가들이 경찰에 연행될 때면, 그들이 나올 때까지 경찰서 앞을 찾아가요. 그리고 동료를 풀어달라고 천천히 또박또박 외쳐요. 경찰서 앞에서 한번 쫓겨나면 두번 가고, 두번 쫓겨나면 세번 가고, 세번 쫓겨나면 네번 가고, 네번 쫓겨나면 다섯번 가고, 다섯번 쫓겨나면 여섯번 찾아가곤 해요. 어린 활동가들이 조사를 무사히 마치고 경찰서 밖으로 나올 때까지요. 규식이 형은 자신보다 타인을 더 아끼고 걱정하는 사람이에요. 규식이 형이 활동하는 동안 대통령이 다섯번 바뀌고, 초선 국회의원이었던 사람이 국회의장으로 추대될 만큼의 시간이 지났네요. 규식이 형은 사랑도 명예도 이름도 남김없이 줄곧 아스팔트 위를 지켜왔을 뿐이지만, 그에게 남은 세월의 징표는 오직 거칠고 까무잡잡하게 그을린 노화된 피부밖에 없지만, 형의 웃음은 변함없이 거리에서 활짝 피어오르고 있어요. 아버지, 저는 그런 규식이 형과 함께 활동하며 많은 것을 배우고 있어요. 일상에 감사하고, 동료에 친절하고, 세상에 굴하지 않으면서도, 여유를 갖는 모습들 말이에요.

저뿐 아니라, 이규식의 투쟁을 진심으로 좋아하는 사람이 또 있어요. 그분도 저의 동료예요. 세종시를 지키고 있는 문경희라는 분이에요. 서울이라는 수도에 규식이 형이 있다면, 세종이라는 행정 중심지에는 여성 장애인 문경희가 있죠. 그는 오년 가까이 세종시를 바꾸기 위한 운동을 지속하고 있어요. 이십이년 전 규식이 형처럼 뜨겁게 말이에요. 저상버스가 노선버스 열대 중 두어대밖에 없고, 교통약자는 오송역에서 세종시청까지 대중교통으로 이동할 방법조차 없는 척박한 교통 현실에서 약자의 권리를 보장받기 위해 이 시간에도 소리 높이고 있어요. 장애인의 이동할 권리가 보장되지 않는 엉터리 신도시가 언젠가 살 만한 곳이 된다면 아마 그의 투쟁 덕분이겠죠. 규식이 형이 서울을 바꿨듯이 말이에요. 누군가 보기에는 보잘것없는 이의 투쟁이 세상에 균열을 내고 있어요. 아니, 최소한 사람들 마음에 균열을 내고 있어요. 할 수 없다는 무력감을 넘어함께해야 한다는 연대감을 꽃피우고 있죠. 멀리 서울에서 그의 활동을 지켜보며 홀로 세종시 이동권 보장의 목소리를 외치는 것이 계란으로 바위 치기가 아닐지 걱정하던 동료들이 어느날

한자리에 모여 다 함께 세종시로 향했어요. 이들은 비장애인만 싣고 떠나는 버스에 이제는 장애인도 함께 타야 한다며 세종시의 버스를 다 같이 온몸으로 멈춰 세웠어요. 전동휠체어에 몸을 기댄 채로 고개를 치켜들어도 백미러가 보이지 않을 만큼 높고 커다란 버스를 노려보며 '함께 타자'라고 외쳤어요. 세상의 소외를 슬픔 대신 분노로 마주했죠. 그날 버스기사와 승객 들은 처음에는 난처해하다가 나중에는 '장애인이 어떻게 이 버스를 탈 수 있겠냐'라며 밀쳐내려고 했어요. 걸을 수 없는 이 장애인들은 휘청거렸지만 이내 손바닥을 땅에 붙인 채 버스 아래로 기어갔어요. 태양열로 뜨거워진 아스팔트 바닥을 붙잡은 채, 엔진 열로 포화된 버스 차체 아래에서 동료 활동가 이형숙이 크게 외쳤어요. 엔진 밑에서 말이죠.

> "장애인도 버스 타고 싶습니다. 왜 장애인만 버리고, 비장애인만 버스에 태워 이동하려고 합니까? 왜 장애인이 이야기하는 것은 귀담아들으려고 하지 않습니까? 세종시장님, 대전시장님 너무하지 않습니까? 법이 있는데 왜 법을 지키려고 하지 않습니까? 장애인도 B1 버스 타고 세종시청 가려고 합니다. 그런데 장애인도 버스 타고 싶다고 하니 정류장 옮겨서 왜

비장애인만 태우고 홀라당 가려고 합니까? 왜 장애인은 버리고 가려고 합니까. 장애인은 대한민국 사람 아닙니까? 이렇게 버려도 됩니까? 더이상은 못 참겠습니다. 더이상 참지 않겠습니다. 장애인도 버스 타고 싶습니다!"

　그 절규를 들은 더 많은 투모사들이 함께 자리에 모였어요. 모두 저마다 휠체어에서 내렸어요. 걸을 수 없어 승객들로부터 '병신'이라 일컬어지는 사람들은 모두 손바닥으로 까끌까끌한 아스팔트를 기어 버스 밑을 향했어요. 이들은 탈 수 없는 세종시 버스를 올려다보며, '장애인도 버스를 타고 싶습니다'라고 다 함께 외쳤어요. 여러 장애인 투모사들의 급박한 목소리 사이 눈에 띄는 사람이 그였어요. 오랜 시간 홀로 세종시 이동권 보장을 위해 고군분투하던 문경희 활동가의 얼굴을 잊지 못해요. 환희에 찬 그 얼굴. 함께하는 순간만큼은 외로움도, 고독함도 느낄 수 없는 이의 함박웃음을 그때 처음 봤어요. 집 밖에 나설 수 없었던 청소년기에 대한 허무로 가득 찬 장애인의 목소리, 자신을 두고 가는 버스에 대한 분노로 가득 찬 장애인의 목소리, 지역에서 외로이 분투하다 함께하는 동료 장애인들을 보고 환희에 가득 찬 장애인의 목소리가 높은 버스를 향했어

　　　　　　　　제2부 직면의 순간

요. 저는 그 모습을 보았어요. 저는 그들과 함께해요.

아버지 저는 말이에요. 능력보다, 권력보다, 평범한 시민의 외침을, 함께 사는 삶의 가치를 믿어요. 한명의 투모사가 두명의 투모사를, 두명의 투모사가 네명의 투모사를, 네명의 투모사가 여덟명의 투모사를 일으키는 현장 어딘가에 제가 있어요. 보잘것없다며 무시당하는 장애인들이 모여 지하철 엘리베이터를 설치하고, 버스의 단차를 낮추고 있어요. 신체적 어려움으로 외출의 자유를 박탈당한 이들은 오늘날 누구나 어울려 살아갈 수 있도록 변화의 소용돌이를 일으키고 있어요. 저는 지금 그 투모사들과 함께 있어요. 이토록 멋진 사람들과 대단한 시간을 함께하고 있어요.

투쟁입니다, 투쟁

이 글은 현장 활동가들이 숱하게 외치는 '투쟁'에 관한 이야기다.

긴 시간 '투쟁'을 입 밖으로 발음할 일 없는 삶을 살았다. 내가 큰 소리로 투쟁 구호를 외치는 직업을 갖게 될 거라 상상해본 적조차 없었다. 그런 사람들은 나에게 화성에서 온 우주인들과 같았다. 물론 나의 몸에는 차별의 말과 행동이 남긴 흔적들이 가득했지만, 개인적 아픔이 사회적 투쟁의 길로 이어지지는 않았다.

소리 내어 투쟁을 외치기까지 오랜 시간이 걸렸다. 투쟁의 의미를 모르는 채로 어쩌다 처음 투쟁을 외치게 되었을 때

'괜히 입 밖에 꺼냈다가 본전도 못 찾는 것 아냐? 남들이 눈살 찌푸리며 따돌리는 것 아냐? 정작 아무것도 달라지는 게 없는 것 아냐?' 싶은 회의감이 지배적이었다. 투쟁은 훈련된 사람들, 더 정확히는 빨간색 머리띠를 맨 사람들만의 것으로 여겼다. 투쟁의 구호를 손에 쥔 이들을 떠올리면 늘 건강한 몸을 소유한 일부 비장애인들이 생각났다. 커다랗고 까슬까슬한 주먹을 하늘로 치켜들고, 구릿빛 이마에는 해어진 머리띠가 둘러져 있고, 다부진 체격을 다 덮지 못하는 낚시 조끼에, 조끼 뒷면에는 과격한 구호가 적혀 있는 사람만이 내가 상상하던 투쟁의 주체였다.

투쟁과 무관한 삶을 살 때는 투쟁하는 사람들을 싸움하는 사람들이라고 보았고, 그들이 우리 사회의 나쁜 갈등을 유발하는 시비꾼이라고도 생각했다. 타인을 쓰러뜨리기 위한 것이 아니라 지탱하기 위해 투쟁하는 사람들이 있다는 사실을 대학에서 처음 알았다. 신입생 시절 대학 입학 서류를 처리하러 학생처에 가던 길, 한진중공업 노동자의 정리해고를 반대하는 대자보를 우연히 본 적 있다. 빨간 글씨로 투쟁이라는 단어가 크게 쓰여 있었고, 나는 그 앞에 한참을 서서 대자보를 읽어내렸다. 회사와 노동자들이 싸우기도 한다는 이야기를 가끔 뉴스에서 들었던 것 같기도 했지만, 뉴스 너머 현실에서 그들의 사연에 집중해서 관심을 가진 것은 그때가 처음이었다. 교내 벽 한구석에는 한진중공업 투쟁 사태를 논하는 대자보 외에도 온갖 투전의 흔적이 사방에 부착되어 있었다. 격자로 붙인 청테이프에 고정된 각종 집회 관련 인쇄물들이 수백장씩 떼어졌다가 또 붙여졌는지 벽 사방에 온통 테이프 떨어진 자국이 남아 있었다.

예술대학인 그 학교에는 공대도, 자연대도, 인문대도, 경영대도 없었다. 예술대학에서 가르치는 건 예술이 전부였다. 모든 예술이 예술가의 사상을 표현하는 것이어서 그런지 몰라도 사회문제에 적극적으로 참여하는 학생들이 많았다. 활발한 데모가 '예술적으로' 기획되는 곳이었다. 누군가는 연습실에서 실기를 연습하는 것보다 거리에서 다른 이들과 연대하는 것을 더 중요하게 여겼고, 싸움이 벌어지는 곳에 적극적으로 동참하길 지향하는 몇몇 예술가들이 학내 시위 문화의 주축을 이루었다. 이십대 예술가들은 냉소적이면서도 따뜻했고, 똑똑하면서도 앞뒤를 재지 않을 만큼 강인했다. 나에게는 찾아볼 수 없는 여유와 용기, 비판의식이 있는, 앞서가는 예술가들을 동경했다. 하루는 그들이 교내 비정규직 청소노동자들과 연대해서 집회를 연다는 소식을 듣고, 한참을 두리번거리며 집회 장소에 찾아가 그들을 관찰했다. 또 언젠가는 KTX 민영화를 저지하는 시위를 위해 피케팅을 기획한다는 이야기를 듣고는 그 주변에 혼자 몰래 서 있다 오기도 했다. 그들이 현장에서 크게 외치는 투쟁이라는 말이 무서워 차마 일원이 되지는 못했지만.

대학 졸업 후 직장을 구하면서는 투쟁하는 이들의 존재를 잊고 살았다. 오직 먹고사는 데 온 힘을 기울였다. 이십대 초반의 느슨한 연대 경험은 취미활동 같은 추억으로 기억되었고, 나는 생존을 좇았다. 내 머릿속에 사회적 고민이 들어앉을 자리는 없었다. 나는 오로지 원룸이 아니라 투룸에서 살고 싶다는 바람을 이루기 위해 더 많은 저축을 목표로 삼았다. 퇴근 후 집에 돌아와 TV를 켜면 미투운동이나 가습기 살균제 참사 같은 시사 뉴스가 방송되고 있었지만, 나는 큰 관심 없이 그저 멀뚱멀뚱 쳐다보다가 '재밌는 건 안 하나' 하는 생각과 함께 예능 프로그램이 자주 나오는 채널로 화면을 돌리곤 했다. 호기심에 집회 주변을 맴돌던 학창 시절과는 달리, 사회로 나온 뒤에는 차별이나 불평등의 문제에 관하여 더는 어떤 고민도 하지 않았다. 아주 가끔 여전히 가난 속에서 허덕이며 사회를 바꾸고자 나서는 예술가 친구들을 우연히 만날 때면, 마음속 한구석에 남아 있는 죄책감 같은 것이 피어나 '내가 너무 이기적으로 사는 게 아닐까' 느끼곤 했지만, 나는 그들이 활동하는 모임에 후원하는 것으로 내 안의 죄의식을 손쉽게 덜어내곤 했다.

나는 아마도 장애운동에 입문하지 않았다면 투쟁을 영영 잊은 채 악착같이, 그리고 '행복하게' 살았을 것이다. 작은 키, 목발 없이 설 수 없는 다리, 단 한발도 떼지 못했는데 온몸이 부들부들 떨리고 휘청거리는 위태로운 처지에 놓인 나 같은 장애인이 몫을 챙길 수 있는 길은 투쟁이 아니라 성공에 있다고 믿었기 때문이다. 그래서인지, 오랜 믿음이 깨지는 그 순간, 활동을 막 시작할 당시 장애운동 현장에서 목이 터져라 투쟁을 외치는 여러 중증장애인을 처음 보았을 때의 충격은 이루 말할 수 없다. 나의 평탄한 모습과는 달리, 거리에 선 장애인들의 움직임은 저돌적이었다. 그들은 아무렇지 않게 휠체어에 간신히 몸을 기대어 연신 결의를 다지곤 했다. 보조기기가 보이는 어느 현장에서나 투쟁이라는 단어가 그와 짝을 이루었다. 거리에 나선 참석자들은 서로 마주 보면서도, 공허하게 하늘을 바라보면서도, 우울감에 고개를 푹 숙이고서도 저마다 주먹을 쥔 채로 여러가지 구호를 외쳤다. 불편한 호흡을 안고 휠체어에 앉아 있는 장애인도, 그를 유심히 살피며 지원하는 비장애인도 모두 그랬다.

거리의 투쟁 구호가 인사말로 익숙한 이들은 집회 현장에서 초보 활동가인 나에게 다가와 안부를 묻는 구구절절한 말 대신 "투쟁!"이라는 짧고 굵은 호흡이 담긴 인사말을 건넸다.

현장 한복판에서 그런 인사를 받을 때면 나는 당신처럼 싸우러 온 사람이 아니라고 괜스레 부정하고 싶었다. '여러분의 투쟁을 지지하기는 하는데요, 저는 여기 투쟁하러 온 게 아니에요. 투쟁할 만한 사람도 아니고요. 투쟁은 제 몫이 아니에요. 그냥 옆에만 있을게요.'라고. 내 활동의 경계를 설정하기 위해 거리를 두는 언어들이 불쑥불쑥 입가에 맴돌았다.

내가 그러거나 말거나, 거리에 선 장애인 활동가들은 사회 불평등과 인간 소외에 대항하는 투쟁의 힘을 믿었다. 그들은 고난과 차별에 짓눌린 인간·비인간 이웃의 주변을 지키기 위해서는, 우리를 괴롭히는 사회적 부조리에 맞서기 위해서는 우리 스스로 저항 정신을 가져야 한다고 마이크를 잡고 동료를 향해 외쳤다. 그들은 투쟁의 성패와 무관하게 언제나 배제와 차별, 불평등에 굴하지 않고 저항할 것을 당부했다. 마치 인류사가 전쟁사의 궤적을 따라 흘러가듯, 인간 권리의 역사는 활동가의 투쟁의 역사에서 비롯된다는 신념을 가진 이들이었다. 기꺼이 권리의 역사를 쓰기로 마음먹은 이들이 거리로 나선 것이었다. 그들은 거리에서 소수자의 목소리가 사라지는 순간 공동체의 위기가 시작된다며 참여의 의미를 무겁게 여기는 사람들이었다.

오랜 시간 투쟁을 외쳐온 사람들은 투쟁의 대상을 그 누구보다도 정확하게 이해하고 있었다. 단지 한두 사람의 권력자에 저항하는 것이 아니라, 일방적인 권위를 재생산하는 사회구조에 저항해야 한다고 생각했다. 개인이 아니라 구조에 맞서는 사람들이었다. 반면, 당시의 나는 장애인 차별의 문제를 구조가 아니라 개인의 관점에서 이해했다. 나에게 주어진 고난을 이겨내는 노력이 있다면, 성장과 성공이라는 보상이 주어진다면, 자기계발이라는 업적이 인정된다면, 나는 나의 장애에서 벗어날 수 있을 것이라고 생각하며 그때껏 살아왔다.

그래서일까. 활동가와 활동가가 아닌 사람들을 구별하는 기준은 언제나 '투쟁'이라는 말이었다. 거리에서 투쟁을 외치는데 주저함이 없는 활동가들은 단어 사이에 공기를 가득 불어넣어 큰 소리로 '뚜우쟁'이라고 발음했고, '극복'이나 '성공' 같은 말들은 좀처럼 쓰지 않거나 불편하게 여겼다. 반면 성공과 극복을 꿈꾸는 이들은 피치 못할 순간에만 무언가 죄를 짓는 듯한 표정으로 오물오물 '트젱'이라고 흘려서 발음하곤 했다. 당시의 내가 그랬다.

이제 그나마 자신있게 투쟁을 외칠 수 있게 된 것은 전장연 사무총장이었던 박옥순 활동가와의 만남 덕분이다. 한평생 거리에서 투쟁해온 깡마르고 왜소한 중년 여성 활동가와의 만남이 나의 가치관을 완전히 뒤바꾸는 계기가 되었다. 몇년 전장애인들이 경기도 내 한 청사를 점거할 때였다. 한 지방자치단체장이 중증장애인의 활동지원서비스 시간을 대폭 삭감하는 계획을 발표하며 한바탕 논란을 일으켰다. 그 지자체장은 가족이 있는데 국가가 왜 장애인을 돌봐야 하느냐며 정책 예산 삭감 계획을 발표했다. 국가는 손 뗄 테니 가족끼리 책임지쇼 하는 태도에 분노한 장애인과 가족들이 청사로 몰려갔다. 지자체의 사과와 대책 마련을 요구하는 장애인들이 휠체어를 탄 채로 항의하러 온다는 소식을 듣고 시청 측은 졸렬하게도 청사의 엘리베이터 가동을 중단시켰다. 나도 당시 그곳에서 예산안 시정을 요구하며 자리를 지키고 있었다. 시청 로비 바닥에 자리를 깔고 앉아 있었는데 박옥순 활동가가 현장에 모습을 드러냈다. 집에서는 밭을 매고, 밖에서는 데모하느라 햇볕 아래 벌겋게 달아오른 강낭콩 피부를 지닌, 예순을 앞둔 그는 선글라스를 낀 채 넉넉한 옷을 흐느적거리며 청사로 들어왔다. 전장연의 살림살이와 조직을 전적으로 관장하는 국무총리 같은 역할을 담당하는 그는 호탕하게 웃으며 현장을 유유히 거닐었다. 그는 사람들을 마주할 때마다 주먹을 치켜세우고는 여유로운 목소리로 "자, 투쟁입니다, 투쟁" 하는 희한한 방식의 인사를 먼저 건넸다.

박옥순 활동가는 나에게도 같은 방식으로 안녕이 아닌 투쟁의 인사를 물었다. 절도 있고 강건한 남성이 외치는 "투쟁!"이 아니라, 흐느적거리며 싱긋 발음되는 "투쟁입니다, 투쟁"이라는 문장이 다소간 어색했지만, 어쨌건 나도 그의 인사에 화답했다. 마치 성당 주일 미사에서 신자끼리 서로 쳐다보며 한껏 행복한 얼굴로 평화를 묻듯, 그는 차디찬 집회장 바닥에 모인 모든 사람마다 눈을 마주치며 투쟁의 안부를 물으며 다녔다.

그의 부드러운 투쟁 인사에는 어쩐지 묘한 힘이 실려 있었다. 사람들을 다시금 힘내게 하는 인사랄까. 엘리베이터를 탈 수 없게 한 지자체의 일방적인 행정 처리에 분노한 장애인들은 갑자기 등장한 박옥순 활동가의 경쾌하고 따뜻한 투쟁 인사에 바닥에 앉아 무기력하게 자리를 지키다 말고 초점을 되찾았다. 그만의 투쟁 인사 방식은 어떤 충돌도 없이, 긴 연설이나 설명도 없이 모두의 이목을 단번에 이끌기에 충분했다.

나에게는 충격적인 장면이었다. 투쟁이라는 어휘가 그렇게 쉽고 간단한 방식으로 발음되는 것을 처음 보았기 때문이다. 어떻게 절박함을 더하지 않은 채 일상적으로 투쟁 인사를 나눈단 말인가. 나는 그 말을 늘 긴박하고 간절함에 진이 빠지는 소리이자 폭력을 부르는 외침으로만 여겼지, 타인에게 힘과 용기를 줄 수 있는 어휘로는 생각하지 못했다. 그는 어쩜 아무렇지도 않게 저 중후한 표현을 저토록 흔쾌히 쓸 수 있는 걸까.

한참을 그를 보며 생각했다. 그가 온 복도를 누비며 밝게 웃는 표정으로 신이 나서 외치고 있는 "투쟁입니다"는 대체 무얼 의미하는 걸까. 그런 꼭 '내 이름은 박옥순입니다'라는 뜻 같기도 했고, '좋은 아침입니다' 같기도 했으며, '조금 더 힘냅시다'라고 말하는 것 같기도 했다. 천진난만하면서도 묘한 뉘앙스를 가지고 있었다. 정확히 알 수는 없었지만, 짧은 두 글자 투쟁이라는 단어 안에는 그 어떤 지나침이나 어색함이 담겨 있지 않았다.

박옥순 활동가의 독특한 투쟁 인사 방식은 투쟁을 삶의 일부로 체화한 사람만이 가질 수 있는 여유와 전문성처럼 보였다. 타인에게 힘을 주기 위한, 세상을 바꾸기 위한 즐거운 투쟁은 모두가 흔쾌히 질 수 있는 짐이었다. 그의 투쟁은 갈등이 아니라 화합의 상징이었다. 쉰 소리를 내지 않고 반가움을 담아 서로의 마음을 단단하게 연결하는 투쟁의 응원이 있다는 사실을 그때 깨달았다. 활동가로서 인식해야 하는 투쟁의 지향을 처음 느낄 수 있었다.

처음에는 황당하게 느껴졌던 투쟁 인사가 왜인지 자꾸만 떠올랐다. 투쟁이라는 단어를 저렇게 쉽게 쓸 수 있나 싶어 낯설어 보이기도 했지만, 언젠가부터는 그가 외치는 정도의 투쟁이라면 나도 한번쯤 말해볼 수 있지 않을까 하는 생각을 갖게 됐다. 그때쯤부터였을 것이다. 집회 현장에서 왕왕 들리는 투쟁의 목소리가 거부감 없이 자연스럽게 들리기 시작했던 때가. 어느 활동가는 바쁜 일상 중 어떻게든 점심을 챙겨 먹는 자신을 가리키며 '식사투쟁' 중이라 하고, 출근길 지하철 인파를 뚫는 것을 두고 '출근투쟁'이라고 말하기도 하며, 늦은 밤까지 보고서를 작성하는 이들은 '야근투쟁'이 예정되었다고 말하는데 그 모습에 어색함을 느끼지 않았다.

활동가들은 저마다 주어진 조건에서 노력하는 모든 행위를 곧 투쟁이라 일컬었다. 적극적이고 능동적으로, 그리고 단단하게 일을 진행해나갈 때 투쟁한다고 인식하는 사람들의 매력이 느껴졌다. 편견을 내려놓고 보니 투쟁은 갈등과 싸움을 지칭하는 말이 아니라, 자신과 사회를 바꿔나갈 용기를 지닌 자들의 능동적인 마음을 담아내는 표현이었다. 그 말에 더이상 거부감이 들지 않았고, 빠르게 익숙해졌다.

어쩌면 각자의 삶에서 지향해야 하는 것은 극복이 아니라 투쟁일지도 모르겠다고 스스로 묻게 되었다. 비록 우리 사회에 아직은 투쟁을 발음하는 게 어색한 사람이 많지만, 그들 모두 박옥순 활동가처럼 자연스레 편견없이 투쟁을 외칠 힘을 갖게 된다면, 자기 극복의 신화에 휩쓸리지 않고 자신과 타인에게 더욱 관대해질지도 모르겠다. 그리고 우리가 더 나은 사회로 나아가기 위해 하는 모든 노력이 저마다 크고 작은 투쟁이라는 사실을 깨달을 수 있다면, 우리는 끝없이 극복해야 하는 개인적 과제에 매몰된 채 살아가는 것이 아니라 함께 투쟁으로 이겨내는 방법을 모색할 수 있게 될 것이다.

투쟁의 의미를 익히게 된 순간부터 나의 새로운 투쟁 과제는 자신의 투쟁을 마주하기 주저하는 이들에게 투쟁의 의미를 전달하는 것이 되었다. 자기 자신을 잠식하는 노력, 계발, 성공의 강박에서 벗어나 서로 돕는 투쟁으로 세상을 바라보는 시각이 중요함을 전하는 것, 공동의 목표를 실현하기 위한 방법론으로서 일상적 투쟁의 중요성을 느끼게 하는 것. 그렇게 투쟁의 의미를 이해하도록 다른 이들을 돕고 싶었다.

머잖아 기회가 찾아왔다. 공익변호사를 지망하는 로스쿨 학생들이 실무수습차 사무실을 찾은 때였다. 장애인 단체와 장애운동의 역사에 관한 설명을 하던 중 한 학생이 나를 향해 조심스레 질문을 던졌다. 강의 중 무언가 거슬리는 단어가 있는 듯, 주저하며 투쟁이 무얼 뜻하는 건지 용례를 물었다. 활동가들이 왜 이토록 투쟁이라는 단어를 많이 쓰는지 궁금하다고 했다. 장래에 변호사, 검사, 판사가 될 그의 당장의 호기심은 장애인 정책 그 자체보다 당사자들이 외치는 투쟁의 의미에 있었다. 그는 아마도 과거의 내가 겪었던 혼란을 그대로 겪고 있는 것 같았다.

그에게 내가 새로이 이해하게 된 투쟁의 의미를 이야기해주었다. 활동가가 외치는 투쟁은 눈앞의 문제를 개인의 문제가 아니라 사회의 문제로 인식한다는 각오인 동시에, 사회문제에 개입하는 능동적인 자신의 모습을 약속하는 뜻이라고 말이다. 사회적 문제를 인식하는 이들이 주체성을 포기하지 않을 때 투쟁을 외친다고. 누군가를 쓰러뜨리기 위해서가 아니라 살리기 위해서 외치는 것이 곧 투쟁이라고. 내가 박옥순 활동가로부터 배운 투쟁의 의미는 그런 것이었다. 나의 대답을 들은 학생은 무언가 이해한 듯 고개를 끄덕였다. 점심시간 무렵, 회사 근처 식당을 지나가다 그를 마주쳤다. 그는 대뜸 내게 부끄러운 듯 웃으며 "오늘 오후도 투쟁입니다, 투쟁"이라 서둘러 말하고는 자신의 무리로 돌아갔다. 시민단체 활동가가 아니라, 미래의 법조인과 투쟁의 인사를 주고받을 때 순간 느꼈던 벅찬 마음에 온종일 설레었다.

대학원에 있는 지금, 이제는 투쟁으로 묻는 인사가 유난히도 반갑게 느껴진다. 낯선 타인이 나에게 "장애인으로 살기 힘드시죠?" 하며 꼭 극복하시라는 응원을 건넬 때보다, 군더더기 없이 "투쟁입니다, 투쟁"이라고 인사할 때 왠지 더 웃음이 나고 반갑다. 응원과 격려는 장애가 오롯이 내 신체만의 문제인 것처럼 여겨지는 기분이 들게 하지만, 투쟁은 나의 신체가 아니라 사회의 문제를 지적하는 것 같아서 좋다. 그래서일까. 투쟁의 인사는 가끔 나를 덮쳐오는 외로움과 막막함의 기분을 덜어주는 주문처럼 느껴지기도 한다.

　　나는 투쟁의 의미를 받아들이면서 나에게 닥친 문제의 원인과 해결책이 나 자신만의 것이 아님을 알게 되었다. 투쟁을 알기 전의 모습을 가끔 돌이켜본다. 엘리베이터가 없어 고등학교를 끝까지 다닐 수 없었던 날들의 슬픔, 장애를 이유로 학원에 등록하지 못할 때 나를 응대한 안내자의 난처한 표정 앞에서 느꼈던 절망, 몸의 경계에서 벗어나지 않고 부속된 사회적 시선과 차별의 날카로움. 나는 왜 투쟁의 의미를 마주하지 않은 채 혼자 발버둥쳤던 걸까. '병신'이라 불리는 사람이 '정상인'들과 어울리기 위해서 더 많은 것을 극복해야 한다고 되뇌었던 과거의 나는 무엇을 이기고자 했던 걸까.

　　막연히 두려워하던 투쟁의 진정한 의미를 깨닫게 해준 박옥순 활동가와 장애운동에 정말 고맙다. 나는 이제 투쟁을 자연스럽게 발음하는 것이 전혀 어색하지 않다. 매일 살아남기 위해 발버둥치는 당신도 부디 그렇게 될 수 있기를 바란다.

　　먹고사느라, 새로운 관계에 적응하느라, 불평등에 저항하느라 고생하는 모든 이들의 하루를 응원하며, 오늘도 투쟁입니다, 투쟁.

수감의
이유

이 글은 장애운동에 인생을 건 네 중년 장애인

활동가들의 싸움에 관한 이야기다.

2021년 봄, '장애인도 평등하게 살고 싶다'고 외친 죄로 검찰청 앞에 모이게 된 네명의 장애인 이야기를 하고자 한다. 전국장애인차별철폐연대 권달주 대표, 전국장애인야학협의회 박경석 이사장, 서울장애인자립생활센터협의회 이형숙 대표, 한국장애인자립생활센터협의회 최용기 대표. 예순 언저리의 네 사람 모두 처음부터 그 나이 먹도록 투쟁할 것을 각오한 사람들은 아니었다. 각각 행글라이더 사고와 교통사고로 장애를 갖게 된 박경석과 최용기에게는 지난한 사회운동과 무관한, 재미와 욕망에 취해 바쁜 여느 이십대 남성들같이 역동적인 청춘이 있었다. 한편 일찍부터 장애를 가졌던 권달주와 이형숙은 비록 앞의 두 사람에 비해서는 제한적인 삶을 살았지만 정신없이 바쁘긴 마찬가지였다. 이들은 약한 몸이 먼 훗날 취약한 지갑으로 대물림되지 않도록 일찍부터 젊음에 갖은 채찍질을 하며 가난에서 벗어나는 데 온 힘을 쏟았다.

서로 다른 삶을 살던 이들이 법 앞에 악인이 되어 한자리에 모였다. 주요 언론에 '장애인 시위' 논란을 일으킨 나쁜 장애인들이었다. 이들의 죄는 장애인치고는 너무 많은 것을 바랐다는 것이었다. 범사에 감사하며 살아가기는커녕, 여전히 실현되지 않는 권리를 국가가 보장하라 외쳤기 때문에 이들은 처벌을 앞두고 있었다. 얼마나 나쁜 짓을 많이 했기에 구치소까지 들락거리는 건지, 네티즌들은 이들의 수감 소식을 전하는 기사에 머무르며 수군거렸다. 어떤 댓글은 '그렇게 나쁜 짓을 많이 하니까 장애인으로 살게 된 것'이라고 악담을 퍼부었다. 또 어떤 사람은 장애가 '전생의 업보'의 흔적이라고 적었다.

모두가 그들을 비난한 것은 아니다. 이들의 모습을 오랫동안 지켜본 주변 지인과 장애운동을 지지하는 사람들은 이들이 정당한 권리를 주장하고 있다고 대변했다. 이들의 실천은 나쁜 것이 아니고, 여전히 변화가 필요한 우리 사회의 부족함 때문이라고 변론했다. 스스로 거리에 나선 장애인 당사자들의 노력을 높이 사야 한다고 설득하는 사람들도 있었다. 사회 혹은 국가가 떠먹여주기를 기다리기 전에 스스로 권리에 대해 생각하고, 적극적으로 주장하고, 열정적으로 갈구하는 모습이야 말로 정직한 시민의 자세라고 말했다.

악인 혹은 위인이라는 극과 극의 평가가 오갔지만, 정작 그들은 자신이 어떤 방식으로든 평가되는 것을 원치 않았다. 이 네 사람은 자신을 대상화하는 사회적 시선과 해석을 부담스럽게 느꼈다. 그들에게 필요한 것은 자유였지 힐난도 명예로움도 아니었다. 이들의 싸움은 타인의 주목을 이끌기 위함이 아니고, 그저 좋아하는 이들과 일상을 즐겁고 자유롭게 보내려는 소박한 목표에서 비롯되었을 뿐이었다. 그렇지만 이상하게도 이 사회는 장애인들이 적극적으로 자유를 갈구할수록 그들을 속박하고 통제했다.

그들에게 허락된 자유가 줄어들고 쪼그라든 끝에 구속 말고는 아무것도 남지 않은 순간에 이르러 네 장애인 모두 검찰청 앞에 모였다. 이들은 거기서 해방을 외쳤다. 그러나 역사가 저희를 평가할 것이라는 비장한 선언이나 탄압받아 억울하다는 한풀이 대신, 오직 '투쟁 없는 삶으로 돌아가지 않겠다'는 반성 없는 각오만을 남겼다. 악에 받친 박경석 대표는 현장에서 '벌금으로 입 막지 마라'라는 피켓을 들고 "우리가 LH나 국토교통부 직원처럼 땅을 샀습니까. 도대체 내가 뭘 했는데!"라고 외치며 진짜 억울해 보이는 듯한 표정을 따로 남기긴 했지만, 비장함과는 거리가 멀었다.

예외적인 취급이 아니라 보통의 삶을 달라는 장애인들의 구호는 사실 평범한 것이다. 그러나 그 말의 주인이 중증장애인인 순간 일상적 요구가 급진적 구호로 뒤바뀌었을 뿐이다. 범인(犯人)의 혐의는 범인(凡人)을 꿈꾸었다는 소박한 사실에서 비롯되었다. 장애인에 대한 사회적 차별과 혐오의 문제를 국가가 해결하라고 당부한 이들 앞으로 4,440만원의 금액이 기록된 벌금 통지서가 차곡차곡 날아왔다. 강자의 권력은 숫자를 동원하여 약자의 목소리를 삭제했다. 그들은 장애인을 향해 내용이 아니라 절차가 문제라고 지적했다. 당신이 어떤 주장을 한들 도로를 점거한 이상, 교통을 방해한 이상, 미신고 집회를 연 이상 처벌받아야 한다는 '법치주의'의 논리가 4,440만원으로 계산됐다. 국가는 눈앞의 죄인을 처벌하는 데 혈안이 되었을 뿐, 스스로 저지른 역사적 과오에 대해서는 한없이 관대했다. 가령, 장애인 이동권 보장을 나 몰라라 하는 서울시장, 경기도지사 같은 지자체장이나 국토교통부 장관 같은 높으신 분들에게는 죄를 묻지 않았다. 그들이 권력을 유지하기 위해 정치적 공수표로 날린 거짓말은 따로 문제 삼지 않았다. 시내 지하철에 모두 엘리베이터를 설치하고 저상버스를 전면 도입하겠다는 헛된 말들은 이미 시효가 만료되어 아무 의미 없는 말이 되거나, 정치적 농담 같은 것으로 치부되었다. 아프고 가난한 이들의 권리를 나중으로 미룬 대통령의 말도 마찬가지였다. 부양의무제를 완전히 폐지하겠다는 말, 모든 장애인이 충분한 지원 서비스를 누릴 수 있을 것이라는 약속 어느 하나 제대로 지켜지지 않았지만, 호언장담했던 행정부 수반 앞으로 청구된 벌금은 단 한푼도 없었다. 공권력의 칼날은 유독 약자들만을 향했다. 권력에 따라 거짓말쟁이가 정해졌다. 왜 시민과의 약속을 지키지 않느냐며 국가의 책임을 묻는 이들 네명만이 만악의 원인으로 취급되었다.

2021년 3월 18일. 휠체어 신세의 네 '만악'들이 서울중앙지방검찰청 앞에 차례로 휠체어 바퀴를 세웠다. 휠체어에 탄 이들은 스스로 오르기 어려운 골고다 언덕을 어떻게든 뚫고 올랐다. 이들은 평평한 편인 서울의 금싸라기 땅 서초역에서 출발하여, 그 지역의 천장에 매달린 것처럼 높은 곳에 있는 뾰족한 검찰청 건물 앞까지 바퀴를 굴리고 또 굴렸다. 네명의 장애인이 두려워한 것은 수감 권력을 쥔 공권력이 아니라 산만하게 울퉁불퉁한 검찰청 언덕이었다. 검찰청에 잡혀오는 것 말고는 이 근처로 올 일도 없는 이들 무리의 한 사람이 분위기를 파악하지 못한 채 신이 나서 외쳤다. "우와. 부자 동네다!" 처벌받으러 가는 자신에 대한 한탄에 앞서, 그는 자신의 삶에서 빗겨나간 예외적 동네에 있다는 사실에 먼저 감탄했다. 여러모로 표정이 심각한 주변 지인들은 이 중년의 천진난만함에 반응하는 대신 끙 하는 소리와 함께 휠체어를 밀어 언덕길을 동행했다. 장애인이 성공적으로 수감될 수 있도록 운반하고 있는 자신의 운명에 복잡한 심정으로 자원한 비장애인들은 힘없고 심란한 걸음걸이로 한발씩 나아갔다.

이 고난의 행군을 따르는 사람들 몇몇이 곧 닥칠 일들에 관해 얘기 나누기 시작했다. 호송차량이 오는 거냐고 누군가 묻자, 다른 누군가는 말없이 고개를 끄덕거렸다. 이번에는 감방을 향하는 버스에 휠체어를 실을 수 있느냐는 질문이 이어졌다. 바로 직전에 대답한 사람이 거기까지는 잘 모르겠는지 아무 말도 더하지 않았다.

지금이라도 네명의 장애인에게 닥친 작은 고난의 불이 큰 재앙의 들불로 번지지 않고 소화하려면 그들 앞에 주어진 벌금을 즉시 내는 방법밖에 없었다. 그러나 죗값으로 책정된 4,440만원을 해결하기란 어려웠다. 곧 잡혀갈 이들 가운데 당장 통장에서 출금할 수 있는 수천만원을 저금해둔 사람은 한명도 없었다. 심지어 그들 중에는 기초생활수급자도 있었다. 비록 네 장애인 모두 겉으로는 대표 혹은 투사와 같은 명예로운 호칭을 달고 다녔지만, 경제적 풍요와는 거리가 먼 삶을 살았다. 그들이 백날 대표님으로 불리건 회장님으로 불리건 호칭이 암시하는 윤택한 삶의 기반을 얻지는 못했다. 각종 직책은 도리어 가난의 사슬이 되었다. 각종의 직책은 경찰로 하여금 시위 주동자의 몽타주를 확정하게 하도록 도왔을 뿐이다. 그들이 속한 단체 대표 직위는 여러 못된 장애인들 가운데서도 갱생 안되기로 으뜸임을 보증하는 가장 확실한 단서였다. 말하자면 그들은 가시투성이 월계관 같은 것을 쓰고 사는 사람들이었다. 명예의 훈장이 아니라 십자가를 진 채로, 권력을 지닌 정부 혹은 자본을 가진 기업으로부터 지원은커녕 경계 대상으로 취급받으며 한평생을 살아왔다. 이들의 대표 직위가 장애인 단체가 아니라 대기업의 직함이었다면 처벌을 거뜬히 피하고도 남았을 테지만, 당장 이 빈털터리 대표들은 재산도 없고, 인맥도 없어 몸으로 때우는 것 말고는 방법이 없었다. 장애를 가진 몸밖에 가진 게 없어 아픈 몸을 이끌고 감옥에 가야만 했다.

　　이런저런 걱정을 늘어놓는 사이 휠체어는 언덕길을 다 올라 검찰청 앞에 이르렀다. 긴 경사로를 넘어 정문에 도착했을 무렵, 예상치 못한 새로운 인파가 눈에 띄었다. 그들보다 먼저 고난의 행군을 마친 선봉 휠체어 수십대가 일찍이 도착해 있었다. 옥바라지를 자처하며 모여든 장애인들이었다. 덜그럭 덜그럭. 끼익끼익. 크고 작은 인위적이고 요란스러운 소리가 끊임없이 검찰청 주변을 감쌌다. 그러고는 또 얼마 지나지 않아 뒤뚱거리듯 부자연스러운 걸음으로 인파를 좇는 사람들 한 무리가 멀리서 모습을 드러냈다. 뇌병변장애인들과 발달장애인들이었다. 그들 곁에는 이들의 손을 잡고 함께 걸어오는 사람들도 있었다. 피해자가 아닌 피의자의 처지에 있을 거라고는 좀처럼 상상하기 힘든 사회적 '깍두기'들이 검찰청 앞에 나란히 섰다. 장애인들은 마치 최후의 결전을 앞두고 사우론의 탑 앞에 모인 반지의 제왕 호빗 종족의 모습 같았다.

그들은 비장한 표정으로 피켓을 하나씩 쥐고 있었다. 형형색색 다채로운 글씨와 문구로 꾸며진 말 중 유독 눈길을 끄는 문구가 있었다. 빨간 글씨로 적힌, **투쟁 없는 삶으로 돌아가지 않겠다.** 곧 있으면 잡혀갈 사람 가운데 유일한 여성이었던 이형숙 대표가 쥐고 있던 피켓의 문구였다. 나는 잡혀갈 장애인이 들고 있기에는 지나치게 당당한 표현이 아닌가 속으로 생각했다. 곧 형벌을 앞둔 사람들의 눈이 시커먼 안개로 뒤덮이지 않고 촉촉한 호수의 표면처럼 빛나고 있었다. 체포영장이 없는 상황에서 자기 죄를 처벌하라며 제 발로 검찰청에 찾아온 네 장애인 모두 떳떳했다. 구치소에 들락거릴 운명은커녕 한때는 착한 장애인이라고 칭찬받기도 했으나 이제는 처벌받아 마땅한 나쁜 인간 취급받는데도 그들에게선 어떤 후회조차 느낄 수 없었다. 대체 어떤 마음으로 이곳에 왔기에 일말의 망설임 없이 과거로 돌아가지 않겠다고 선언하는 것일까.

서울 밖에 설치된 어느 구치소로 잠자리를 옮겨야 했던 장애인들은 서울에서 나가기 직전까지 두려움이 아니라 후회하지 않는 양심을 직언하고 싶어했다. 상식적이지는 않은 행동이었다. 일반적으로 정상참작되기 위해서는 거짓의 눈물일지언정 반성하고 참회하는 것이 관례이다. '잘못했습니다. 용서해주십시오. 다시는 그러지 않겠습니다' 같은 회한의 말들은 진심이 담기지 않더라도 법정에서 현실과 타협하는 용도로 기능한다. 그러나 여기 있는 장애인들은 '나는 잘못한 것이 없다. 용서를 구하지 않겠다. 계속할 것이다'라는 정반대의 굳건한 의지를 다짐했다. 자신을 심판할 장소 앞에서. 투쟁 없는 삶으로 돌아가지 않겠다며 굴복하지 않는 말을 검찰청 앞에서 외치려면 얼마나 단단한 마음이 필요할지. 각오가 오가는 짧은 기자회견을 마치고 검찰청 쇠창살 너머로 끝내 모습을 감춘 이들을 뒤로 한 채 나머지 장애인들이 모두 해산했다.

귀갓길에 운전을 하며 최용기라는 이름을 떠올렸다. 수감

된 이들 가운데 가장 심한 장애를 가지고 있는 사람이었다. 그는 손발을 쓸 수 없는 최중증장애인이었다. 도대체 감옥 생활을 할 수 있겠느냐며 현장의 모두가 제일 걱정했던 당사자이기도 했다. 이 전신마비의 장애인이 어떻게 구치소에서 하루를 보낼 수 있을까. 그 어떤 장면도 구체적으로 상상할 수 없었다. 휠체어를 타고 이동하기조차 쉽지 않은 장애인, 맨바닥에 앉거나 누울 수조차 없는 이 장애인은 구치소라는 좁은 공간에서 단 한발도 움직일 수 없을 게 뻔했다. 혼자 화장실에 가는 것조차 불가능한 사람이었다. 처벌 장소로 향하는 호송 차량에조차 휠체어가 탈 수 없었는데, 구치소에 휠체어보다 더 둔한 장애인을 수감하는 게 가능할 리 없었다. 옥바라지하는 활동가들은 해산 직전까지 그를 가장 걱정했다. 혹시라도 건강 상태가 나빠져 위험 상황을 초래하는 건 아닐까 모두 마음을 졸였다.

그가 처음부터 구치소에 갇히기조차 힘든 장애를 갖고 살아온 건 아니었다. 청춘의 최용기는 IMF 전 한국 경제의 황금기 시절 건설회사에 근무하기도 했다. 1980년대부터 1990년대까지, 고도의 경제성장에 힘입어 아파트와 빌딩 공화국 시대가 막을 열던 그때 그는 건설 신화의 벽돌을 쌓아올린 주역 중 한명이었다. 그의 황금기는 한국 경제의 고도성장기였다. 경제사와 개인사 간의 이격은 1995년 1월 16일 새벽 2시에 발생한 교통사고에서 비롯했다. 돈암동에서 이태원으로 가는 길, 그가 탄 차가 블랙 아이스 때문에 미끄러지면서 인도 턱에 부딪혔다. 다른 동승자들은 가벼운 타박상에 그치고 말았지만, 그는 목뼈가 부러졌고 경추신경이 손상되었다. 신경은 위에서 아래로 마비된다는 가혹한 생리학적 규칙이 그에게도 적용됐다. 목에 있는 신경에서부터 아래로 마비가 진행됐다. 손가락도, 팔뚝도, 가슴도, 배도, 허벅지도, 다리도, 발가락도 모두 뜻대로 움직이지 않았고 감각을 느낄 수도 없게 되었다. 전신마비가 찾아왔다.

그의 정신은 그의 몸으로부터 벗어날 수 없었다. 그의 몸은 그의 집에서 벗어날 수 없었다. 6년의 세월이 무심할 만큼 빠르게 흘렀다. IMF, 닷컴 버블, Y2K 문제, 9·11테러 등 2000년 전후를 수식하는 굵직굵직한 사건들이 그가 집을 머무는 시간 동안 세상을 뒤덮었다가 해소되기를 반복했다. 그의 세월은 오직 방 안에 머물렀다. 그는 날짜를 세는 것이 큰 의미 없는 고립된 시간 속에서 생각대로 따라오지 않는 몸과 소리 없는 전쟁을 무한히 반복했다. 2002년 한·일 월드컵 무렵에 이르러서야 그의 외출이 재개되었다. 그는 그리운 햇빛을 마주한 순간, 그 빛을 잃지 않겠다는 다짐을 했다. 집 밖에서 일상을 살아야겠다는 마음은 그를 끊임없이 움직이게 했다. 전신마비 장애인

제2부 직면의 순간

의 외출에는 투쟁에 가까운 결의가 필요하다. 그는 거리로 나와 부모나 가족에 의존하지 않고 장애인이 자립해서 살아갈 수 있도록 세상이 바뀌어야 한다고 말했다. 자유를 이야기할수록 그는 점점 더 괴팍하고 이상한 사람으로 취급되었다. 한두마디만으로도 폐활량이 한계에 차올라 말을 이어가기 쉽지 않았고, 뜻대로 제어되지 않는 호흡과 발성 근육을 겨우 쥐어짜야만 했지만, 그는 말하기를 멈추지 않았다. 홀로 남겨졌던 과거의 시간을 끊임없이 증언했다. 필요하다면 기었다. 걸을 수 없기에, 휠체어를 탈 수 없기에, 그가 할 수 있는 유일한 움직임은 기는 것뿐이었다. 2006년 오세훈 당시 서울시장이 노들섬에 멋진 오페라하우스를 짓겠다고 공언하면서 장애인 복지 예산 삭감을 예고했던 그때 그는 수백명의 장애인들과 함께 한강대교를 기어 노들섬으로 향했다. 그의 움직이지 않는 몸이 아스팔트 바닥에 붙어버린 껌딱지처럼 취급되었다. 사회가 허락하지 않은 방식으로 지난 이십년간 끝없이 장애인의 인권을 외치고 기었던 그는 죗값을 치르러 구치소에 잡혀갔다.

최용기에 이어서 권달주 활동가가 떠올랐다. 너털웃음으로 적은 말수를 대신하는 이 쑥스러움 많은 장애인도 구치소 어느 방엔가 갇혔다. 자기보다 어린 활동가들을 만나면 늘 고생이 많다며 인사를 건네는 사람, 서른살 가까이 어린 나에게도 꼬박꼬박 존댓말을 해주는 어른 장애인. 사람들이 무언가를 함께하자고 제안할 때마다 왜 굳이 나를 찾느냐는 핀잔 대신 어디서 무얼 하면 되겠느냐고만 묻는 순박한 아저씨였다. 그는 위계와 권위 대신 믿음과 양보의 미덕을 중요하게 생각하는 어른이었다. 그는 지금 어디서 어떤 밤을 보내고 있을까. 소아마비 장애인이 구치소 바닥에 하염없이 앉아 있고 누워 있으면 약한 피부를 뚫고 고름이 지거나 욕창이 생길 텐데. 소독할 수는 있을지, 화장실에 가서 용변을 볼 수는 있을지. 최소한의 인간다운 삶을 사는 것조차 상상하기 힘들었다.

장애인 권달주도 감옥이 어울리는 사람은 아니었다. 그에게도 무해한 시절이 있었다. 그는 언제나 묵묵했고, 주변 사람에게 민폐를 끼치는 걸 싫어했다. 남에게 얹혀사는게 싫어 스스로 자유를 박탈하면서까지 장애인 수용시설을 찾아 입소했던 시간도 있었고, 그곳을 나와서도 누구에게 도움을 구하지 않고 빈곤과 마주하며 발버둥쳤던 세월도 있었다. 어느날 그가 내게 들려줬던 인상적인 구직 경험이 아직도 기억난다. 어릴 적 그가 꿈꾼 일자리는 딱 두가지 요건이 충족되는 곳이었다. 첫째. 먹고 자는 숙식이 제공되는지. 둘째. 일어서지 않고 앉아서만 일할 수 있는 곳인지.

갈 곳이 없고 설 수가 없는 그에게 제일 중요한 일자리의 기준은 그런 것들이었다. 일의 강도가 어떻다느니, 밤샘 근무를 해야 하느니 하는 문제는 묻지도 따지지도 않았다. 그는 오직 장애인으로서 스스로 해낼 수 있는지의 기준만으로 일을 찾았다. 세상이 평가하는 좋은 직업의 판단 기준과는 사뭇 달랐다. 그가 중요하게 생각했던 것은 연봉도 아니었고, 사회적 전망도 아니었고, 성장 가능성 같은 것도 아니었다. 남의 도움 없이 스스로 출퇴근할 수 있고, 다리가 후들거리지 않는 채로 앉아서 일할 수만 있다면 그곳이 곧 최고의 직장이었다. 그가 십오 년간 나전칠기를 제작한 이유는 오직 그 때문이었다.

늦은 나이에 장애운동을 시작한 그는 그 누구보다도 열정적으로 활동하고 있다. 그는 오랜 시간 자신이 머물렀던 수용시설의 기억을 떠올리며, 자유가 허락되는 동네에서의 삶이 시설에서의 제한적인 삶보다 훨씬 행복하다고 몸소 증언하고 있다. 민폐가 가장 두렵다며 자신을 스스로 가두었던 장애인은 이제 더는 시설에서 살지 않고, 골방에 머물지 않고, 거리에 나와 우리와 함께 살고 있다. 그 어떤 폭언을 마주하더라도 그는 늘 사람들 사이에서 행복한 너털웃음을 지었다. 노역장으로 향하는 마지막 모습에서 활동 때문에 잡혀간다는 후회나 망설임 같은 건 찾아볼 수 없었다.

그다음 떠오른 사람은 이형숙 활동가. 수감자 중 유일한 장애여성이었다. 여자로 태어나서 미안해야만 했고, 장애인으로 태어나서 죄지은 삶을 살아야만 했다고 자신을 소개했던 사람이기도 했다. 학창 시절, 야외 수업에서 번번이 열외로 취급되던 당시의 그는 교사로부터 '아이고, 형숙이는 교실도 잘 지키네' 하는 시혜적인 칭찬을 불만 없이 받아들이며 살아왔다. 장애인이라서 착하다는 차별 섞인 명제를 어른들로부터 받아들이며, 마음 한편에 자부심을 품었던 적도 있었다. 먹고사는 게 어렵다는 이유로, 집 밖에 나서는 게 어렵다는 이유로, 여자로 태어났다는 이유로 대학 진학의 꿈을 포기하면서도 세상을 원망하지도 않았다. 장애인을 향한 멸시 속에서도, 여성을 향한 멸시 속에서도 쓰러지지 않고 부러질 듯 꼿꼿한 삶을 살았다. 휠체어는 장애가 심한 이들이 타는 것으로 여기며, 다리 한번 굽히지 못한 채로 삐거덕거리는 낡은 보조기에 기대어 걸었다. 넘어지면 일어나고, 또 넘어지면 또 일어나고. 한복 저고리를 꿰매고, 보험을 영업하며, 화장품을 팔던 장애여성은 자녀의 돌봄과 생계를 홀로 책임졌다.

그가 장애운동을 시작한 것은 컴퓨터 학습 덕분이었다. 컴퓨터 너머에 장애운동이 있었다는 이 이상한 이야기의 방점은, 컴퓨터가 아니라 학습에 있다. 컴퓨터를 능숙하게 다루는 일 그 자체보다 컴퓨터를 다루기 위해 배우러 가는 이동길이 그에게는 더 충격적으로 다가왔다. 엄마는 왜 컴퓨터를 잘 다루지 못하냐는 어린 자식의 질문이 그를 장애인 복지관 컴퓨터 학습 교실로 이끌었다. 그곳이 인생의 전환점이 되었다. 온라인 세계에 접속하기도 전에 만난 오프라인의 인연들이, 자신들의 삶이 똑같이 억울하다는 사실을 굳이 컴퓨터를 켜지 않고도 깨닫게 했다. 그들은 컴퓨터 너머 세계를 탐험하기보다 눈앞의 세상에 먼저 나서자며 외출을 시작했다. 이형숙은 그 과정을 통해 운동을 접했다. 그의 열망은 키보드가 아니라 마이크를 통해 발현된 셈이다.

　　그는 얼마 지나지 않아 휠체어를 샀다. 더는 장애를 부끄러워하지도, 숨기지도 않기로 했다. 그가 새로 산 휠체어는 그가 장애를 수용했다는 의미였다. 컴퓨터를 배우러 나선 그가 자신의 딸들에게 자랑한 것은 새 컴퓨터가 아니라 새 휠체어였다. 배움의 기회를 통해 세상 밖으로 나온 그가 장애를 가진 몸을 숨길 필요 없다는 사실을 깨달았기 때문이다. 휠체어를 탄 그는 나날이 솔직해졌다. 자신을 태워주지 않는 버스를 향해 더는 고개를 숙이지 않고 되물었다. "왜 나는 태워주지 않는 겁니까" "나도 이 정류장에서 오랫동안 버스가 오기를 기다렸습니다" "나에게도 버스를 탈 권리가 있습니다"라고 고개를 들어 버스 기사를 바라보며 또박또박 말했다. 환승이 허락되지 않는

지하철역에서도 마찬가지였다. 그는 그 지하철역을 피해 가는 대신 그 앞에 마주 섰다. 탑승할 권리를 주장했다. 그가 이러저러한 권리를 외칠수록 세상 사람들은 이기적이고 못됐다며 손가락질했다. 정말 이기적인 건 그가 아니라 그를 비난하는 사람들이었지만. 그가 자유를 외치기 시작하자 주변 사람들은 형숙이 변했다고 말했다. 하나둘씩 과거의 너 같지 않다며 곁을 떠났다. 어느 순간부터인가 그에게는 텅 빈 교실을 잘 지킨다며 칭찬하는 과거의 담임교사 같은 인연이 남아 있지 않았다. 도리어 장애인 주제에, 여자 주제에 간이 배 밖으로 나왔냐고 비난하는 악연이 더 많았다. 그는 스스로 택한 외로운 자유의 길을 십수년째 걷고 있다. 홀로 두 자녀를 키운 장애여성은 자신에게 닥쳐온 경제적 고난과 성적 차별, 장애의 차별에 맞서며 세월을 견뎠고, 이제 성인이 된 자녀가 알아서 잘 살아가리라 믿고 배웅 나온 가족들에게 손 흔들며 구치소로 당당히 들어갔다.

마지막으로 떠오른 건 박경석 활동가였다. 앞선 못된 장애인 중 가장 못된 장애인이었다. 이제까지 언급한 모든 장애인을 악인으로 조직한 사람이기 때문이다. 그는 한때 해병대 정신으로 세상을 격파할 수 있으리라 믿었던 철없는 비장애인 남성이었다. 잔뜩 취한 어느날, 건강함이 영원할 거라 믿던 시절이 있었다며 과거의 이야기를 나에게 들려주었던 적이 있다. 비 내리던 어느날 영남대 캠퍼스 한복판에서 목발 짚은 장애여성을 보며 우산을 씌워줬다는 그 이야기. 아무래도 자기 자신이 너무 멋진 것 같았다며 장애여성에게 베푼 호혜에 도취했었다고 내게 말했다. 수십년 전 비장애인이었던 대학생 박경석은 비 맞는 장애인을 보며 그 느린 걸음으로 걷기 참 힘들겠고 동정을 표하는 데 아무런 거리낌이 없었던 사람이었다. 그러나 그로부터 얼마 지나지 않아 행글라이더를 타던 중 추락했고, 그뒤로 휠체어 신세가 되었다. 사고를 겪은 뒤 박경석은 한동안 성경을 쥐고 살았다. 자살을 생각하던 찰나에 매형이 성경책을 다 읽으면 돈을 좀 주겠다는 제안을 했고, '병신'의 몸으로 돈을 버는 기쁨이라도 누려보자며 부지런히 성경책을 읽었다. 돈을 벌기 위한 성경 독서가 그에게 남은 유일한 삶의 의지였다. 열심히 성경을 읽고 어떤 의미에서 '회개한' 그는 세상 밖으로 나와 예수님의 사랑 말씀을 실천하는 착한 장애인으로 살기를 꿈꿨다. 복지관에 가서는 다른 장애인을 향해 아낌없이 연민을 나눴고, 한국장애인고용공단에 취업하고 싶어 공단 관계자의 출퇴근을 열심히 돕고 모시며 알랑방귀를 낀 적도 있다. 그 모습 그대로 살기만 했어도 그는 형벌이 아니라 대통령상을 받았을 것이다. 그러나 박경석은 지금의 자신을 만든 노들 장애인야학을 자기 인생을 망친 구원자라고 생각했다. 그는 노들 장애인야학을 다니며 자신을 향한 사회의 갖은 칭찬이 절대로 영원하지 않고, 한순간의 동정과 시혜에 불과하다는 사실을 깨달았기 때문이다. 그는 사회에 냉소적인 태도를 지닌 어두운 장애인들을 설득하러 그곳에 들어갔다가 오히려 설득되고 말았다. 노들 장애인야학은 그를 졸지에 계획에도 없던 투쟁길에 오르게 했다. 무시당하는 장애인들과 함께 야학에서 공부하고 밥을 먹고 운동하며, 새로운 삶의 가치를 배웠다. 더 많은 장애인을 만나고 그들의 차별받은 사연을 들을수록, 그의 분노는 커졌고, 행동은 담대해졌다. 2001년 오이도역에서 장애인 노부부가 지하철역에서 추락한 사고는 그의 감정을 폭발하게 했다. 그는 국가를 상대로 기약 없는 투쟁을 선포했고, 그것이 이동권 투쟁의 시작이었다. 그간 우리 사회의 장애인이 소리 없이 감내해온 숱한 고통의 청구서를 정부에 직접 들이밀었다. 겁 많은 장애인들을 끊임없이 조직해낸 겁없는 장애인은 이제 가장 비싼 죗값을 대표하는 인물이 되어 구치소로 잡혀갔다.

　　서로 다른 기구한 사연을 지닌 네 장애인은 그 밤, 뿔뿔이 흩어져 수감되었다. 잘못했습니다, 살려주십시오 비는 위선을 택하는 대신, 투쟁 없는 삶으로 돌아가지 않겠다는 겁 없는 작별인사를 끝으로 구치소로 향했다. 수감자들의 뚜렷한 말과 정신은, 자신을 가둔 몸과 그 몸을 다시 가둔 감옥에서 벗어난 채로 세상의 자유를 향했다.

제3부

이해의 순간

데모는 왜 하는가 3

— 변화를 이끄는 근거가 되기 위해

행정학에 반응성(responsiveness) 이론이 있다. 반응성이란 정부가 시민들의 요구에 적절하게 반응하여 필요를 충족시키는 것을 의미한다. 이는 현대 국가행정이 중요시하는 통치의 가치 중 하나다.

민주주의 체제 아래의 행정부는 일방적으로 정책을 결정하는 강력한 권위에 기대지 않고, 시민이 요구하는 변화의 목소리에 응하는 반응성의 가치를 중요하게 생각한다. 시민의 목소리에 반응하는 정부의 후속 대응이 때론 적극적이지 못하다고 비판받기도 하지만, 반응성이라는 가치는 행정부가 시민의 목소리를 주된 정책의 근거로 삼는다는 사실을 비추기도 한다.

민주주의가 발전한 사회일수록 가장 원시적인 수단처럼 보이는 데모가 가장 적극적인 반응성을 견인하는 계기로 활용된다. 거리에 나선 시민이 외치는 목소리는 무작정 정부를 괴롭히는 갈등이 아니라, 변화를 함께 이끌어나가는 협력의 발판이 된다. 만일 2001년 지하철역사 내 엘리베이터가 없는 오이도역에서 할아버지, 할머니가 탑승길 중 추락하는 사고를 당했을 때, 장애인들이 모여 지하철 엘리베이터 설치 등 이동권 보장을 촉구하지 않았다면 두분의 사고는 그저 가여운 불운처럼 여겨지다 사라졌을지도 모른다. 장애인특수교육법도 마찬가지다. 장애인 부모들이 직접 거리에 나서 장애인 자녀가 있어야 할 곳은 집이 아니라 학교라고 외쳤기 때문에 오늘날 장애인의 교육권이 비장애인의 교육권만큼 중요하게 인식되고 있는 것이다. 나보다 한세대 위의 장애인까지만 해도 학교에 다니지 않는 것이 일반적이었으니 이조차 그리 오래되지 않은 이야기다.

장애인 당사자들과 그 부모들이 직접 거리에 나선 역사가 모여 오늘날 장애인의 이동권, 교육권, 건강권, 노동권 등 다양한 권리를 실현하는 계기를 이루었다. 우리가 매일 마주하는 엘리베이터, 저상버스, 장애인콜택시 등 모든 것들이 다 데모의 결과물이다. 서로 다른 역할을 지닌 입법부, 행정부, 사법부가 오랜 시간 사회적 소수자들의 목소리에 반응하고, 대안으로서 고안해낸 정책들이 실체를 이루어 우리의 일상을 구성하고 있다.

우리는 우리가 말하는 내용 안에서만 변화를 기대할 수 있다. 목마른 자가 우물을 파야만 하고, 미운 놈이 되어야만 떡 하나라도 겨우 기대할 수 있는 게 현실이다. 그저 세상이 변하기를 꿈꾸기만 할 뿐, 아무도 나서지 않는다면 아무것도 바뀌지 않는다. 나보다 더 나은 누군가 내 삶까지 잘 챙겨줄 것이라 과도하게 믿는 마음은 어쩌면 허상에 가까울지도 모른다.

당장 국토교통부 장관이 이십년째 발표하고 있는 교통약자 이동편의 증진계획이 제대로 지켜지지 않았다는 것을 잊지 말자. 서울시장을 비롯한 여러 지자체장이 약속한 장애인 이동권은 늘 공수표에 가까웠다는 것을 잊지 말자. 교통약자의 일생을 좌우하는 문제를 앞에 두고 한두 사람을 그저 믿고 기다린다는 것은 그렇게나 위험천만한 일이라는 것을, 당사자가 직접 문제를 제기해야만 조금이라도 세상이 움직인다는 사실을 잊지 말자. 사회적으로 억압받고 배제된 이들 스스로 변화를 이끄는 반응의 원자가 되어야만 하며, 반응을 추동하는 촉매가 되어야만 한다. 우리가 우리의 변화를 이끄는 근거가 되어야 한다.

돈이 없어
못 고쳐준다고

이 글은 아픈 몸을 안고 세상 앞에 나선

활동가들에 관한 이야기다.

아침 일찍 백발의 '할아버지'로부터 전화가 왔다. 박경석 대표다. 활동을 정리하고 서울 어딘가에 숨어 이 책의 원고를 쓰는 와중에 그는 기어이 나를 찾아냈다. 당분간 그 누구의 연락도 받지 않겠다고 가까운 지인들에게 몇차례고 말했지만, 이 할아버지는 주 2회씩 꼬박 전화하고 메시지를 남기곤 했다. '재원아. 뭐해?' '재원아. 자니' 같은 답장을 기다리는 짧은 미확인 메시지 절반은 그의 작품이다.

그날도 다름없었다. 오전 열시쯤, 예고도 없이 또 전화해서는 내게 뭐하냐며 커피 한잔 마실 것을 제안했다. 나는 그가 마시자는 커피 한잔을 늘 두려워했다. 알고 싶은 것 많고, 하고 싶은 것 많은 그가 오늘은 커피를 핑계로 무얼 해보자며 새롭게 제안할까. 괜히 갔다가 새로운 일의 책임만 떠안은 채 돌아오는 건 아닐까 하는 긴장감이 늘 도사린다.

'지금은 글을 써야 하는데. 대뜸 활동 현장으로 돌아오라 제안하면 어떡하지' 싶은 걱정이 앞섰다. 나는 부탁에 응할 처지가 아니었다. 글도 글이었거니와, 당장은 휴식을 취하며 아픈 몸을 우선 챙겨야만 했기 때문이다. 그가 무엇을 제안하건 승낙할 수 없는 처지인데, 차라리 그로부터 걸려온 전화를 애당초 받지 않는 게 좋을지 한동안 고민했다. 그렇게 한통 두통 부재중 전화가 쌓여 갔다. 권력자를 만날 수 있는 유일한 방법은 만날 때까지 반복해서 찾아가는 것이라 호언장담하는 그는 몸에 밴 방식을 나에게도 그대로 취했다.

망설이는 사이 다시 또 전화가 걸려왔다. '내가 받을 때까지 평생 걸 셈이다. 이 사람이라면 그러고도 남는다.'라는 생각이 들었고 더는 숨을 수 있는 처지가 아님을 자각했다. '아무래도 안되겠다. 만나서 기필코 승부를 보리라' 하는 다짐을 하고 수화기를 집어 수신 버튼을 눌렀다. 그는 늘 그렇듯 천연덕스럽게 커피나 한잔 마시자고 한껏 신난 목소리로 말했다. 나는 비장한 말투로 알겠다며 제안에 응했다. 그때가 오전 열시 십분쯤이었을까. 수화기 너머 박경석 대표는 오십분 뒤 열한시 부터 여의도에서 일정이 있으니 그곳에서 보자고 일방적으로 장소를 정하고는 서둘러 통화를 끊었다. '아니, 당장 오십분 뒤에 여의도에서 만나자는 건 너무 한 거 아녜요?' 되물으려 했지만, 통화는 진작 다 끝나고 말았다. 이미 끊어진 전화를 붙들고 '어? 어?' 하며 당황하다가, 이내 정신을 차리고 종각역 한복판 길거리에서 지나가던 택시를 잡아 곧장 약속장소로 향했다.

그가 말한 여의도 어느 스타벅스 카페 앞에서 그의 휠체어를 보았다. 그에게 무겁게 손을 흔들어 내가 도착했음을 알렸다. 그는 내 곁으로 다가와 카페에서 커피 한잔 마시기 전에 어디 좀 들르자고 말했다. 그러고는 나를 어딘가로 데려갔다. 근처에서 열리는 기자회견 장소였다. 그는 말을 바꿔 여기까지 왔는데 기자회견이나 하나 같이 가자고 제안했다. 그는 약속장소인 카페에서 떨어진 모 정당 당사 앞까지 나를 이끌었다. 휠체어를 하염없이 굴리는 그의 모습을 보며 어휴, 그럼 그렇지, 또 당했다 생각하며 뒤쫓았다. 애당초 커피는 미끼였을 뿐이었고, 기자회견 합석이 만남의 진짜 목적이었던 것 같다. 지난 이 년간 그에게 당하고도, 오늘 또 당했다. 그의 제안은 늘 이런 식이었다. 그의 머릿속 계획은 언제나 꽁꽁 숨어 있다가 도망칠 수 없는 순간 마침내 드러난다. 그러니, 그가 건넨 평화로운 일상 소통 같은 따뜻한 말 사이에는 언제나 살벌한 행간이 도사린다는 점이 과장은 아니다.

'내 또 이럴 줄 알았다, 커피 마시자는 제안을 믿은 내가… 참…' 체념하며 땅끝을 바라보고 고개를 가로젓다 결국 커피 메뉴가 아닌 투쟁 문구가 보이는 인파를 향해 방향을 선회해 마지못한 척 걸어갔다. 무리를 이룬 사람들의 얼굴이 하나씩 구분되기 시작할 때쯤, 반가운 이들이 보였다. 오래전 대구에서 만났던 활동가들이 기자회견 현장 앞에 미리 모여 있었다. '저분들이 지금 이 시간에 서울에 있을 리가 없는데?' 한시간 남짓 진행되는 기자회견에 참석하겠다고 대구에서 서울까지 상경하는 일은 좀처럼 없었기 때문이다. 처음 보는 광경을 두고 상황을 파악하느라 한참 곁눈질을 해야만 했다. 기자회견 피켓을 보고 나서야 당시 기자회견이 대구의 오랜 활동가 노금호를 위해 꾸려진 것임을 파악할 수 있었다.

기자회견은 대다수 사람들이 절대 구입할 수 없을 만큼 비싼 희귀질환 치료제 처방 문제를 다루고 있었다. 대구장애인차별철폐연대 노금호 활동가는 해당 치료제의 투약이 시급한 중증장애인이었다. 그는 척수성 근위축증이라는 희귀질환을 한평생 앓고 있었다. 자신을 죽음으로 이끄는 희귀병의 진행을 조금이라도 늦추고 더 오래 생존하기 위해서는 스핀라자라는 약의 처방이 간절히 필요했다. 살아남기 위해 꼭 필요한 약이었지만 비싼 가격에 엄두조차 낼 수 없었다. 근육장애인들의 생존을 좌우하는 스핀라자는 한번 처방 받을 때마다 억대에 가까운 치료비가 청구되기 때문이다. 스핀라자 주사 비용은 일년에 약 3~6억원(연 3~6회)이다. 급여적용을 받더라도 회당 600만원에 달한다. 다른 치료제 에브리스디는 약 3억원(일년), 졸겐스마는 약 25억원(평생 1회)이 든다. 일본의 스핀라자 자부담 비용은 약 10만원이다.

　　당시 금호는 스핀라자의 의료보험 대상이 아니었다. 스핀라자를 처방받기 위해서는 만 나이 삼세가 되기 전에 해당 병명에 관한 의학적 소견을 받는 것이 필요했지만, 그는 그 나이를 넘어 병원으로부터 병명을 통보받았다는 것이 문제가 되었다. 최초 진단 나이에 의해 치료비 지원 여부가 결정됐다. 의학적 소견을 적기에 받은 장애인은 국민건강보험으로부터 치료비를 지원받을 수 있었지만, 금호는 그렇지 못했다. 그는 일찍이 병원에 갈 수 없는 환경에서 자랐다. 정부가 그를 의료비 지원의 예외 대상으로 분류했을 때 그의 생존은 오롯이 개인의 책임이 되어버리고 말았다.

　　대구에서 오랫동안 금호와 함께 활동한 동료들은 금호를

어떻게든 살리기 위해 교통편을 한껏 구해 서울로 올라왔다. 그들이 할 수 있는 마지막 방법은 호소뿐이었다. 해당 치료제의 지원 여부를 나이만으로 결정하는 보험 결정의 문제를 전국적으로 공론화하고, 생사의 기로에서 내몰리는 근육장애인의 치료 받을 권리 보장을 외치는 것. 의사도, 정치인도 아닌 친구들이 택할 수 있는 사람을 살리는 방법은 당시 이것밖에 없었다.

정당 앞에 모인 이유도 그런 것이었다. 당시 임박했던 대통령 선거를 앞두고, 활동가들은 각 정당의 대통령 후보를 직접 만날 수만 있다면 희귀질환자인 내 친구를 살려달라고 빌어볼 수라도 있지 않을까 하는 생각만으로, 약이 필요한 사람들 모두 제발 치료받을 수 있게 해달라고 간곡히 부탁하려고 새벽부터 먼 길을 달려왔다. 여의도 기자회견 현장을 가득 메운 금호의 친구 장애인들의 휠체어 위에는, 그리고 비장애인 활동가들의 손 위에는 '우리의 동지 노금호를 살려주세요!'라는 내용의 피켓이 들려 있었다.

절박한 거리 풍경은 낯선 구호 속에서 유독 낯설게 느껴졌다. 오랫동안 장애운동이 주로 다뤄온 투쟁 사안은 몸이 불편한 사람도 편하게 탑승할 수 있는 대중교통의 필요성을 외치는 이동권, 가난하고 취약한 중증장애인들이 일할 수 있도록 지원하는 노동권, 학교 밖으로 쫓겨난 발달장애인과 중증장애인이 끝까지 교육받을 수 있도록 권리를 보장하는 교육권, 몸이 불편한 사람들도 누구나 동네에서 어울려 살아갈 권리를 주장하는 탈시설과 자립생활의 권리 등 거시적인 사회 통합을 목표로 하는 사회복지정책에 대한 것이었다. 그러나 이날 기자회견의 구호는 그보다 훨씬 개인적인 주제였다. '척수성 근위축증 등 희귀 장애인의 생존을 위한 SMA 치료제의 의료보험 적용'과 같은 어려운 의학용어가 곁들어 발음되기는 했지만, 발언의 핵심은 결국 "금호 좀 살려주세요"에 가까웠다. 기자회견을 하는 내내 죽어가는 내 친구를 포기하지 말아달라며 절규하는 목소리가 거리를 메웠다. 국가 장애인 정책을 논하는 다른 의제와는 달리 한 사람의 목숨을 이야기하는 기자회견은 사소해 보일지 몰라도, 활동가들은 목숨이 걸린 문제 앞에서 더욱 절박했다. 시민 다수의 보편적 편의를 보장하라는 외침은 아니었지만 당장 생존의 위협에 노출된 단 몇 사람을 살려야 한다는 목소리는 무엇보다도 간절한 것이었다. 사회를 바꾸기 위한 투쟁이 아니라, 당장 죽어가는 내 친구를 살리기 위한 투쟁을 처음 마주했을 때, 말할 수 없는 슬픔이 울컥 솟아오르고 말았다.

열악한 지역 환경 속에서, 중증장애인으로 살아가며 숱한 차별과 냉대를 수백 수천번 아무렇지 않게 겪으면서도 장애인이 함께 살아갈 수 있는 세상을 만들기 위해 노력해온 큰 바위 얼굴의 금호는 함께 하는 동료 가운데 가장 단단한 마음을 지닌 사람이었지만 자신의 역사 앞에서는 얼굴을 무너뜨릴 수밖에 없었다. 그는 기자회견장에서 마이크를 잡고 자신의 유년기를 조용히 살피다 결국 참았던 눈물을 뚝뚝 흘렸다. 척박한 대구의 장애운동을 한평생 이끌어 오며 중증장애인을 학대하고 차별하는 이들에 맞서는 내내 평정심을 잃지 않았던 그가, 폭거와 권위에 맞서는 데 용감했던 그가 어린 자신의 모습을 그리다 결국 슬픔에 북받쳤다.

마이크를 겨우 손에 쥔 채 금호는 기자회견장에 모인 인파에 감사 인사를 나누고, 자신의 상황을 조심스레 전하기 시작했다.

"저는 하루하루 손가락의 힘이 빠지고 있습니다." 금호가 힘겹게 말했다. 이어서 온몸의 근육이 약화되는 느낌이 점점 거세지고 있으며, 아마 언젠가 호흡이 멎을지도 모르겠다는 두려움 속에서 살아가고 있다고 고백했다. 그의 말들은 죽음에 대한 고민으로 이어졌다. 죽음이 눈앞에 있는 것 같고, 끊임없이 죽어가는 느낌을 받는다며. 눈앞에서 감각되는 죽음의 의미를 한참 동안 자세히 설명했다.

겨우 살아내는 힘겨운 건강 상태를 가감 없이 언급하면

동료들이 걱정할까봐 오랜 시간 맘속으로만 전전긍긍하던 그는 오늘에서야 도와달라고 말할 수밖에 없게 됐다고 자신의 처지를 소개했다. 그는 떨리는 목소리로 생의 의지를 갈망했다. 살고 싶다고 말했다. 눈앞에 치료제를 두고도 아무것도 시도하지 못한 채로 죽는 게 싫다고 고백했다. 죽음의 무게를 체화한 그는 건강한 모든 이들이 아직 갈구하지 않는 생의 욕망을 솔직하게 드러냈다.

행정당국은 만 삼세 이전에 공식 진단을 받은 근육장애인만 치료에 보험을 적용받을 수 있다는 일괄적인 기준을 내세워, 장애를 가진 이들의 장애를 없는 것으로 치부했다. 그를 다른 세상의 길로 안내하는 죽음의 사자는 질환 그 자체가 아니라 판정기준이었다. 한평생 근육장애인으로서 고통을 감내하고 살아온 이는 온몸으로 근육장애를 증명했지만, 행정 서류는 그의 몸을 지웠다. 농성장을 지키던 스무살의 금호도, 마이크도 겨우 쥐는 마흔살의 금호도, 기도원에 살던 유아기의 금호도 모두 근육장애를 앓고 있었는데도 국가는 병원에서 정식 진단받은 시기만을 물으며 보험 적용 대상자가 아니라는 말만 되풀이했다.

금호의 장애는 행정 당국의 기준대로 "세살이 초과해서" 생긴 게 아니다. 그저 가족들이 허약하고 잘 넘어지는 자기 자녀가 장애인이었음을 깨닫는 데 걸린 진단의 시기가 삼십육개월을 초과했을 뿐이다. 부모가 자녀의 장애를 인식하고 인정하고 받아들인 게 삼세 이후였다는 이유만으로 있는 희귀질환이 마치 없는 것처럼 취급됐다. 자신이 어찌할 수 없었던 유년기의 진단 때문에 눈앞에 치료제를 두고도 그 어떤 처방도 받지 못한 채 식음을 전폐해야 하는 처지가 되어야만 한다는 금호의 말들은 단지 억울함이라는 세 글자만으로는 채 담아낼 수 없는 행정 비극이었다.

　　금호는 간절히 살길 원했다. 약을 매년 세차례 이상 주사해야 하고, 주사할 때마다 온몸이 파괴되는 듯한 고통이 뒤따라올지언정 처방받기를 원했다. 생의 마지막 희망이 바스러지지 않길 원했다. 희귀질환의 진행을 조금이라도 늦출 수만 있다면, 죽음을 조금이라도 늦출 수만 있다면, 사랑하는 사람 곁에 남아 있는 시간이 조금이라도 더 허락될 수만 있다면, 그것만으로 만족할 수 있다고 했다. 죽음을 받아들인 채 살기를 원하는 자는 자신에게 허락된 시간을 조금이라도 더 늘리고 싶다며 목멘 말을 이어갔다.

　　감정의 포화 속에서 그는 하던 말을 멈추고 한숨을 크게 내쉰 뒤 호흡을 가다듬었다. 그사이 마이크를 쥐고 있는 손 근육이 떨리기 시작했다. 동료가 달려와 마이크를 새로 받쳐주었다. 금호는 자리 잡은 마이크에 기대어 어릴 적 이야기를 담담히 이어나갔다.

자신은 늘 살고 싶어했고, 가족은 자신을 살리고자 노력했다고. 자신은 자신대로, 가족은 가족대로 저마다 살고 살리기 위해 노력했지만, 잘되지 않았다고. 그가 가족과 걸어온 긴 여정을 고백했다. 중증장애를 가진 자신을 살리기 위해 가족이 분투한 생존의 흔적들. 얼마가 되었든지 당장 호주머니에서 꺼낼 수 있는 돈보다 더 큰돈이 있어야만 아들을 살릴 것 같다며 돈을 벌러 간 금호의 아버지. 그러나 의욕은 무모했고, 처지는 어려워지고야 만 그간의 사정을 말해주었다. 그는 어린 시절을 이야기하며 추억에 젖어들어가고 있었다. 슬픈 일화를 달콤한 추억처럼 말했다. 말하는 동안 몸에서 긴장이 빠져나갔고, 목소리는 점점 가볍고 자연스러워졌다. 한껏 편안해진 자세로 그는 또 한참 자기로 인해 가족이 감내해야만 했던 삶의 분투를 회고했다. 사십년 전 멀리서 출발한 이야기의 시간이 현재에 가까이 도달할 수록, 금호의 표정도 말을 따라 현실로 돌아왔다. 2022년에 동기화되는 그의 목소리는 점점 떨리고 얼굴은 벌겋게 오르기 시작했다. 그러다 눈물이 한방울, 그리고 또 한방울 흘렀다. 눈물은 마스크에 스며들었다. 어떤 눈물은 마스크를 거친 채 마이크 아래의 바닥까지 떨어졌다.

그는 슬픔을 목 끝 너머로 몇번씩 삼키고서야 겨우 입을 뗄 수 있는 상황 속에서 현재 가족과 자신의 관계를 한 문장으로 정리해서 말했다. "아버지가 돈이 없어서 못 고쳐준다고… 미안하다고……" 겨우 운을 떼어 한 문장 말하고는, 다시 입을 꾹 닫은 채 오열하는 소리가 밖으로 새지 않게 했다. 꾹 닫은 눈, 코, 입. 그의 얼굴이 구겨졌다.

희귀질환 자녀를 치료할 수 없는 부모의 처지를 떠올려 봤다. 부모가 자녀에게 '돈이 없어서 못 고쳐준다. 미안하다.'라는 말을 하려면, 얼마나 많은 슬픔과 좌절과 단념과 용기가 필요할까. 금쪽같은 내 새끼 살릴 약이 있다는 걸 아는데도, 돈이 없어 못 고쳐준다고 미안하다고 아버지가 말한 사실을 전하는 그의 흔들리는 눈과 말 너머에는 마흔이 아니라 열다섯의 슬픔이 보였다. 금호의 마음은 어땠을까. 내가 장애인임에 체념할 때, 나로 인해 가족이 불행해진 건 아닐까 막막함을 느낄 때, 아버지와 어머니에게 나는 못난 장애인 자식이었구나 하는 죄책감이 들 때, 태어나지 말았어야 했다는 좌절이 들 때, 그래도 이렇게 죽고 마는 걸까 하는 두려움을 가질 때 나타나는 슬픔들이 엉켜버린 모습의 얼굴.

그는 손바닥으로 얼굴을 닦으며 가족과 나눈 이야기를 마쳤다. 그리고 솔직한 마음의 소리를 이어서 또 한번 고백했

172

다. "저는 살고 싶습니다." 금호가 말했다. 금호는 아버지의 경제적 여력과 관계없이 자기 힘으로 살아남길 원했다. 금호는 미처 다 가보지 못한 만남의 현장을 기대했고, 평생토록 자신을 태우지 않는 버스가 바뀌는 모습을 기대했고, 장애인이 동네에서 비장애인과 함께 어울려 살아가는 모습을 기대했다. 당장 금호를 바라보는 사람들, 금호를 사랑하는 사람들, 금호가 책임져야 할 사람들을 이렇게 남겨둔 채 홀연히 떠날 수는 없다고 생각했다. 그는 간절히 치료 받기를 원했다. 완치할 수 없을지언정, 희망을 걸어볼 수 있는 치료 수단이 있다면 포기하고 싶지 않았다. 치료제가 값비싸다는 이유만으로 죽음의 운명을 맞이해야 하는 강제된 무기력함은 그의 의지가 떠안을 몫이 아직 아니었다.

금호가 발언을 마치고 내려간 뒤, 다음 발언자의 휠체어가 마이크 앞에 섰다. 장애여성 이형숙이었다. 동료 장애인으로서 금호의 이야기에 빠져들었던 그는 자신의 차례가 되자 금호를 응원하는 말을 하는 대신 자신의 삶을 금호의 이야기에 덧붙여 말했다. 가난 탓에 치료를 포기해야만 했던 과거에 대한 회상, 수술비가 없어 치료를 포기해야만 했던 삶에 관한 이야기. 금호와는 다른 서사였지만 말의 본질은 같았다.

지금은 할머니라는 호칭이 더 어울릴 나이의 형숙은 오

래전 자신의 엄마의 모습을 회상하며 말했다. 엄마가 세상을 떠나는 마지막 순간까지 '의사가 수술하면 조금이라도 걸을 수 있다고 했는데 수술할 돈이 없었다'며 '미안하고 미안하다'고 말했다고. 문득 엄마가 생각날 때마다 그가 자신에게 남기고 간 마지막 회한이 같이 기억난다고 소회를 밝혔다. 지난 수십 년간 가난에 대한 엄마의 계속된 속죄를 들을 때마다 형숙은 어떤 생각을 했을까. 수술의 기회를 놓쳐버린 과거를 아른거리게 하는 부모의 사과는 그에게 어떤 느낌으로 다가왔을까. 서로가 서로에게 미안해야만 하는 상황에 대한 원망, 원통함, 슬픔, 분노, 좌절, 체념의 기분이 문득 들지는 않았을까. 마치 금호가 아빠의 돈이 없어 미안하다는 사과를 들었을 때 마주했던 감정과 같은 게 아니었을까 싶은 생각에 잠겼다. 장애인 자녀와 부모가 서로에게 미처 말하지 못한 채 역사 속에서 공유하는 형언할 수 없는 슬픔의 조각들.

금호와 형숙은 참 닮은 삶을 살았다. 돈이 없어서 차별받는 장애인으로 살아가야만 했고, 돈이 없어서 치료를 받지 못했다. 비록 두 사람 모두 평소 자신의 아픔을 좀처럼 내색하지는 않았지만, 누구보다도 인권운동에 적극적인 활동가로 기억되는 이 두 장애인의 몸의 역사에는 치료받지 못한 아픔과 사회적 소외의 시간이 회복될 수 없는 상처를 남긴 채 머물러 있다.

길거리에 우두커니 선 채 강한 마음과 약한 몸이 뒤섞인 장애운동의 복잡한 정체성에 대해 한참을 고민했다. 아스팔트 현장에서 마주하는 활동가들의 모습만으로 그들을 투사로 투시하고 있던 것은 아닐까. 서로 더 단단해지기 위해서는 장애인 활동가들이 운동 현장에서 좀처럼 티 내지 못하는 '손상'과 '고통'의 무게에 대해서 숨김없이 나눌 수 있어야 하지 않을까. 때로는 장애운동이 저상버스나 엘리베이터 설치 같이 사회적 인프라의 변화를 추구하는 것만을 목표로 삼는 게 아니라, 동료의 고통과 죽음을 막기 위한 소소한 운동으로도 있어야 하지 않을까. 금호와 형숙의 발언을 들으면서 장애운동이 모든 생의 존엄을 지키기 위한 운동으로 나아가려면 먼저 동료의 취약성에 대해 이해해야 한다는 생각이 들었다.

그들의 고백에서 출발한 물음이 나의 과거로 향했다. 사회에서 그 어떤 꼬투리도 잡히지 않기 위해 숨겨왔던 내 과거들. 자녀의 장애를 어떻게든 치료하겠다며, 가진 돈을 다 털어서라도 무작정 이름 모를 미국 병원에 가서 수술하면 된다며 가진 재산의 목록을 읊던 내 부모의 간절한 모습들. 우리 가족도 경유한, 장애를 받아들이지 못한 채 치료의 가능성에 매달리던 어두운 시기. 그 이후로도 장애를 받아들여야 하는 것은 나만의 몫이 아니라 온 가족의 과제였다. 아, 우리 모두 그렇게 살아왔구나. 우리 모두 아픈 사람들이구나. 비록 투쟁 현장에서 씩씩함을 지키는 이들의 모습은 장애로 뒤덮여 있지 않지만, 모두의 표정과 얼굴에는 감출 수 없는 아픔의 역사가 새겨져 있구나. 당장 사회에 저항하는 게 두렵지 않은 이유는 삶이 저당 잡힌 채 진절머리나는 고난과 싸우는 데 익숙해졌기 때문이구나. 그런 사람들이 모여 이 공간을 메우고 있구나.

고개 숙여 내 몸을 바라봤다. 휘어진 몸통, 초라한 다리, 힘없는 발이 차례로 보였다. 신체적 취약성을 인정하는 것이 곧 나약해지는 것이라 생각한 뒤로, 장애를 극복의 대상으로 삼지 않겠다는 생각을 하게 된 뒤로, 나는 오랫동안 스스로 내 몸을 마주하지 않으려고 했다. 사회 변화를 최우선시하면서 신체를 외면해온 순간들을 젖히고 나를 다시금 낯설게 바라보았다. 무슨 옷을 입어도 감출 수 없이 삐뚤어진 척추와 한쪽으로 치우쳐버린 장기로 불룩 튀어나온 엉성한 배, 언제든 무너질 것 같은 흐물거리는 피부, 저렴한 카페의 테이블 기둥만큼 흔들거리고 앙상하며 곧잘 벌겋게 되어버리고 마는 내 마비된 다리가 거리에 노출된 채 놓여 있었다. 강해 보이고 싶어서, 장애인을 차별하는 사회의 기준을 바꾸는 힘 싸움에서 밀리기 싫어서 나는 나의 존재를 무너뜨려 왔다. 금호의 고백이 없었다면 나는 나를 부정해왔을 것이다.

장애인 당사자 활동가들은 현장에서 약해보이지 않기 위해, 약점 잡히지 않기 위해, 엄살처럼 비추어지지 않기 위해, 치료를 갈구하는 것처럼 보이지 않기 위해, 자기 자신을 끊임없이 검열하며 정상적인 모습과 활동량을 유지하는 것을 추구해왔다. 우리는 모두 장애인이지만 서로가 서로의 장애를 가진 몸에 대해 살피거나 말하는 것을 미처 실례처럼 여겼다. 몸을 의식하는 것이 곧 대상화하는 것이라 여겼고, 그 자체가 모욕적이라 생각했다. 절박한 금호를 다시 만난 그날 장애를 가진 몸을 새롭게 바로보기 시작했다. 눈앞에 있는 금호와 나의 몸의 역사가 계속되길 바랐다. 우리의 운동으로 세상을 바꾸지 못할지언정, 소중한 사람의 삶을 지킬 수 있다면 그 사소한 목적은 가장 값진 목표라고 생각했다.

작별인사를 나누고 숙소로 돌아오는 길, 세상이 알지 못하는 나의 약한 투사 친구들을 하나씩 떠올렸다. 그들이 언젠가 세상을 바꾸기 전에, 그들이 당장 건강해졌으면 좋겠다고 나지막히 기도했다. 우선 금호가 꼭 스핀라자 치료제를 무사히 처방받게 되어, 더는 돈이 없다는 아버지의 고백 앞에 미안해하지 않았으면 좋겠고, 울지 않았으면 좋겠고, 두려워하지 않았으면 좋겠다. 그리고 언젠가, 소아마비가 있는 형숙은 그의 어머니가 꿈꿨던 수술을 받아 걸을 수 있으면 좋겠다. 그리고 언젠가, 전신이 마비된 용기는 그가 희망을 품었던 치료를 받고 시원하게 세수를 할 수 있으면 좋겠다. 그리고 언젠가, 하반신이 마비된 박경석은 스스로 몸을 일으킬 수 있게 되어 마음껏 화장실에 갈 수 있으면 좋겠다. 그리고 언젠가, 언어장애가 있는 이규식이 어떤 치료를 받아 답답함을 느끼지 않으며 자유롭게 떠들 수 있으면 좋겠다. 그리고 언젠가, 목발을 짚는 나는 목발 없이 걸을 수 있게 되어 스스로 라면을 끓여 떠먹을 수 있으면 좋겠다. 설령 장애운동이 세상을 뒤바꾸지 못하더라도, 사랑하는 사람들과 오래 함께하는 사소한 운동만은 이어지길 바랐다.

직접
물어보시겠어요

이 글은 장애인들이 모인 집회 현장에서

지켜져야 할 의사소통 원칙에 관한 이야기다.

중증장애인과 비장애인 활동가가 늘 염두에 두는 집회 현장의 의사소통 규칙이 있다. 내 생각은 내가 말하고 책임 또한 내가 진다는 것. 간단명료하면서도 중요한 신념이다. 생각과 말과 행동의 주체가 일치해야만 대화 상대에게 나의 뜻을 왜곡 없이 전달할 수 있기 때문이다.

누구나 쉽게 고개를 끄덕이며 수긍하고 말 당연한 커뮤니케이션 원칙 같지만, 이상하게도 장애운동 현장에서 좀처럼 지켜지지 않는 규칙이기도 하다. 중증장애인들의 표현은 종종 무시되기 일쑤다. 이들은 인격체로서 충분히 존중받지 못한다. 중증장애인 말고 그 옆에 있는 비장애인에게 그의 의견을 대신 표현하게끔 하는 상황이 시도때도없이 발생한달까. 장애인 당사자에게 들어야 할 말을 비장애인 활동가에게 대신 묻는다거나, 장애인 당사자가 발화한 말을 두고 비장애인 동료를 추궁하며 이 의미가 그 의미가 맞느냐고 캐묻는 방식의 '패싱'(passing) 소통 형태가 종종 드러난다. 집회 현장일수록 그렇다. 가령 집회의 주요 참여자도 주최 측도 모두 장애인임이 틀림없는데 이상하게 그 주변에 있는 비장애인 활동가와 지원인이 심문의 몫을 감당해야 할 때가 있다.

왜 장애인을 건너뛰는 의사소통을 하는 건지 그 원인을 이해할 수가 없다. 짐작이 가는 건 장애인이 집회 인파를 결집한 주최이자 주체라는 사실을 좀처럼 믿지 않는 선입견에서 비롯되었거나, 장애인과 대화하는 것 자체가 부담스럽고 꺼려지기 때문이거나, 심지어는 시간 낭비라고 느끼기 때문일지 모르겠다는 정도. 장애운동 집회를 마주하는 비당사자들은 중증장애인 활동가들의 말들을 너무도 쉽게 생략하거나 주변화하고만다. 현장 취재차 방문한 기자도, 행사 개요를 파악하기 위해 온 정보과 형사도 장애인과의 소통을 최후의 수단쯤으로 여기고, 눈앞의 주최자를 두고도 당장 말 건네기 쉬운 비장애인 관

제3부 이해의 순간

계자만을 찾아 헤맨다. 비장애인 진술인을 찾는 기자와 경찰들은 그 자신의 업무상 편의를 위해 그런 행동을 저지르는 것을 부끄럽게 생각해야 한다. 이들 중 대다수는 집회와 시위에서 발음되는 장애인의 말들을 이해하기 위해서 대화의 노력을 쏟길 원치 않는다.

나는 장애인 당사자 활동가로서 이런 장면을 볼 때마다 모욕감을 느낀다. 생각해보라. 내가 대답해야 하는 문제를 두고 내 주변 사람에게 나의 의중을 대신 캐묻거나, 때로는 내가 하지 않은 말임에도 타인의 생각과 말과 행동의 법적 책임을 대신 져야 하는 상황을 마주하게끔 하는 당혹스러운 무례함들이 계속되는 상황 말이다. 그것이 장애인의 존재를 대화 불가능한 대상으로 취급해서이건, 비장애인만이 대화의 몫을 감당할 수 있는 합리적인 대상으로 보아서건, 장애인을 패싱하는 것은 곤란함을 넘어 짜증이 솟구치는 부당한 의사소통 방식이다.

당사자를 건너뛴 대화는 이루어질 수 없으며, 이루어져서도 안된다. 대화 상대가 장애를 가졌는지 그 여부를 떠나 사람 대 사람으로서 지켜야 할 기본 원칙이다. 장애인이 구사하는 언어의 어눌함과 관계없이 모든 소통은 직접적인 교류를 통해 이루어져야 한다. 장애인 당사자가 집회를 주최하고, 자리를 지키는 등이 모두 전적으로 그의 의사에 따른 것이기 때문에 더욱 그렇다. 집회 현장 한가운데에서 억압의 역사를 진술하는 것도 장애인이고, 존중을 요구하는 것도 장애인이며, 저항의 의지를 굽히지 않는 것도 장애인이라는 당연한 사실을 인정하고, 모든 공권력은 이들과 소통을 최우선으로 해야 한다. 늘 스스로 바라고, 계획하고, 실천하는 당사자가 있기 때문에 장애운동이 존재할 수 있다.

집회에 참석한 이들 가운데 누군가가 빠르고 평탄한 소통을 하겠다는 이유로 장애인 당사자와의 대화를 건너뛴다면, 그들과 소통하지도, 질문하지도, 해명을 기다리지도 않는다면, 이들은 집회 현장에서조차 장애인을 노골적으로 차별하는 것이나 다름없다. 설령 대화의 의도가 집회 및 시위의 구체적인 원인을 묻는 사법 수사 절차일지언정, 장애인에게 직접 묻고 답을 기다려야 한다. 이러한 일련의 과정으로부터 장애인 당사자들을 배제하지 않는 최소한의 존중을 지킬 수 있다. 거리에 나선 장애인 당사자는 장애인의 응답을 꺼리는 운동 현장에서의 숱한 질문들로 인해 다시 한번 사회적 소외감을 마주한다. 그들은 자유를 염원하는 집회 현장에서까지 자신을 지우고야 마는 사회의 억압을 마주하고, 스스로 더없이 불행한 존재임을 재확인하게 된다. 비극적인 일이다.

어떤 장애인의 말의 경우, 비장애인이 생각하는 규칙적인 낱말의 연속을 준수하지 않는다는 이유로, 장애 유형에 따라 울음소리에 가까운 말들로 소통하는 이들이 있다는 이유로 그들은 중증장애인이 이끄는 사회운동의 개요를 비장애인에게 묻고야 만다. 애당초 장애운동은 또박또박 요구 사항을 끌어내고 외칠 수 있는 이들의 권리를 보장하기 위한 무대가 아니다. 장애인이 입 밖으로 내뱉는 문장의 구조가 파악되기 어렵다고 해도, 장애인들은 분명히 민주주의에 기반하여 목소리를 내고 있다. 서로 다른 장애인은 저마다 집회의 주최로서, 권리의 주체로서 큰 책임의식을 갖고 자기 의견을 주장하고 있다.

언젠가 집회 현장에서 만난 한 경찰이 나에게 뇌병변장애인과 의사소통하기 어렵다는 이유로 대신 대답해달라 요구한 적 있었다. 그는 현장에서 비장애인 활동가를 찾지 못한 나머지 결국 뇌병변장애인 대신 편히 말할 수 있는 지체장애인인 나와 소통하기로 마음먹었던 것 같았다. 지체장애나 뇌병변장애나 신체장애라는 점에서 같고, 모두 장애인 당사자임에도. 뇌병변장애는 뇌 손상으로 발생한 신체기능장애를 통칭한다. 지적장애나 언어장애를 동반할 수 있지만 다른 장애이고, 느리더라도 얼마든지 소통이 가능하다. 한국에는 약 250만명의 장애인이 있고, 그 중 10%인 무려 25만명이 뇌병변장애인이다. 심지어 그곳은 장애인의 인권을 위해 모인 집회 현장이 아니었던가. 그런데도 공권력은 장애인들 사이에서도 특히 언어장애 유무를 토대로 소통 가능한 이들의 등급을 내심 나누고 있는 눈치였다. 백번 양보해서, 언어장애인이 구사하는 낯선 방식의 말만으로는 충분한 조사 단서를 구하기 어렵다고 느꼈을지도 모르겠다. 조금 천천히 말하는 장애인부터, 음운이 질서없이 쭉 이어져 늑대 울음소리처럼 어절이 잘 끊기지 않게 말하는 장애인까지, 이들의 말을 해석하는 것은 공권력이 직접 감당해야 할 몫이 아니라 여겼을지도 모르겠다. 그러나 나는 집회를 기획한 장애인 당사자를 앞에 두고도 직접 질문을 하지 않는 태도에 화가 났다. 그에게 왜 뇌병변장애인과 직접 대화하지 않고 나에게 묻는 건지 되물었다. 그는 언어장애인과 대화한 내용을 기록하기에는 여러모로 불충분하고 어렵다고 변명했다. 불충분한 것은 언어장애인의 표현력이 아니라 그의 태도라고 생각했다.

단어의 음절이 예상되지 않는다는 이유로, 문장의 호흡이 끊어져 있다는 이유로, 모음이 뚜렷이 구분되지 않는다는 이유로, 누군가 불충분하게 말한다고 평가하는 것은 실례에 가까운 행동이다. 그런 말을 마주했을 때 불쾌한 표정을 지으며 그에게 눈치를 주었지만, 그는 나의 경고에도 아랑곳하지 않고 저 사람과의 대화만으로는 이해하기 어렵다며 필요한 대답만을 재촉했다. 그는 끝없이 자신이 대화 나누어야 할 사람이 아닌 그 곁을 지나가는 나에게 대신 당사자의 의견을 물었다.

　　현장을 지키다 보면 이처럼 장애인 당사자를 패싱하는 소통을 종종 요구받게 된다. 외부 취재원과 조사 요원이 장애인들과의 소통을 아주 잠깐 시도하다 도무지 안되겠다는 듯 고개를 가로저으며 '말할 수 있는 사람'이 없냐며 찾는 방식은 늘 반복된다. 그들은 또박또박 말할 수 있는 사람을 보면 한결같이 사막 오아시스라도 만난 듯 기쁜 표정을 지으며 마치 직전까지 낯선 외국인과 대화하다 온 것처럼 자신의 곤란했던 상황을 길게 나열한다. 좀 전에 만났던 사람이 구사하는 단어와 문장은 좀처럼 이해할 수 없다는 듯 난감한 표정을 지으며, '합리적인' 대화가 가능한 당신이 필요했다는 듯 필요 이상으로 추켜세우고 입을 더 열기를 설득한다. '오늘 집회는 몇시까지 이어지는지' '집회 후 행진을 하는지' '왜 집회를 하는지' 같은 기본적인 내용의 질문을 연달아 묻는다. 주최자가 아니고서야 정확히 모르는 정보들이건만. 나는 잘 모르겠다며 고개를 가로저으면, 어떻게 알아볼 방법이 없느냐고 또 되묻는다. 그들은 꼭 집회 주최자와의 소통은 도무지 불가능하다며 무례한 말을 자랑인 것처럼 귀띔해주거나, 주최자에게 대신 물어봐 주면 안되냐고 대화 '가능한' 상대가 추가로 없는지 이리저리 떠보며 대화 가능한 상대를 추천받길 원한다. 현장 공무수행에 나선 이들은 마치 약속이라도 한 듯 예의 없는 의사소통을 종종 걸어온다.

이 무례한 상황에 숙달된 비장애인 활동가와 활동지원인들은 집회 현장에서 장애인을 향해야 할 질문이 어긋날 때 즉시 답하는 대신 능숙하게 질문을 던진다. "직접 물어보시겠어요?"라고.

집회 현장에서 비장애인 활동가들이 공권력에 되묻는 말에는 여러 의미가 담겨 있다. 의사소통의 규칙을 다시 알려주기 위한 최소한의 겸양, 중증장애인과의 소통을 무시하는 데서 비롯되는 분노와 당사자에 대한 존중, 장애인의 참여를 지원하기 위한 사회적 책임 등. 당사자를 패싱한 물음에 대한 반문은 단지 질문을 회피하기 위한 목적이 아니라, 모든 이의 주체성을 인정하는지 마주하게 하는 물음으로 쓰인다. "직접 물어보시겠어요?"라는 질문은 질문자에 대한 무시가 아니라, 원래 대답해야 할 이에 대한 존중에서 비롯된다. 당신이 직접 의사소통해야 할 대상이 누구이며, 당사자를 무시한 채 나에게 찾아오는 질문은 성립되지 않는다는 경고는 소통의 규칙과 주체성을 돌아보게끔 하는 힘을 갖고 있다. "직접 물어보시겠어요?"라는 질문은 당사자 운동을 지속하게끔 하는 원동력이 된다. 공권력이 장애인의 완전한 사회참여를 인정하고 직접 소통할 것을 요구할 뿐만 아니라, 당사자의 존엄을 존중하고, 권한과 책임을 행사할 수 있도록 조력하는 지원의 역할을 함축하기 때문이다.

자신은 장애인의 대리인이 아니라고 명확하게 선을 긋는 비장애인 활동가들의 태도가 장애운동이 약자 보호 정도로 읽히는 것을 막아주고 있다. 활동지원서비스가 없던 시절 중증장애인들을 집 밖으로 들고 나른 이들, 고속버스 위로 휠체어를 올려 '장애인도 버스타고 싶다'는 구호를 외칠 수 있도록 한 이들, 지하철역에 닿을 수 있도록 장애인을 업어 올린 비장애인 지원자들의 노력이 장애운동의 당사자성을 존중하고 유지하는 동력으로 남아 있다. 그들은 당사자주의와 당사자운동의 가치를 존중하면서도, 누가 주인공인지 따지는 주연과 조연의 이분법을 넘어 함께 운동을 만들어가기 위해 노력한다.

한국 사회에서 장애운동이 대표적인 당사자운동으로 인정되어온 역사의 한편에는 '직접 물어보시겠어요?'라고 반문하던 비장애인 조력자의 명료한 말들의 시간이 깃들여 있다. 장애인이 이끄는 투쟁의 역사에는 늘 비장애인의 지원이 궤를 함께했다. 당사자운동에 참여하는 비당사자들은 독특한 정체성과 고유한 인내의 힘을 갖고 있다. 장애운동에 함께하는 비장애인들은 스스로 운동의 주체가 될 수 없다는 근본적 사실을 잘 알면서도, 그것을 한계로 삼지 않는다. 자기 옆에 휠체어를 탄 채 앉아 있는 장애인에게 마땅히 대답의 몫이 가야 한다고 여기며, 이들이 주체로 인정받기 위한 당사자운동이 모두의 권리를 지키는 방법임을 믿는다. 장애인 당사자가 아니어서 주목받지 못할지언정, 장애운동으로 사회가 누군가의 권리를 다시 주목한다면 그것은 자신이 아니라 오래간 소외당했던 나의 장애인 동료가 되어야 한다고 마땅히 생각하는 이들이 비장애인 활동가다. 그들은 당사자운동이 오직 당사자만의 운동으로 축소되지 않도록 곁을 함께 지킨다.

중증장애인과 함께 살아가는 사회, 머잖아 다가올 순간을 앞에 두고 우리 스스로에게 물을 필요가 있다. 지금까지는 집회 현장에서 장애인을 지원하는 비장애인 활동가만의 몫이었던 단호한 반문은 이제 우리가 숙달해야 할 표현이 되어야 한다. 당신은 내 곁에 있는 장애인 동료의 의사소통이 무시당할 때, 그 권위에 굴하지 않고 "직접 물어보시겠어요?"라고 되물을 힘을 가지고 있는가. 당신의 마음은 묻는 자의 권위보다 대답할 자의 권리를 더 소중히 여길 만큼, 그만큼 단단한가. 당신은 중증장애인 동료가 하는 말에 대한 믿음을 가지고 있는가. 당신은 의사소통이 어려운 이들과 직접 묻고 답하는 소통의 규칙을 정말 이해하려 노력하고 있는가. 한번에 알아듣기 힘든 말이라도 새로운 언어의 규칙을 이해하기 위해 시간에 대해 인내하고 인간에 대해 존중하고 있는가. 장애인권을 생각한다는 모든 이들이 중증장애인을 시혜적 대상으로 보고 있는 것은 아닌지, 나아가 중증장애인의 운동을 고립시키지 않고, 그들의 삶을 배제하지 않으며, 그들의 목소리를 사회를 이끄는 동력으로서 충분히 존중하고 있는지 물을 필요가 있다.

"직접 물어보시겠어요?"라는 질문은 인권의 미래, 운동의 미래, 우리 사회의 미래를 가늠하는 데 생각 이상으로 중요한 가치를 품고 있다. 지금 우리는 확고한 마음으로 이 질문 앞에서 묻고 답할 수 있을까. 집회 현장에서 당사자를 건너뛰는 쉴 새 없는 물음에 그저 짜증을 부리고 말았던 나의 모습을 넘어, 단호히 직접 물어보시겠느냐고 되묻는 비장애인 활동가들의 단단함에 반성하며 물음을 기록해둔다.

우리
오래
함께합시다

이 글은 수많은 청년 노동자들을 쓰러뜨린

산업재해 이후에 관한 이야기다.

활동을 하다 보면 사회 곳곳의 원통한 부고를 필연적으로 마주하게 된다. 활동가들은 부고 소식을 접한 이후에 뒤늦게 망자의 존재를 마주한다. 그들이 이 땅에 머무를 때 친구가 되었으면 좋았을 것을…… 먼저 세상을 떠난 이와 단 한 순간이라도 함께 살아갔다는 사실을 깨닫는 것은 언제나 사후적 사건이 된다. 나에게도 뒤늦게야 연결된 그런 인연이 몇 있다. 동료지원가 설요한, 파쇄노동자 김재순, 화력발전소 노동자 김용균. 내가 대학을 졸업하고 먹고사는 데 온 힘을 쏟았던 밥벌이 시간 동안 나와 같은 지상에서 함께 머물렀던 또래들의 이름이다. 서로 다른 일터에 있었던 세 사람의 삶은 서로 다른 시기에 연달아 막을 내렸다. 활동을 시작하고 나서야 그들의 사고 소식을 알게 되었고 뒤늦은 충격을 받았다. 내가 일하는 동안, 나의 또래 친구들은 차례로 세상을 떠났다. 당시의 나는 이십대 또래의 청년이 무시무시한 산업재해의 피해자가 되리라 미처 생각하지 못했던 것 같다. 스물네살, 스물다섯살, 스물다섯살. 나보다 먼저 떠난 김용균, 설요한, 김재순이 지상에서 누린 마지막 나이다. 나는 생전에 이들을 알지 못했고, 아주 뒤늦게야 영정사진으로 그들의 생애를 더듬을 수 있었다. 그들 모두 나와 비슷한 일상을 살아가고 있었다는 사실이 새삼 새롭게 다가왔다.

이 글을 읽는 독자 중 노동문제에 관심이 있는 이들은 어쩌면 태안화력발전소 사고 당시 노동자였던 김용균의 이름은 들어보았을지도 모르겠다. 그렇지만 고용노동부 공공일자리 참여자인 설요한이나 조선우드에서 일했던 김재순은 아마 낯설 것이다. 설요한은 2019년 11월 공공일자리 사업에 참여하다 과도한 실적 압박에 시달리던 끝에 스스로 세상을 떠난 노동자의 이름이다. 김재순은 2020년 5월경 폐목재 처리 작업 중 발생한 산업재해로 희생된 노동자다. 두 고인 모두 이십대 중반의 청년이자, 중증장애인이자, 열악한 환경의 노동자였다. 내가 그들의 얼굴을 처음 마주한 곳은 을지로였다. 을지로는 전국의 억울한 노동자 부고 사연이 도착하는 장소다. 을지로에 위치한 서울지방고용노동청 본청. 아직 육신이 남아 있는 이들은 그곳에서 사고의 진상을 규명하기 위해 분주하게 움직인다. 기자회견을 열고, 분향소를 차리고, 규탄하는 모든 행동. 세상을 먼저 떠난 이들을 잊지 못하는 남겨진 이들의 침통한 애도는 개인을 타고 사회로 향한다.

낯선 타인의 죽음을 기리는 일은 좀처럼 집중하기 어려웠다. 이름도 얼굴도 모르는 망자의 죽음을 마주하거나 그 사연을 알리는 업무를 책임지는 것은 언제나 힘들고 어색했다. 활동 중 여러 힘든 시간을 겪었지만, 노동청 본청 앞에서 머물렀던 날들은 늘 녹초가 된 채 늘어지고 무거운 마음을 안고 집으로 돌아가는 날이었다.

노동청 앞을 지키는 날은 종종 끼니를 거르게 된다. 건물이 위치한 을지로3가는 오래된 맛집 골목으로 유명한데도 밥 생각이 좀처럼 나질 않는다. 나만 겪는 증상은 아니다. 골목 어귀에 뜨거운 국밥을 파는 노포가 즐비하고, 직장인을 대상으로 다양한 먹거리를 판매하는 피맛골과 무교동이 나란히 있는 오래된 식객촌까지 있지만, 이곳을 들르는 수많은 활동가가 입맛을 잃어버리고 만다. 온종일 동료의 죽음을 외치다 허탈하게 맞이하고야 만 저녁 끼니가 달콤하게 느껴질 리 없다. 그러니 노동청 앞에서 목에 핏대 올렸던 사람 중에는 그날따라 속이 더부룩하다며, 밥알을 삼킬 수 없을 것 같다며 식사를 거르겠다 말하는 이들이 더러 있다. 노동자들을 죽음으로 몰아간 참사 소식을 온종일 보고 들으면 애도와 분노가 그들의 목구멍에서 오장으로 이어지는 소화 통로를 꽉 막은 채 자리를 지키게 된다. 노동청에서 비롯된 식욕의 무기력함은 청계천 너머로 미처 넘어가지 못한 채 긴 밤 내내 머무른다. 단식 결정은 주변의 동조를 타고 빠르게 전염된다. 언젠가 우리 중 누군가는 이곳에서 밥을 먹는 게 죄짓는 것 같다고 말했다. 그는 크게 한술 뜨는 숟가락의 모습이 이기적으로 보인다고 덧붙였다. 이처럼 남겨진 이들의 마음 깊이 체화된 슬픔은 수저 들 자격이 없다고 느끼는 모습으로 나타난다. 산업재해 대응이라는 명확한 업무 목적을 가지고 을지로에 들르는 날에는 떠난 이에 대한 슬픔으로 목구멍이 멘 것 같은 기분을, 남아 있는 책임감이 흉부를 누르는 것만 같은 통증을 느끼며 무기력하게 하루를 마감하곤 한다. 을지로3가 현장은 죽음에서 비롯된 출근길이다. 설요한과 김재순이 겪은 참사와 관련한 일들도 이곳 노동청 앞으로 귀결되고 말았다. 시기를 달리 한 죽음은 모두 같은 장소에서 분주하게 소통되고 알려졌다.

장애인 공공일자리 노동자였던 설요한이 과도한 실적 압박을 견디지 못해 사망했을 때, 활동가들이 노동청 로비에 기습적으로 추모 농성장을 차렸던 적이 있다. 당시 활동가들은 잘못된 장애인 일자리 정책을 설계한 고용노동부 장관의 사과와 장애인을 죽음으로 몰아넣은 공공일자리 사업의 진상 규명을 요구했다. 전국에서 모인 활동가들이 농성장을 번갈아 지켰다. 밤낮을 가리지 않고 열두시간씩 조를 짜 돌아가며 당번을 섰다. 당번을 서는 날에는 출근 가방을 멘 채로 사무실이 아닌 노동청으로 출근했다. 노동자의 죽음을 기리는 팻말들과 고용노동부의 재발방지대책을 촉구하는 선전물들이 부착된 노동청 앞 농성장을 지키며 업무를 틈틈이 처리했다. 이곳에서 맡은 일은 과거 청도대남병원 폐쇄정신병동에서 집단 사망자를 유발했던 코호트 격리 조치 대응 때와 마찬가지로, 먼저 삶을 마감한 이들의 마지막을 수습하는 과정과 관련한 것들이었다. 최저임금조차 받지 못한 채로 세상을 떠난 장애인, 사고의 위협이 도사리는 노동 조건 속에서 세상을 먼저 떠난 장애인이 사소한 동정과 슬픔의 대상으로 남지 않도록 하는 일련의 후속 조치는 활동가의 숙명이었다.

설요한 노동자의 죽음을 기리는 천막이 활동가로서 내

가 찾은 첫 농성장이었다. 그곳은 동시에 나의 첫 외근 장소이기도 했다. 대기업 임직원이 인식하는 외근의 모습은 주로 비행기나 KTX 같은 첨단운송수단에서의 업무 혹은 호텔 컨벤션센터나 고층 빌딩 내 컨퍼런스 연회장 같은 공간에서 진행되는 논의 장면을 연상케 하겠지만, 활동가가 인식하는 외근은 대부분 팻말과 현수막이 주렁주렁 걸려 있는 때가 탄 농성장을 지키는 일에 가깝다.

당시의 농성장이 딱 그런 전형적인 외근 장소였다. 내가 농성장으로 출근하던 날, 전날 밤부터 그 농성장을 먼저 사수했던 당번은 강원도에서 올라온 활동가들이었다. 휠체어를 탄 사람과 아닌 사람들이 어울려 천막을 지키고 있었다. 문틈 넘어 문밖에 매서운 눈발이 날리는 와중에 간이 책상 주변으로 삼삼오오 모인 이들은 휴대용 난로가 내뿜는 빨간 불을 바라보며 추위를 견뎠다. 싸늘한 바닥에서 밤을 지새운 이들의 피곤함은 그대로 얼굴에 묻어났다. 떡이 진 머리, 허옇고 빨갛게 부르튼 피부를 가진 사람들. 그들 옆에는 '중증장애인 사회적 공공일자리 마련' '중증장애인 최저임금 적용제외 폐지' 등의 생경하고 복잡한 문구가 적힌 커다란 현수막과 고인이 된 노동자의 영정사진이 간이 분향소 옆으로 나란히 세워져 있었다. 농성장에 도착한 나는 이들과 교대하고 그 자리를 이어서 지켰다.

　　몇시간쯤 지났을까. 점심 무렵, 농성장 앞으로 손에 수첩을 쥔 사람이 찾아왔다. 취조 수첩을 든 경찰인 줄 알고 한껏 긴장했지만 기자였다. 그는 장애인 노동권 취재를 준비 중이라는 사실을 밝히며 인터뷰를 요청했다. 경찰이 아니라 다행이기는 했지만 예기치 못한 기자의 방문에 순간적으로 온몸이 얼어붙고 말았다. 농성장이 철거되지 않도록 지키는 것 외에 찾아오는 언론사 직원에 대응하는 방법은 당시 내 머릿속에 없었기 때문이다. 언론사 기자라니. 나에게는 그들의 취재에 응하는 에티켓도, 지식도 전혀 없었다. 인터뷰 협조는커녕 사무실에 걸려온 인터뷰 전화를 다른 활동가에게 돌리는 법조차 알지 못하는 초보 활동가였다.

　　내 초조함을 아는지 모르는지, 노트북을 품에 낀 기자는 익숙한 듯 쪼그려 자리를 잡은 뒤, 이곳에서 추모 중인 장애인 노동자의 사망 사연을 곧장 물었다. 그는 나에게 정부의 장애인 일자리 정책이 어떤 한계를 가졌는지 일목요연하게 말해주기를 바랐다. 그러나 내가 할 수 있는 말이라고는 아무것도 없었다. 그저 사람이 죽었다, 그래서 모였습니다 하는 정도의 얘기. 그것 말고는 그 어떤 사실에 대해서도 입을 떼거나 고개를 끄덕일 수 없었다. 우물쭈물하면서 '어… 어…' 하는 와중 함께 당번을 서기로 한 선배 활동가가 농성장에 기적적으로 도착했고, 그는 기자와 내가 어색하게 마주한 상황을 눈치껏 파악한 뒤 나 대신 능숙하게 인터뷰를 이끌어갔다. 나는 농성장을 찾아온 기자와 함께 그의 말에 경청하며 내가 지키는 이 자리에 머물다 간 사람의 사연을 그제야 자세히 이해할 수 있었다.

설요한은 1994년생 뇌병변장애인이었다. 그는 고용노동부가 시범사업으로 추진하던 장애인 공공일자리 사업에 참여하던 노동자였다. 국가는 생전의 고인에게 월 근로의 대가로 66만 원 상당의 수당을 주었다. 안정적인 고정급이 아닌 불안한 성과 급여 방식으로 말이다. 당시 그가 맡은 동료지원가라는 업무는 뚜렷한 취업자도 실업자도 아닌 회색 지대에 놓인 장애인들, 그러니까 경제활동에 참여하지 않는 장애인들의 취업을 알선하는 일이었다. 세련된 정책 용어로 바꿔 말하자면 그는 '비경제활동인구'를 설득해 '경제활동인구'로 전환하는 상담 업무를 도맡았다. 예컨대 중증장애인 상담사 철수가 또다른 중증장애인 민기에게 여러번 찾아가 "민기씨, 우리 같이 일하러 가요. 직업 교육도 받고, 구직 활동도 합시다"라고 끊임없는 상담과 설득을 거친 뒤, 취업전선으로 한발자국씩 들어오게끔 하는 그런 업무였다.

언뜻 보기에는 좋은 취지의 사업 같았다. 2020년 장애통

계연보에 따르면, 장애인 열명 중 여섯명 이상이 비경제활동인구이기 때문에, 애초 사업을 설계했던 이들에게는 수두룩한 비경제활동인구의 존재가 마치 물 반 물고기 반의 환경처럼 느껴졌을 것이다. 아마 정책을 설계한 이들은 장애인 동료가 찾아가서 꾸준히 설득하면 감동한 나머지 장애인이 경제활동에 참여하리라 생각했던 것 같다. 그러나 착각일 뿐이었다. 실적에 기반을 둔 중증장애인 동료지원가 일자리는 결국 설요한의 삶을 앗아갔다. 사업 기간 동안 진짜 사업주인 정부는 목표 실적을 채우지 못하면 우선 지급된 66만원 중 일부를 반환해야할 수도 있다며 사업참여기관과 노동자들을 강하게 압박했기 때문이다. 66만원 중 일부를 토해내야 한다는 게 누군가에게는 별것 아닌 경고처럼 느껴질지 몰라도, 다른 일자리를 구하기 힘든 중증장애인 노동자에게는 상당한 심리적 부담으로 다가왔다. 고용노동부가 제시한 근로조건은 무리한 실적제에 기반을 뒀다. 정부가 내세운 규칙에 따르면, 중증장애인 노동자들은 매월 새로운 장애인 참여자 4인을 발굴하고, 1인당 5회씩 만나 상담한 뒤, 1인당 8건의 서류를 작성해야만 했다. 비장애인도 소화하기 힘든 네트워크 마케팅 구조처럼 짜인 일자리였다. 임금 지급 방식은 더 잔인했다. 정해진 시간을 초과하여 일하고도 다른 장애인을 설득하지 못하면 미리 준 돈을 뺏겠다는 압박은 노동자로 하여금 실적 강박에 휩싸이게 했다.

임금을 반환해야 할지도 모른다는 두려움에 휩싸인 설요한은 결국 삶을 저버리고 말았다. 사망 직전 설요한의 수첩에는 '실적이 부족하다'는 불안한 문구들이 여기저기 메모되어 있었다. 혼자만의 수첩에 고민을 털어놓던 그는 끝내 동료에게 "미안하다. 민폐만 끼쳤다"는 마지막 인사를 남기고는 아파트 옥상에서 투신해 스스로 생을 마감했다. 매달 66만원으로 삶을 영위하던 중증장애인 노동자는 자신의 실적 부족으로 자신을 고용한 기관과 함께 일하는 다른 사람들이 곤경에 처할까봐 애태웠다. 충분한 성과를 내지 못하고 있다는 죄책감에 시달리다가 세상을 떠난 것이다. 그를 고용했던 일자리 센터의 소장도, 동료도 모두 그의 죽음 앞에서 허망하게 무너지고 말았다. 어쩌면 좋냐며 하염없이 울었다. 당시 내가 자리를 지키던 농성장은 고인이 남기고 간 부조리의 무게를 뒤늦게야 넘겨 안은 이들의 미안함과 애통함이 담긴 곳이었다. 돌이켜보건대, 중증장애인에게 취업을 알선하는 업무는 관련 노동정책을 전담하는 고용노동부 직원도 해낼 수 없는 난제에 가까웠다. 동료상담가라는 이름을 한 다른 중증장애인이 촉진할 수 있는 업무가 결코 아니었다.

사연을 통해 새롭게 감각되는 농성장 앞에서 문득 눈물

이 고였다. 그가 떠나간 이 자리는 왜 이다지도 쓸쓸하고 초라한지. 국가는 어떻게 노동의 어려움이 있는 중증장애인들을 생산성의 잣대로 평가하고, 생계를 위협하는 제도적 폭력을 정당화하기 위한 장치를 제도에 설치한 건지. 장애인에게는 최저임금을 주지 않아도 된다는 최저임금법의 예외규정으로 가난에 시달리던 이가 그나마 최저임금 수준을 받을 수 있는 이 일자리를 구했을 때 기뻐했을 생전 마지막 모습이 떠올랐다. 남아있는 이들 중 이곳을 지키는 그 누구도 망자의 능력이 부족해서 실적을 채우지 못했다고 생각하지 않았다. 떠난 이가 정말 '민폐만 끼쳤다'고 생각하는 사람도 없었다. 자신을 스스로 평가한 가혹한 초라함의 잣대는 국가가 제시한 기준에만 남아 있었다. 말없이 입을 닫은 영정 사진 속 장애인 노동자 설요한은 국가가 중증장애인 시민의 노동권을 어떻게 취급하는지 나를 통해 보라는 듯 감지 않는 눈빛으로 우리 곁에 머물렀다.

　　그후로 넉달이 흘렀다. 여름을 바라보는 6월 초에 이를 무렵. 서울지방고용노동청을 다시 찾았다. 설요한의 죽음 이후 두번째 방문이었다. 다른 노동자가 사망했다. 망자는 광주광역시에 사는 청년이었다. 광주의 어느 공장에서 폐자재를 처리하는 고된 노동을 수행하던 중 기계에 끼어 사망했다는 소식이 서울까지 전해졌다. 그의 이름은 김재순. 1994년생 중증장애인 노동자였다. 생전에 김재순은 광주의 폐자재처리공장에서 합성수지 파쇄기 조작 업무를 담당했다. 파쇄기로 폐목재를 처리하는 업무는 반드시 2인 1조로 짝지어 움직이고 엄격한 안전지침 등을 따라야만 하는 상당히 위험한 고난도 노동이었다. 그러나 지적장애인 노동자 김재순은 정해진 안전 규정과 달리 모든 업무를 혼자서 책임지고 도맡아왔다. 사고 직전까지 파쇄기 위에서 동료도, 안전장치도 없이 홀로 일하다가 스러지고 말았다.

김재순을 덮친 산업재해는 설요한이 겪었던 참사와 같은 원인으로부터 비롯되었다. 근무처, 직업 형태는 모두 달랐지만, 둘 다 사회적 차별과 압박 때문에 삶을 떠난 장애인 노동자들이었다. 그들은 자기 장애를 이유로 직업 선택의 자유를 마음껏 누릴 수 없었다. 모두가 꺼리는 열악한 노동환경만이 그들에게 허락된 유일한 일터였다.

김재순 노동자가 사망한 직후, 장애운동 진영에서는 김재순의 사고사를 두고, 산업재해 희생자의 죽음을 장애인 노동 문제로 다루는 것이 과연 옳을지에 대한 논의가 있었다. 안전장치를 준비하지 않고, 관리감독도 없었던 열악한 노동 조건 속에서 희생된 이의 장애가 호명되는 것이 유족의 입장에 따라 원치 않는 공론화의 방향일지도 모르기 때문이었다. 그럼에도 대다수 활동가는 그를 덮쳤던 산업재해와 그의 장애 문제를 분리하여 바라볼 수 없다고 입을 모았고, 산업재해에 대응하는 유족과 함께했다.

고인은 캄캄한 사업장에서 홀로 파쇄기의 잔여물을 청소하고 정리하는 강도 높은 업무를 한차례 그만둔 적 있지만 결국 그 자리로 복귀하고 말았다. 직장을 옮기려는 시도 중 마주했던 노동현장의 장애인 차별은 그를 결국 익숙하고 위험한 곳으로 되돌아오게끔 했다. 주변 지인에게 홀로 떠맡은 노동이 얼마나 어렵고 위험한 일인지 수차례씩이나 하소연도 해보고, 떠나도 봤지만, 결국 갈 곳이 없었다. 수도권 밖에 사는 중증장애인에게 허락된 일터는 애당초 몇군데 없었고 그나마도 대다수 비장애인이 일하기를 피하는 열악한 곳이었다. 부조리한 노동환경을 거부하지 못한 채로 홀로 거대한 파쇄기를 만져야만 했던 그는 자신의 일터에 문제가 있다는 사실을 알면서도, 노동자의 책임을 다하며 끝까지 공장을 지켰다. 장애인, 청년, 노동자 김재순에게 닥친 산업재해는 가장 취약한 이가 겪었던 가장 위험한 현장에서 비롯되었다.

김재순이 세상을 떠나고 나서, 노동계는 산업재해의 책임자 처벌을 촉구하는 중대재해처벌법 제정 운동을 그의 추모와 함께 진행했다. 장애인권 활동가들은 장애인의 열악한 노동권이 중대재해기업 처벌 문제와 함께 문제 제기되어야 한다고 생각했다. 그후로 한동안 장애운동 진영과 노동계는 따로 또 같이 추모와 법 제정 운동을 진행했다. 양측 단체가 함께 책임을 나누어 6월부터 7월까지 서울지방고용노동청 앞에서 김재순 노동자의 추모제와 49재를 번갈아 열었다. 그곳에 장애인과 노동자가 모였다. 비록 고인을 잘 알지 못하지만, 그가 도망칠 수 없었던 장애인 노동의 열악한 현실을 몸소 체감한 중증장애인 여러명이 저마다의 자신이 겪은 일터에서의 차별과 위험에 관해 이야기했다.

반년 가까이 을지로에서 고인을 추모하는 동안, 몇번씩 눈물을 참아야 했던 날이 있었다. 어김없이 눈이 충혈되던 날들은 특히 김재순 노동자의 아버지를 마주하던 날들이었다. 장애인 아들을 먼저 떠나보낸 고인의 아버지도 장애인이었다. 그 또한 산업재해의 피해자였다. 이 생과 저 생으로 갈라진 부자를 연결하는 삶의 고리는 산업재해와 장애였다. 김재순의 아버지는 평범한 노동자였다. 운동가가 아닌 그는 집회에서 말하는 것을 부쩍 어색하게 느꼈고 조심스러워했다. 멀리 서울까지 올라와 추모의 인파 사이에서 발언하는 중에도 몇번씩 분노를 표현할 적합한 단어가 무엇일지 고민하며 망설이는 표정을 짓고, 또 때로는 주체할 수 없는 슬픔 속에서 떨리는 목소리를 잡기 위해 종종 숨을 끊고 또 들이쉬어야만 했다. 준비한 발언을 마치고 "투쟁!" 구호를 외치면서 손을 불끈 쥐는 자세를 취할 때면 치켜든 주먹을 지탱하는 팔목이 위태로워 보였다. 언제나 유족으로서 소개되었던 그가 자신을 '김재순의 아비'라고 말할 때마다 분노와 긴장감이 그의 몸과 말 속에 녹여져 있었다. 그러나 시간이 지날수록 그는 점점 더 꼿꼿하고 꿋꿋한 모습으로 나타났다. 어느새부턴가 꾹 주먹 쥔 손은 아무것도 포기하지 않고, 놓지 않겠다는 다짐처럼 나타났다. 더는 볼 수 없는 자녀를 끝까지 지키겠다는 부모로서의 분노와 책임감은 자꾸만 그를 강하게 만들었다. 그는 단단해질 수밖에 없었다. 고인이 사망한 직후 열린 추모제에서 본 그의 얼굴과 49재 때 그의 얼굴은 전혀 다른 모습이었다. 초점을 잃은 채 흔들렸던 경황없는 중년의 노동자는 더없이 단호한 아버지의 모습이 되었다. 그의 변해가는 모습을 지켜볼 때마다, 눈시울부터 코끝까지 뜨거워지는 기분을 느꼈다. 어찌 된 영문인지 그가 점점 더 굳건한 모습으로 나타날수록 나는 한없이 약해졌다. 몇해가 지났지만, 지금도 문득 김재순 노동자의 아버지 얼굴이 떠오르곤 한다. 그는 어떻게 지내고 있을까. 그의 주먹은 더 굵어지고 말았을까.

무더위가 잠깐이었을까 싶을 정도로 급작스레 장마가 닥

쳤다. 7월 말, 비가 쏟아지는 어느날 또 한번 노동청을 찾았다. 이번에는 누군가의 죽음을 애도하기 위해 방문한 것이 아니라, 더이상의 죽음을 막기 위해서였다. 당시에는 제정되지 않았던 중대재해처벌법 마련을 위한 노동계 기자회견에 참석하는 길이었다. 나는 그 자리에서 장애인 노동권에 대한 현장 발언을 하게 되었다. 기자회견에서 장애인노동의 현실을 그간 노동청 주변에서 보고 듣고 느낀 것을 그대로 말했다. 활동 시작 5개월만에 연이어 떠나보낸 설요한과 김재순 두 노동자의 죽음을 이야기했다. 누군가 죽을 때마다 이곳에 찾아와야만 했던 나날들, 슬픔을 항의로 갚아야 하는 현실을 호소했다. 거센 비가 쏟아질 때였다. 우비 안에 숨은 얼굴이 흠뻑 젖었다. 빗물을 닦을 여유도, 손도 없었다. 미끄러운 목발에 기대어 한참을 겨우 서 있었다.

발언을 마치고 대오 주변을 둘러보던 중 낯익은 사람을 보았다. 산업재해 희생자 유가족, 청년 노동자 김용균의 어머니였다. 뉴스로만 뵀었던 분의 슬픈 얼굴을 장대비 사이로 마주했을 때 순간적으로 가슴이 울렁거렸다. 김용균과 김용균의 어머니는 나에게 특별하게 기억되는 존재들이다. 그의 산업재해 소식을 듣던 날, 사회초년생 직장인이었던 나는 아침 출근길 운전을 하고 있었다. 당시 상황을 아직도 선명하게 기억한다. 2018년 12월, 석탄 이송 컨베이어 벨트에서 산업재해로 숨진 한 노동자의 소식이 라디오에서 다뤄지고 있었다. 외국계 대기업에서 인턴으로 일하며 역삼역 높은 통유리빌딩으로 향하던 길이었다. 사무실 지하주차장으로 향하던 중 자동차 라디오 너머 김용균의 사망 소식이 흘러나왔다. 라디오 앵커는 나보다 한살 어린 1994년생 노동자의 끔찍한 산업재해 소식을 긴박한 목소리로 전했다. 후속 뉴스에서 연결된 현장 리포터는 사고 당시 정황을 구체적으로 묘사했다. 맨정신에 감당하기 어려운 칼날 파편 같은 말들이 오갔다. 모든 것이 정돈된 강남 한복판에서는 상상할 수 없는, 거친 기계가 작동하는 현장에 대한 묘사들이었다. 충격적인 소식에 치여, 정신이 반쯤 멍해진 상태로 건물에 진입했다.

건물 주차장에 들어서자 캄캄한 길목에 안내요원이 서 있었다. 그날도 그랬다. 주차장을 지키는 사람은 새벽 일찍부터 건물에 출입하는 자동차가 가야 할 길을 온몸으로 가리키고 있었다. 컴컴한 지하주차장으로 들어가는 통로 입구 한가운데선 그는 손을 길게 뻗어 주차 가능한 방향을 표시했다. 그러고는 자동차를 향해 허리를 숙여 깊이 인사했다. 앞차를 향해서도, 내 차를 향해서도 같은 방식의 인사가 이어졌다. 헤드라이트로 비추지 않으면 사람을 보지 못한 채 칠 수도 있을 것만 같은 그런 어두운 새벽녘. 컴컴하고 위험한 주차장 지하를 지키는 노동자를 본 순간 눈물이 쏟아졌다. 암흑과 추위로부터 뚫고 나온 인사는 온 마음을 괴롭혔다. 너무 시린 한겨울에 내 나이 또래의 노동자는 온종일 자동차를 향해 허리 숙여 인사할 것이고, 그 시간 동안 나는 따뜻한 커피를 마시며 세상을 다 안다는 듯한 오만한 보고서를 쓰다 말고 퇴근할 것이라는 생각이 들었다. 왜 이토록 불평등한 노동이 지속되는지 사회의 규칙에 대한 의구심이 들었다. 석탄화력발전소에서 스러진 김용균과 어두운 추위를 견디는 주차장 안내요원을 동시에 마주한 날, 나는 서로 다른 어둠 속에 남겨진 이들에 대한 죄책감과 미안함에서 한동안 헤어나올 수 없었다.

그뒤로 이년의 세월이 흘렀다. 더이상 책상을 지키는 회사원이 아니라 농성장을 지키는 활동가로서 참여한 중대재해처벌법 제정 기자회견에서 김용균의 어머니를 마침내 만났다. 몇해간 뉴스를 볼 때마다 그는 차디찬 곳에 서 있었는데 어김없이 그날도 그랬다. 어머니께서는 당일 기자회견 발언자가 아니었음에도, '중대재해처벌법 제정'이라 쓰여 있는 빗물 먹은 손 피켓을 꾹 든 채로 정면을 응시하며 묵묵히 서 계셨다. 말없이 한시간 넘도록 그 자세 그대로 계셨다. 곁눈질로 그를 힐끔힐끔 쳐다봤다. 그의 얼굴을 마주할 때마다 잊었던 과거의 감정들이 조금씩 되살아났다. 김용균의 사고사를 접한 날의 상념, 존경하는 그와 같은 자리에 서 있는 사실에 대한 벅참, 세상을 먼저 떠난 자녀를 대신해서 계속 거리를 지키는 부모의 간절함과 원통한 마음이 두서없이 떠올랐다. 나는 그의 옆에 나란히 서서 김용균을 떠올리며 '사람이 일하다가 죽어서는 안된다'고 간절히 구호를 외쳤다. 기자회견을 마치고, 그에게 다가가 인사를 건넸다. 장대비 쏟아지는 거리에서 고백했다. 지난 이년간 김용균의 죽음을 처음 마주한 겨울 어느 날의 장면을 아직도 떠올리는 사람으로서 용기를 내었다. 마음에 품고 있던 말들이었다. 두 손을 꼭 잡고 그날의 기억을 떠오르는 그대로 말씀드렸다.

"김용균님 어머니 맞으시죠…? 안녕하세요. 저… 저… 사실, 용균님 돌아가셨을 때를 아직 생생히 기억하고 있어요. 제가 회사에서 인턴으로 일할 때였어요. 아침에 라디오를 들으면서 출근하다가 아드님의 사망 소식을 들었어요. 제 나이 또래라는 생각에 정신이 멍해져서 회사 주차장에 들어가다가, 용균님 나이 또래의 다른 주차 요원이 제 차를 향해 깍듯하게 인사하는 모습을 보며 용균님이 떠올랐어요. 너무 괴로웠어요. 사람도 아니고 기계한테 인사하는 노동자의 모습을 눈으로 보면서, 김용균님의 사망 소식을 귀로 듣는 건… 너무 힘든 일이었어요. 늦게나마 두서없이 인사드려 죄송합니다. 그간 함께하지 못해 죄송해요… 다시 한번 삼가 고인의 명복을 빕니다."

미안하다고. 미안하다고. 한참 늦었지만, 지금이라도 그에게 이 사실을 꼭 말하고 싶었다. 당신의 아드님이 사망하는 그 뉴스를 들으며 나는 아무렇지 않게 출근한 것을 사과하고 싶었다. 그간 함께하지 못해 죄송하다고 고백하고 싶었다.

두 손 꼭 잡은 채 말을 들어주시던 김용균의 어머님은 빗속에서 나를 끌어안았다. 거센 빗소리 속 내 말들이 다 들리지 않았을 텐데 그의 눈시울은 이미 붉어져 있었다. 그의 뺨은 눈물로 뜨거웠다. 그의 얼굴이 닿은 내 어깨가 빗물 위로 한층 더 축축해지는 것을 느꼈다. 노동청 앞 맞으며 투쟁했던 빗방울, 내 얘기를 들으며 용균이가 떠올라 흘린 눈물이 모두 섞인 채 적시고 젖었다. 서로 입을 꾹 다문 채로 한참을 껴안았다. 그도 나도 소리없이 한참을 울었다. 꽉 찬 포옹 끝에 어머님께서 나지막이 말씀해주셨다. "우리 오래 함께합시다." 그의 대답이 고마웠다. 김용균 노동자의 죽음을 마주하고도 아무것도 하지 못했던 부채감 가득한 과거를 용서받은 기분 같은 것을 느꼈다. 함께하자는 말이 지나온 내 삶에 너무 큰 위로가 되었다.

청년 노동자들의 숱한 죽음을 맞으며 오갔던 서울지방고용노동청은 늘 그런 곳이었다. 노동자의 죽음을 마주하며 울

다가도, 살아남은 자들이 무너지지 않기 위해 다짐하는 용기와 맹세를 마주하는 장소였다.

아마 지금도 누군가는 노동청 앞에서 기자회견을 하거나 농성을 하며 죽음의 톱니바퀴를 멈추고자 할 것이다. 이 글을 읽는 독자들께 전하고 싶다. 떠난 이들보다 조금 더 남겨진 우리 모두 오래 함께하자.

두렵지
않으세요

이 글은 4월 20일 장애인차별철폐의 날에

진행된 라디오 프로그램 출연에 관한 이야기다.

화창한 어느 봄날 점심. 마로니에 공원을 산책하던 중 휴대폰 진동이 울렸다. 수화기 너머 상대는 곧장 자신을 라디오 작가라고 소개했다. 그는 곧 있을 4월 20일 장애인의 날(1981년 전두환정부는 4월 20일을 장애인의 날로 지정했다. 장애운동에서는 같은 날을 장애인 차별에 저항하는 날로 기리고자 '장애인차별철폐의 날'이라고 부른다.) 특집 라디오 출연 요청 목적으로 전화하게 되었다고 용건을 밝혔다. 장애인의 날 맞이 방송 출연 제안은 조금도 달갑지 않아 바로 거절하려 했다. 아무리 생각해봐도 나는 장애인의 날에 발언권을 가질만한 적절한 패널이 아니었기 때문이다.

어느 방송이건 장애인의 날 특집에 등장하는 출연자들은 독창적인 희망의 문법을 구사할 줄 아는 이들이라고 오랫동안 생각했다. 예컨대 뼈를 깎는 노력을 기울인 끝에 신체적 장애를 극복할 수 있었다는 증언, 불편한 몸을 안고 연 매출 십억 원을 달성했다는 성공 신화 일화 같은 것들. 거창한 극복 담론의 주인공들이 귀감이 될 만했다. 자기를 넘어서는 경험을 하지 못한 나머지 장애인들은 최소한의 행복 담론이라도 가지고 있어야 했다. '저는 비록 장애가 있지만 사는 게 행복해요. 소박하게나마 집도 있고, 애도 있고, 차도 샀어요' 같은 말들을 통해 사회에 정착한 구성원임을 증명할 수 있어야만 장애인의 날 주인공에 어울렸다. 만일 자신의 성공도 정착도 증언할 수 없는 장애인이라면, 비장애인에게 영감과 귀감을 줄 수 있는 기이한 자신의 삶을 증명할 수 있어야만 했다. 장애를 가진 삶이 얼마나 비참한 건지 또는 험난한 고생길을 걷게 하는지. 부족한 나에게 손 내밀어 주는 비장애인 동료, 가족, 친구, 은사님의 헌신과 희생 덕분에 오늘 하루도 겨우 살아간다는 눈물겨운 이야기들. 전개는 익숙하지만, 감동은 늘 낯설게 변주되어 다가오는 일화의 연속 같은 것. 비장애인을 울고 웃게 하는 영화 같은 증언은 장애인의 날마다 어김없이 재개봉한다.

그러한 점에서 나는 장애인의 날에 어울리는 영감의 아이콘이 될 수 없는 장애인이었다. 스스로 장애를 극복하지도, 성공하지도 못한 사람이었고, 타인의 배려 속에 나아가는 삶의 덕목을 증명하기에도 성장과는 거리가 먼 삶을 살았기 때문이다. 나는 완성된 행복 혹은 완성될 행복의 사연의 당사자 주인공으로 살고 싶지 않았고, 그렇게 살 수도 없었다. 냉소밖에 남지 않은 왜소한 장애인은 오늘의 행복을 노래하며 감동의 눈물까지 흘리기엔 힘이 없었다. 나에게는 귀감이 되는 감정노동에 쓸 최소한의 에너지조차 남아 있지 않았다.

아무리 고민해봐도 내가 나설 자리가 아닌 것 같아 "출연이 어려울 것 같습니다" 하고 말했다. "그러시군요. 알겠습니다." 하고 이내 전화를 끊을 줄 알았던 통화 상대는 좀처럼 수화기를 놓지 않은 채 왜 출연을 거절하는지를 되물었다. 무미건조하게 답하고 말았다. "장애인의 날을 맞아 나눌 수 있는 이야기가 없습니다. 다른 사람을 찾아보시길 바랍니다. 그럼."

완곡한 거절이 장애 극복을 진술할 의지가 없기 때문임을 재빨리 눈치챈 작가는 무언가 오해가 있는 것 같다고 말했다. "잠깐만요!" 목소리 높여 그가 말했다. 그러고는 방송 섭외 의도를 설명해주었다. "선생님을 극복의 아이콘으로 부르는 게 아니에요." 그리고 말을 이어갔다. "저희가 듣고 싶은 건요… 전장연 시위입니다." 그가 섭외를 요청하는 이유는 단지 전장연 시위 때문이며 왜 장애인들이 거리에 나서 고된 투쟁을 이어가는지 그 자초지종을 듣기 위한 것이라고 했다. 그는 나라는 인물이 아니라 내가 속한 단체의 사연을 더 궁금해했다. 장애인의 날을 맞아 장애운동의 배경을 되짚어보자는 것이 방송의 목적이었다. 장애인의 날 활용되는 방송 문법과는 거리가 먼 주제였다. 극복이 아니라 투쟁을 조명한다니. 독특한 시도라고 생각했다. '화합'과 '극복'을 조명하는 장애인의 날 방송이 아니라, '갈등'을 배경으로 한 특집이라니. 강자가 듣고 싶어하는 포용과 희망의 세레나데 대신 약자가 외치고 싶어하는 절박한 현실에 관한 내용을 이야기해도 괜찮다는 방송 관계자가 있다니. 어쩐지 이상하게 느껴졌다. 라디오작가는 그뒤로 한참 동안 끊임없이 나를 설득했다. 편한 마음으로 스튜디오에 들러 활동가로서 장애운동에 관해 이야기 좀 해달라고. 그러니까, 데모에 관한 이야기. 그것을 듣고 싶다고.

내내 수화기를 잡은 채로 아무 말도 하지 않고 골똘히 고민했다. 조심스레 수화기 너머 상대에게 궁금한 것을 물었다. "장애인의 날에 장애인 데모 이야기를 한 적이 있습니까?" 그가 대답했다. "아뇨. 없습니다. 처음 논의하는 것 같네요." 거짓이 아닌 것 같았다. 음, 간증이 아니라 도전이 요구되는 방송이라니. 흥미롭게 다가온 낯선 기획 앞에서 마음을 정하고 대답했다. "네, 출연하겠습니다"라고.

통화를 끝내고 장애인의 날 특집 방송의 의미에 대해 다시 한번 생각했다. 이날 방송국 스튜디오에서 송출되어야 하는 말들은 365일 중 하루뿐인 꿈과 희망의 실낱같은 예찬이 아니라, 364일을 차지하는 좌절과 절망의 계기가 되는 열악한 현실이 되어야 하지 않을까. 장애인이 겪는 다양한 사회 차별을 마음껏 이야기할 수 있는 날을 매해 준다면, 그간 고깝게만 느꼈던 장애인의 날을 기꺼이 맞이할 수 있겠다는 생각을 했다.

저녁 무렵, 익일 진행될 인터뷰 질문지를 사전에 전달받았다. 나긋나긋한 섭외 전화와는 달리 날카로운 질문들이 주를 이루어 당혹스러운 나머지 몇번씩 읽다가 말았다. 뾰족하게 서 있는 단어, 갈고리 같은 물음표는 문장 안에 연속적으로 위치했다. '말하기의 해방감을 누리기는커녕 청문회처럼 끝날 수도 있겠구나' 질문지를 보며 생각했다. 여러 질문 사이에 유독 눈에 띄는 물음이 있었다. 방송 후반부쯤에 배치될 것 같은 질문이었다. 지금과 같은 형태의 장애운동은 불법이 아닌지를 묻는 말이었다. 또 왜 합법의 정도를 벗어난 운동을 하는지 해명을 요구하는 질문도 있었으며, 준법 캠페인을 열지 않고 불법 집회를 진행하거나 거리를 점거하는 장애운동의 목적에 대한 물음도 연달아 예고되어 있었다. 장애인이 경험하는 불평등은 만연한 나머지 굳이 당사자에게 실태를 질문할 필요 없었던 것 같지만, 왜 투쟁을 하는 건지에 대한 질문은 충분히 추궁될 가치가 있다고 생각했던 것 같다. 짧은 시간 내에 좀처럼 답하기 어려운 날카롭고 또렷한 말들을 곱씹어 읽었다.

"장애인들이 왜 법을 어깁니까?"라는 질문에 어떻게 대답할 수 있을까. 가령 법을 어기는 것이 장애인들만의 이야기가 아니라고 변론해볼 수 있겠다. 멕시코-미국 전쟁과 노예제에 반대하며 인두세를 내지 않다가 감옥에 갇힌 헨리 데이비드 소로, 나에게는 꿈이 있다며 흑인이 차별받지 않는 세상을 위해 운동을 주도한 마틴 루터킹 같은 역사적인 사례들. 사실 멀리 갈 것도 없다. 2017년까지 펼쳐진 박근혜 정권 탄핵 촛불집회만 보더라도, 민주주의 사회에서 다수의 시민이 무너지는 정의 앞에서 불법의 낙인을 감내한 일들은 비일비재하다. 법철학자 로날드 드워킨, 정치철학자 존 롤스와 위르겐 하버마스는 이러한 시민불복종 사례가 특정 요건 아래 정당화될 수 있다고 보았다. 첫째, 둘째, 셋째…… 이유는 차고 넘친다. 그러나 이렇게 대답하는 건 아무 의미가 없을 것이다. '그 역사적 사건과 장애인 시위가 같냐'는 식의 반응이 돌아올 가능성이 크기 때문

　　　　　　　제3부 이해의 순간

이다. 역사적 근거, 철학적 근거를 들이대는 그 어떤 변론도 시위자에 대한 짜증을 해소시킬 수는 없을 것이다.

내가 라디오에서 어떤 대답을 하건 청취자들은 만족할 수 없을 것이다. 논리적이라 생각하지도 않을 것이다. 차별과 억압의 역사를 살피지 않은 채로 운동의 방식만을 옹호하는 건 불가능에 가깝다. 사람답게 살고 싶어서 움직인다. 길이 없어서 길을 만든다. 활동의 정당성은 법률이나 제도에 앞서 사람에 기반을 둔다. 하지만 라디오에서 그렇게 단순하게 말할 수는 없다. 라디오를 청취하는 이들 다수가 장애인을 둘러싼 오랜 차별과 억압을 이해하지 못하는 상황에서 사람을 위해 움직인다는 말을 들으면 '정신승리'로 느끼고 말 것이다. 사회구성원 다수의 동의로 유지되는 법률 체계를 부정하지 않으면서 운동의 정당성을 이해시키는 것은 생각처럼 간단치 않다. 심지어 일분 남짓의 시간 안에. 라디오에서 그러한 질문에 답해야 한다니. 과연 서로 다른 생각을 지닌 수천 수만명의 청취자가 이해할 수 있는 대답을 할 수 있을까. 청취자 다수가 장애인 당사자거나 장애인의 가족이라면 열악한 이동권의 현실을 길게 설명하지 않아도 깊이 이해할 것이고, 도무지 변화하지 않는 사회 현실에 대해서도 자신의 인생에 빗대어 쉽게 공감할 수 있을 것이다. 이동의 어려움을 겪어본 이들은 긴 해명 없이도 이동권 운동의 취지를 누구보다 쉽게 이해할 것이다. 그들에게 이동권 운동은 별도의 기나긴 해명이 요구되지 않는 행동이다. 비록 법이 허락한 범위를 벗어나는 움직임에 대해 모두가 동의할 수는 없겠지만, 불평등한 사회구조에 변화를 이끌어내기 위해 목소리를 내야 한다는 점에 대해서는 대체로 동의한다. 그러나 이동의 어려움을 경험해보지 못한 나머지 시민에게 장애인 이동권 운동에 대한 가치판단은 대부분 준법 여부를 따지는 데서 출발한다.

그래서일까. 내가 건네받은 질문지는 청자를 장애운동을 지지하는 이들로 단정하기보다는, 각자의 일상을 살아가는 모든 청취자가 갖는 보편적인 궁금증에 대답할 것을 요구하고 있었다. "장애운동을 어떻게 이해해야 합니까" 또는 "수십 년에 걸친 장애인 이동권 운동이 세상을 얼마나 바꾸었습니까" 같은 질문이 아니라 "남에게 피해 주는 행동을 하는 건 아닙니까" 하고 냉정하게 묻고 있었다.

아무리 고민해보아도 모두를 설득할 수 있을 만한 대답이 떠오르지 않았다. 스탠드만 켜진 책상 앞에서 하얗게 뜬 질문지를 한참 노려보았다. 운동의 효과를 강조하는 무책임하고 어설픈 대답을 하고 싶지 않았다. 장애인 이동권 운동으로 피해를 받는 시민이 분명 듣고 있을 것이다. 그분들 앞에서 불법인들 뭐 어떠냐는 식의 말들, 독립운동, 민주화운동, 탄핵 집회도 사실 다 그 당시 불법 아녔느냐, 현행법의 준수보다 더 중요한 사회 정의의 목표가 있다는 듯 열을 내며 대답하는 건, 질문의 의도를 무시하는 해명일 뿐만 아니라 응원하는 이들에 대한 예의가 아니라 생각했다. 반대로 질문에 잘못 반응하고 만다면, 그것은 그것대로 인권운동 전체가 스스로 고립되고 외면받는 문제를 야기할 것이다. 아마 시민들, 그러니까 최소한 라디오를 듣는 청취자들은 장애인 단체를 자신의 목표만 생각하는 이기적인 집단의 목소리라 생각하게 될지도 모른다. 그렇다고 합법이라고 주장할 수는 없는 노릇이었다. 그건 거짓말이기 때문이다.

합법이라고 주장하지 않고, 불법이 아니라고 해명하지 않고, 어떻게 법의 이분법적 잣대에서 비롯하는 판단을 넘어 자신의 권리를 찾기 위한 장애인들의 운동을 설명할 수 있을까. 나의 대답이 곧 장애인 단체의 입장처럼 비추어질 것이 뻔한데… 나는 나의 말을 책임질 수 있을까. 어떻게 대답하는 것이 최선일까. 시민에게도, 동료에게도 실망을 주지 않으려면 어떻게 해야 할까 이런저런 생각이 생각의 꼬리를 물다가 부담에 짓눌린 눈두덩이가 파르르 떨려 결국 눈을 감을 수밖에 없었다.

애석하게도 아침이 찾아왔다. 긴장으로 충분히 잠들지 못한 정신이 억지로 몸을 씻게 했고, 옷을 입게 했고, 방송국에 가게 했다. 오전 준비시간 내내 질문이 머릿속을 돌고 돌았다. 최선의 답변은 여전히 떠오르지 않은 상태였다. 복잡한 마음으로 방송국 대기실에 이르러 앞에 놓인 커다란 의자에 앉아 주머니에 꼬깃꼬깃하게 접힌 질문지를 다시 펼쳐 보았다. 접었다 편 종이 속에는 무난한 말들과 어려운 말들이 조금도 바뀌지 않은 채로 어젯밤과 같은 글자의 배열로 자리하고 있었다. 인권운동에 어떻게 참여하게 되었는지 묻는 질문, 장애인에 대한 인식을 개선하는 것이 우리 사회에서 얼마나 중요한지를 묻는 질문들은 소화에 무리 없는, 눈으로 훑고 지나가도 괜찮을 것들이었다. 가슴을 짓누르며 무겁게 다가온 질문은 역시 장애운동이 불법 아니냐는 내용이었다. 십분 남짓의 방송 출연 시간 안에 해명될 수 있는 문제일까. 녹화장으로 들어갈 자신이 없었다.

이윽고 방송국 관계자가 다가와 출연 시간이 임박했다고 알려주며 스튜디오로 안내했다. 급한 마음에 종이를 가방에 욱여넣고 마이크가 놓인 방으로 향했다. 낯선 사람이 나를 맞았다. 자기 이름을 내건 익숙한 라디오 진행자가 앉아 있어야 할 좌석에 다른 사람이 있었다. 휴가를 떠난 진행자 대신 자리를 지키는, 누군지 잘 모르겠는 임시 사회자였다. 자신을 변호사라고 소개한 이가 오늘 나에게 질문하는 앵커라 생각하자, 스튜디오가 일순간에 재판장처럼 느껴졌다. 판결을 내릴 저 낯선 법조인이 지금 나의 혐의를 어떻게 바라보고 있을지 알기 어려웠다.

　　무언의 짧은 눈인사를 나누자마자, 인터뷰 시작을 알리는 노래가 자연스레 흘러나왔다. 자신 앞에 놓인 마이크 위치를 가다듬은 임시 진행자는 마치 오래간 맡아온 프로그램이었던 것처럼 능숙하게 방송을 진행했다. 방송은 장애인의 날을 알리는 안내로 시작했다. 이윽고 스튜디오에 장애인 단체 활동가가 찾아왔다며 상황을 알린 뒤, 나를 인사시켰다. 그리고 자신의 발언권을 나에게 나누었다. 진행자가 물음표를 건네면 나는 마침표로 끝냈다. 물으면 대답하고. 물으면 대답하고. 네트를 사이에 둔 탁구대를 쉴 새 없이 오가는 탁구공이 연상되는 '티키타카'가 계속됐다. 말과 말 사이에 끼어들 수 있는 공백은 없었다. 쉬운 말로 묻고 되묻고 재해석하여 어려운 주제를 쉽게 소화하고야 마는 진행자의 친절한 방송 진행 기술 덕에 의구심과 불안함이 모습을 드러내지 않았다. 비록 내 눈앞에 날카로운 질문지가 여전히 놓여 있었지만 잠시나마 편안한 마음으로 그와 사이좋은 '친선 게임'을 즐길 수 있었다. 긴장을 느슨하게 놓았을 때쯤, 예견했지만 타이밍은 예상치 못했던 강력한 스매시가 훅 들어왔다. 우회적으로 묻는 말투였지만 질문의 의도만큼은 그대로였다.

"사실 저희 방송을 듣는 분들이 정말 많기 때문에… 각자 생각이 다르거든요. 하나의 생각이 아니라 다양한 생각을 하고 있을 거예요. 그래서 지금 이 활동에 대해 불편하게 여기시는 분들도 있을 텐데… 왜 아무 잘못 없는 우리에게 불편함을 주 느냐, 왜 길을 막고 못 가게 하냐, 왜 규칙을 어기고 법을 어기 냐는 질문들. 거기에 대한 답변이 있을까요?"

작가가 작성한 큐시트 속 문장은 거침없었지만, 대본을 말로 소화하는 과정에 그는 적당한 틈을 두며 말했다. 패널을 마주한 진행자의 재량에서 비롯한 배려처럼 느껴졌다. 그는 나에게 질문을 던지면서도 과연 무리 없이 대답할 수 있을까 우려하는, 얼마간의 망설임이 담긴 눈빛을 함께 보냈던 것 같다. 내 기분 탓일지도 모르겠지만.

그 짧은 순간에 그가 발휘할 수 있는 최대한의 상냥함에 고마움을 느꼈다. 그가 나에게 쳐낸 질문의 공은 여지없이 빠른 스매시였지만, 일방적인 승리를 목적한 공격이 아닌 것 같았다. 불법이 아니라 불편으로 발음한 그는 눈앞의 상대를 추궁하거나 단죄하는 대신 라디오 진행자로서, 청취자 대신 질문을 건네야만 하는 책임자로서 나에게 물었다. 그는 앵커이기도 했지만, 동시에 법조인으로서 이 문제를 어떻게 바라볼 것인지 궁금했을 것이다. 그의 직업적 배경 때문일까. 그가 건넨 물음이 어떤 면에서는 사적인 물음처럼 느껴지기도 했다. 연설하는 말투로 해명하는 대신, 사람 대 사람으로서 대화를 나누면 될 것 같은 기분이 들었다.

심호흡을 짧게 하고, 진행자의 눈을 바라보며 대답했다. 단시간의 발언으로 성립될 수 있는 논리적 정합성을 미처 완성시키지 못했지만, 어쩐지 끝까지 소통할 용기가 났다. 내 눈앞에 앉아 있는 사람은 라디오 진행자가 아니라, 청취자다, 하는 마음으로 그를 바라보며 조심스레 대답했다.

"네… 현재 장애인 이동권 운동은 시민 불복종의 형태입니다. 그 탓에 시민 여러분께서 많이 불편하실 거라는 생각이 듭니다. 제가 오늘 이 자리에서 꼭 이야기하고 싶었던 것이 있는데요, 여러분의 인내 덕분에 이 사회가 여기까지 바뀔 수 있었습니다. 시민 여러분이 여기까지 참아주신 덕분에 한국 사회에, 서울 지하철역 엘리베이터가 91퍼센트 상당까지 설치되었고, 서울 시내 저상버스가 55퍼센트 상당 설치되었습니다. 이게 무슨 말이냐면요… 장애인들끼리 정치인을 찾아가서 '엘리베이터, 저상버스 설치해주세요' 얘기하는 것만으로는 들어주지 않습니다. 그런데 공감하는 시민께서 함께 불편함을 호소하고 빨리 처리하라고 요구하는 순간부터 정치인이나 관료들이 움직이기 시작합니다. 이게 정말 딜레마이고 죄송할 따름인데요… 그럼에도 시민 여러분이 불편함을 감수해주신 덕분에 한국 사회가 여기까지 올 수 있었다는 감사의 말씀을 꼭 드리고 싶었습니다."

합리적으로 배열하지 못한 서사는 전적으로 내 속마음으로부터 길러진 결과물이었다. 전날 밤부터 나를 괴롭혔던 '합법'과 '불법'의 이분법은 내 말에 없었다. 장애운동이 합법적 캠페인처럼 아무 문제없는 운동이라 변론하지도 않았고, 감내해야 할 불법의 일종이라고 계몽적으로 주장하지도 않았다. 그저 사려 깊은 질문을 건넨 진행자의 눈을 바라보며 미안함과 고마움을 전한 게 내 말의 전부였다. 오랜 시간 자신을 스스로 괴롭혔던 죄책감과 동시에 피어오른 응어리들. 계단을 오를 수 없는 휠체어가 계단 앞에 서 있다는 이유로 수많은 욕설을 감내해야만 했던 나의 장애인 동료와 그 맞은편에서 불편함을 호소하려다가 장애인들의 어려움을 마주하고 묵묵히 자리를 떠난 시민의 모습이 떠올랐다. 계단을 오르지 못하는 이들에게도, 계단을 오르는 이들에게도 미안하고 고마웠다. 내가 마이크를 잡고 할 수 있는 말은 이 활동이 얼마나 정당한지에 관한 조각 요건을 나열하는 게 아니라, 현장에서 미처 나누지 못한 인사뿐이라는 생각이 들었다. 그 말밖에 할 수 없었다.

대답을 마치고 약간의 정적이 흘렀다. 쾌활한 진행자가 허락한 첫 정적이었을까. 그는 나에게 하나만 더 묻고 싶다고 했다. 대본에 없었던 돌발 질문이었다. 무거운 공기와 맥락이 끄집어낸 물음. 인간적인 호기심에서 비롯된 질문이었던 것 같다. 대본에 쓰여 있던 그 어떤 질문보다도 짧고 간결했다. 그가 내 눈을 바라보며 물었다. "두렵지 않으세요?"

추상적인 질문에 당장 어떻게 해석하고 대답해야 할지 몰랐다. 누가 무엇을 두려워한다는 의미로 묻는 걸까. 곰곰이 생각했다. 질문의 진의는 미처 알지 못했지만, 두렵지 않느냐는 질문에 생략된 주어와 목적어의 모습들이 떠올랐다. 불법적인 행동에 가담하는 나 자신의 미래가 두렵지 않느냐는 뜻처럼 느껴지기도 했고, 세간의 비난을 받는 장애인들이 감내해야 할 미래가 두렵지 않느냐는 뜻처럼 다가오기도 했다. 아니면, 전과자로서 살게 될지 모르는 데, 그 삶을 감당할 수 있겠느냐며 법률적 차원에서 두렵지 않느냐고 묻는 심문처럼 느껴지기도 했다.

그의 질문은 장애인의 날에 허락되는 문법으로부터 완전히 탈주한 물음이었다. 성공을 증명하고 감사함을 독백하는 주체로서 말하기가 아니라, 난감한 사람, 초라한 사람, 한심한 사람, 막막한 사람의 마음을 드러내도 되는 자리에 앉아 있다는 생각이 들었다. 그의 질문이 옳다. 오랫동안 두려웠다. 두려움을 숨겨왔을 뿐, 그의 진심어린 물음 앞에서 더는 감출 수 없다는 생각이 들었다. 당시 나의 속마음은 이런 모습이었다. '저라고 두렵지 않겠습니까. 활동을 시작하고 일년이 훌쩍 지났지만, 저는 여전히 투쟁 현장이 두렵습니다. 사람들이 싸울까봐 두렵고, 다칠까봐 두렵습니다. 그런데 더 두려운 건요. 제가 잡혀갈까 두렵고, 빨간 줄이 기록될까 두렵고, 가족들이 알게 될까 두렵습니다. 제일 큰 공포는 나를 완전히 내던져 싸워도 이 사회가 꿈쩍도 하지 않을 것 같아, 내가 먼저 무너질까봐 두려운 것입니다.'

그렇지만, 내가 두려움을 느끼는 것과 별개로 라디오 앞에서 이것이 무섭고 저것이 무섭다며 있는 그대로 실컷 떠들고 엉엉 울 수는 없었다. 수많은 활동가가 이 시간에 라디오를 듣고 있었기 때문이다. 그들에게 필요한 것은 공포가 아니라 힘이었다. 출연자로서 나는 개인적 감상에 뒤덮인 말을 늘어놓을 것이 아니라 운동을 대변할 책임이 있었다. 그가 건넨 질문에 나는 두려움을 고백하면서도, 두려움이 활동을 막을 수 없는 이유에 대해 말했다. 아직 우리 사회에 존재하지 않는 제도를 만들기 위해서는 현행하는 법 제도의 한계를 넘어서야 하는 행동이 요구된다고, 실정법이 소수자의 권리를 온전히 보장하지 못할 때, 목소리를 낼 수밖에 없다고 말했다. 이 대답이 나오기까지 오랜 고민이 있었다. 권리는 언제나 현행법보다 앞선다는 점에서 비롯한 고민이었다. 진행자가 염두에 두는 규칙으로서의 실정법은 사회가 인정한 이들 사이의 적당한 조화를 위한 법칙을 나열한 기록들이다. 인정받지 못한 이들의 권리를 정의하는 법률 조항은 좀처럼 만들어지지 않는다. 인정되지 않은 권리는 법제화되기 전까지 언제나 법의 사각지대에 놓이게 된다. 우리 사회 소수자들의 권리가 법적으로 인정되기까지 우리가 가야 하는 길은 멀고 험하다. 사회의 모순을 직시한 누군가의 용기를 통해 권리의 개념이 탄생하고, 적당한 이름이 붙고, 모습을 갖추고, 기존 질서와 갈등이 발생할 때 비로소 중재안으로서 법률이 세워진다. 권리가 법률에 앞선다는 사실에 비추어 보자면, 사회에 존재하지 않는 권리를 인정받기 위해서는 현존하는 법에 구속되지 않고 움직이는 사람들이 있어야 할 수밖에 없다. 법체계에 순응하는 인간은 그 너머의 것을 상상할 수 없다. 그러한 합법은 지배자가 구성한 불평등한 조화의 모습일 뿐이다.

민주주의 사회에서 인권운동은 단지 합법성을 여부로 선악의 관계를 구분하기 어렵다. 정치철학자 랑시에르는 억압받은 이들이 주체적으로 나서는 민주주의의 정치란 강자가 구축한 익숙한 치안의 질서와도 같은 감각적 짜임을 단절하는 불화의 과정과도 같다고 말했다. 그런 점에서 소수자의 생각과 말과 행동이 감각되거나 이해되지 않는 사회에서 '합법'을 기준으로 착한 사람과 나쁜 사람을 나누는 것은 생각처럼 명료하지도, 간단하지도 않다.

오늘날 사회에서 어떤 '불법'은 매우 인위적인 의도를 갖고 설계된 기준이며, 제도적 변화를 억압하는 수단으로 쓰이고 있다. '법치주의'의 뜻을 마음대로 해석할 수 있는 일부가 손쉽게 정의하는 불법은 도덕이 아니라 권력에 그 기준을 둔다. 준법정신이 투철한 이들 모두 늘 불법을 나쁜 것으로 쉽게 판단하지만, 사실 불법적 행동을 평가하기 위해서는 합법이란 무엇인지, 또 누구를 위한 것인지를 함께 직시할 수 있어야 한다. 사회운동을 시작하기 전까지는 잘 몰랐던 사실이다. 나 또한 그저 합법이라는 것이 착한 정답이고, 불법은 나쁜 오답의 형태인 줄로만 알았다. 오랫동안 그렇게 믿어왔다. 그러나 합법의 개념은 제한된 현실에서 불화의 가능성을 내포하지 않는 익숙한 사물과 제도의 명료한 규칙 안에서만 정의될 수 있다는 사실을 온몸으로 느꼈다. 반면, 인정받지 않는 사물과 제도의 모든 목소리는 대부분 '불법'으로 여겨진다.

소외된 자가 추구하는 권리의 평등은 언제나 실정법과

제도가 적당히 타협한 불평등의 결과물 이상의 내용이다. 권리는 각각의 실정법에 대한 준법 여부를 넘어 도덕과 헌법의 정신에 근거한다. 민주주의를 찾기 위한 움직임, 소수자의 권리를 찾기 위한 역사의 모든 움직임이 그랬다. 대다수 사람이 생각한 합법과 불법은 법률 근거'를 기준으로 나뉘는 것 같지만, 정책을 입안하는 과정에서 합법과 불법은 '긴장의 여부'를 담아내는 말에 가깝다. 공권력은 불법 집회를 증오한다. 집회의 시작과 끝의 간격, 참여자의 범위 등을 명확하게 예측할 수 없기 때문이다. 적당한 시간에 모였다가 해산하는 합법 집회는 참여의 의미만 있을 뿐, 변화의 역동성을 기대하기 힘들다. 합법 여부에 구애받지 않을 때 집회는 비로소 사회변화의 수단이 된다. 전개의 방향을 예측할 수 없기 때문이다. '누가' '언제' '어디서' '무엇을' '어떻게' 할지 전혀 예상하지 못한다. 갑작스레 집회가 열리고, 언제 끝날지도 모르며, 몇명이 더 올지 모르고, 이 집회가 어디까지 행진하는지 그 경로를 아무것도 알 수가 없다. 해산하지 않고 모여드는 인파에 공권력과 정치인은 자연스레 긴장한다. 이 긴장이 모두 민주주의 체제의 역동성이 이끌어낸 역사적 감각들이다.

　　오늘날 장애운동도 마찬가지다. 장애인들은 시혜와 동정을 기다리지 않고, 거리로 나서 정책을 바로 세우기 위한 긴장의 계기가 되기를 주저하지 않는다. 초대받지 못한 그들의 등장으로 인해 폭발할 것만 같은 권력자들 앞에서도, 그들은 정부의 불평등함을 끊임없이 비판한다. 민주주의 사회에서 장애인은 긴장을 응축시키고, 정부의 책임을 되묻는다. 2020년대의 장애인들은 더이상 서울시가 2015년에 공언한 '서울시 장애인 이동권 선언'이 언젠가 지켜지기만을 바라며 기다리지 않는다. 비록 정책을 결정지을 힘은 없지만, 최소한 정책이 논의될 수 있도록 긴장감을 불어넣는 데 최선을 다한다. 거리에 나선 장애인들이 행정 기관에 따져 물을 때, 왜 서울시는 장애 시민과의 약속을 지키지 않는지, 교통약자를 위한 인프라를 충분히 구축하지 않는지, 반복해서 질문하고 집회를 열어 의견을 모으기 시작할 때, 비록 그들의 행동은 불법이 되지만, 시동을 멈춘 정책이라는 전차에 긴장의 연료가 채워진다.

그러한 점에서 합법과 긴장은 동전의 양면 같은 관계다. 긴장이 있는 상황은 불법적이고, 긴장이 없는 상황은 합법적이다. 긴장의 구조 속에서 장애인의 활동을 새롭게 정의해 바라본다면, 오랜 역사 속 억압과 차별을 받아온 이들이 스스로 권리를 찾기 위해 제도에 긴장감을 불어넣는 노력이 보일 것이다. 통제의 대상으로서 합법과 불법의 이분법을 넘어, 시민권의 주체로서 긴장을 유발하고 소외된 이목을 집중시키는 일,

그것만이 정책의 장으로 나아갈 수 있는 유일한 길이다. '이 사회에 존재하지 않는 제도를 만들려면 법을 뛰어넘어야 한다'는 라디오 발언은 현장에서 느꼈던 긴장관계의 의미를 짧게 요약한 말이기도 했다. 노예제를 폐지하고, 여성의 참정권을 획득하고, 식민지로부터 해방되고, 주5일 근무의 권리가 보장되기까지, 민주주의 사회를 지탱하는 인간다운 법률은 강자의 호혜에서 만들어진 것이 아니라 소수자들이 끌어낸 역사적 긴장감에 의해 비로소 논의에 부쳐진 내용의 결과물들이다.

위의 생각을 경황없이 나누었던 라디오 인터뷰를 마치고 곧장 세종시로 향했다. 당시 세종시에 사는 장애인은 고속철도가 있는 오송역부터 세종시청까지 갈 수 있는 광역 급행 버스를 단 하나도 탈 수 없었다. 세종시는 행정 중심 복합도시라고 말하기 부끄러울 만큼 교통체계가 엉터리인 도시였다. 이동권을 지키려는 장애인들은 그곳에 가서 장애인과 노인, 임산부가 이용할 수 있는 교통수단을 늘릴 것을 간절히 외쳤다. 모든 시민을 포용할 수 있는 행정수도로 거듭나기 위해서는 몸이 불편한 시민부터 버스에 태울 수 있어야 한다고, 교통의 자유를 보장할 것을 외쳤다. 한적한 도시에 나타난 장애인들의 '부자유스러운' 몸이 도시에 긴장을 한껏 이끌어냈고, 저상버스 도입의 논의를 시작하게 했다. 그날 이후로 국토교통부가 마지못해 중재에 나서 교통약자도 이용할 수 있는 광역 급행 저상버스 도입을 위한 행정절차를 밟기 시작했다. 오랜 시간 서로 책임을 돌리던 대전광역시, 세종특별자치시, 국토교통부 세 주체가 모여 이동권 대책을 세우게 된 순간이었다. 전적으로 장애를 가진 몸들이 도출해낸 긴장 덕분이었다. 합법적이고 발랄한 '해시태그' 캠페인으로는 아마도 이 성과를 이뤄낼 수 없었을 것이다.

세종시 저상버스 도입 논의가 본격화된 지 몇달 뒤, 집에 편지가 한통 왔다. 세종경찰서에서 보낸 출석요구서였다. 경찰서 조사를 앞두고 당시의 상황을 더듬다 문득 두렵지 않느냐고 물었던 라디오 진행자의 질문이 떠올랐다. 다시금 대답할 기회가 주어진다면 우물쭈물 대답하는 대신, 두렵지 않다고 담담하게 말할 것 같다. 그리고 이 말을 덧붙일 것 같다. 장애인이 거리로 나서면서, 자신의 책임을 미루던 공직자들이 비로소 움직이기 시작했다고. 그 결과 유모차와 휠체어가 탈 수 있는 버스가 곧 도입되게 되었다고. 누구나 탈 수 있는 저상버스 앞에서 그 어떤 두려움도, 후회도 느끼지도 않는다고 분명하게 말할 것이다.

제4부

연결의 순간

데모는 왜 하는가 4
— 세상과 만날 계기를 갖기 위해

어느 장애인 활동가와 늦은 밤 술자리에서 나눈 대화를 잊지 못한다. 그는 당시 초보 활동가였던 나에게 대뜸 데모를 왜하는 것 같냐고 물었다. 나는 망설임 없이 법을 바꾸기 위해서 데모하는 게 아니겠느냐고 대답했다. 그는 내 말을 들으며 고개를 가로저었다. 그가 원하는 답이 아니었다. 나는 한참을 고민하다가 달리 대답했다. 권리를 실현하기 위한 예산을 확보하기 위해서 하는 거냐고 말을 고쳤다. 그는 여전히 고개를 가로저었다. 그가 생각하는 답이 무엇인지 좀처럼 종잡을 수 없었다. 고개만 젓지 말고 정답을 알려달라고 하자 그는 나에게 이렇게 말했다. 데모를 통해 중증장애인이 세상을 만나게 된다고. 그래서 데모를 한다고. 한평생 장애를 이유로 집 밖에 나설 수 없었고, 학교에 갈 수 없었고, 직장을 구할 수 없었던 이들에게 데모가 세상과 소통하는 계기가 된다는 것이었다. 대다수 사람은 길거리에서 웬 고생이냐고 묻겠지만, 어떤 장애인들에게는 현장에 참여하는 것이 자신에게 허락된 유일한 외출의 이유였다.

세상 앞에 드러날 수 없는 방치된 '깍두기' 같은 존재인 장애인들은 데모하는 과정을 통해 더는 자기 자신을 혐오하지 않고 사랑할 기회를 갖게 된다. 중증 장애를 지닌 자신의 몸 그 자체가 장애인 권리 보장의 유일한 근거가 된다는 사실을 깨달을 때, 장애인은 자신의 몸을 더 아끼는 동시에 자신감을 갖게 된다. 거리에 휠체어를 주차한 채 서 있는 자신의 주변에서 서로 다른 장애를 가진 이들이 저마다의 몸을 부끄러워하지 않고 드러내는 모습을 통해 사랑과 우정, 연대와 연민의 감정을 끊임없이 느낀다. 중증장애인의 데모는 단지 지배권력과의 갈등에서 비롯되는 것이 아니라, 세상과 소통하는 기회로서도 존재한다. 데모 현장에서 집 밖의 하늘, 공기, 바람을 마음껏 누리게 되는 중증장애인들은 거리를 걷고 구호를 외치며 사회구성원으로서 소속감과 독립심을 동시에 만끽한다. 위험하다는 이유로, 민폐라는 이유로 자신이 뜻하는 길을 제대로 걸어볼 수 없었던 이들에게 데모는 세상에서 가장 해방적인 사회 참여의 방식이다.

누군가는 장애운동 활동가가 불쌍한 중증장애인들을 선동해 길거리로 이끌었다며 장애인을 피해자로 여기고 말지만, 근거없는 시혜와 동정의 눈빛일 뿐이다. 아마 장애인을 불쌍히 여기는 그들 대다수는 중증장애인과 제대로 소통해본 경험조차 없을 것이다.

거리를 걷는 중증장애인들은 투쟁에 이용당하지 않고 투쟁을 이용하는 주체들이다. 좁은 인도에 갇히지 않고도 자유롭게 걸을 수 있을 때 중증장애인들은 마침내 자신의 보폭에 맞는 길을 걷는 편안함을 느낀다. 장애인들은 데모를 유일한 통로로 활용하며 자신을 따돌린 세상을 뒤쫓고 있다. 비록 세상이 데모하는 장애인들의 모습을 거칠고 조악한 것으로 단정 짓고 판단할지라도, 당사자들은 이 화려한 외출을 통해 미처 안녕을 묻지 못했던 하늘과 물과 바람과 태양과 격식 없는 인사를 나눈다.

편견과 달리 데모하는 중증장애인들은 불쌍한 사람들도, 선동된 사람들도 아니다. 그들이 저 스스로 걷지 못할지언정, 말하지 못할지언정, 듣지 못할지언정, 그들의 부자유한 신체는 민주주의가 허락한 거리 앞에서 사회적 자유를 만끽하고 있다.

중증장애인에게 데모는 비장애인만큼의 생산성을 증명하지 않아도, 정상적인 모습으로의 꾸밈을 강요받지 않아도, 장애를 그 자체로 완전히 드러낼 수 있는 유일한 표현 방식이다. 거리에 선 장애인은 느리다는 이유로, 화상으로 얼룩진 피부를 지녔다는 이유로, 소득이 없다는 이유로 멸시받지 않는다. 데모는 장애인이 모든 속박의 굴레를 벗어던지고 드러나는 계기다.

어떻게 질 것인가

이 글은 마주해야만 하는 성대한 패배에 관한 이야기다.

뒤틀린 몸, 작은 키, 목발에 기대지 않고는 후들거리는 다리. 예나 지금이나 싸우기 부적절한 신체 조건이 도리어 싸움의 이유가 되는 삶을 살아왔다. 장애를 가진 몸을 안고 살아가는 것이 유난히도 불편한 이유는 움직이지 않는 신체 부위 때문이 아니라, 내 몸이 노골적이고 미세한 차별을 정당화하는 근거로 쓰이기 때문이라고 오랫동안 생각해왔다. 그래서일까. 내 몸이 불평등을 감각하는 순간, 내 몸이 저항을 결정하는 모든 순간마다 나의 의식은 언제나 비뚤어진 몸이 내는 목소리에 귀를 기울였다. 장애인이 누릴 수 있는 일상은 공익광고 캠페인처럼 평화로운 나날의 모습이 좀처럼 되지 못했다. 오히려 사회가 장애를 가진 사람과 함께하는 모습은 아름답게 뒤섞이는 공존의 형태가 아니라, 창과 방패로 찌르고 막아야 하는 전선의 모습을 띠었다. 사회가 나에게 허락하는 안정감의 범위는 쉽사리 늘어나지 않았다. 끊임없이 새로운 삶의 반경을 넓히고 다지는 일을 거쳐야만 그곳에서 안정감을 누릴 수 있었다. 가령, 학교라는 공간도, 비행기라는 이동수단도, 춤을 추는 장소도 모두 입장이 쉽지 않아 싸워야만 했던 장소들이다. 나는 어떻게든 나의 몸을 지키기 위해 서부극 주인공처럼 수많은 'OK목장에서의 결투'를 요란스럽게 치러야만 했다. 모두 인정투쟁에 관한 것이었다. 삶을 싸움에 빗대는 게 어딘가 부적절한 것 같다고 느끼면서도, 대체할 수 있는 표현을 찾지 못할 만큼 나는 매 순간의 승패 판정을 받아야만 비장애인이 있는 공간에 출입할 수 있는 레퍼토리를 반복해왔다.

운이 좋게도 나는 싸움깨나 잘하는 장애인이었다. 활동을 시작하기 전 나를 둘러싼 크고 작은 싸움의 경험은 대부분 승리로 장식되었다. 전장연에 오기 전까지는 말이다. 내가 패배의 쓰라림을 알게 된 순간은 전장연에서 많은 장애인과 함께 싸움을 시작할 때부터였다. 패배의 경계와 활동의 시기는 정확히 맞물렸다. 나는 활동가가 되고 나서부터 강압적인 상대의 힘에 짓눌리고 굴복하는 경험을 갖게 되었다. 어떻게 발버둥쳐도 장애운동의 전선에는 늘 패배가 드리웠다. 이득이 손실보다 많은 싸움을 거쳐 왔던 나에게 갑작스레 찾아온 연달은 패배의 소식은 나를 악에 받치게끔 하였지만 달라지는 건 없었다. 어쩌다 이렇게 되었을까. 나는 왜 계속 지게 된 거지. 내가 무기력해진 걸까, 상대가 강해진 걸까. 거쳐왔던 싸움들을 한참 동안 곱씹다가, 승패의 기억을 기록하는 글을 쓰게 되었다.

내 기억 속 첫번째 승리는 대학교 강의실 접근성을 보장하는 사투에서 시작되었다. 대학 2학년 무렵, 나는 당시 재학 중인 학교 인근에 있는 대학에 교류 수업을 들으러 갔다. 오로지 예술 전공과목만 열리는 모교와 달리 다양한 학과의 수업이 열리는 이웃 대학에서 정치철학 수업을 듣고 싶었다. 방학 때부터 설레는 마음으로 수강계획서를 모두 훑었고, 새 학기에 이르자 정식 교류학생 등록 절차를 거쳐 강의실로 향했다. 당시 수업이 개설된 건물에는 엘리베이터가 없었다. 그러나 강의실은 4층으로 배정되었다. 네층을 올라가야 한다는 사실에 첫날부터 넋이 나갔다. 내게는 무슨 수를 써도 올라가기 힘든 높이였다. 비록 전자시스템상 오류 없이 수강신청을 했지만, 결과적으로 다닐 수 없었다. 학기 초반에는 결코 수업을 포기하고 싶지 않아 목소리를 냈다. 장애학생이 강의실에 갈 수 있도록 학교 당국이 장소 제공의 조치를 취할 것을 외쳤다. 그러나 학교 당국은 이미 개강 후 일련의 행정 과정이 다 끝났다며 나의 요구를 터무니없게 생각했다. 학교 관계자들은 나에게 4층인 걸 확인하고 등록했어야 하지 않았냐는 투로 화살을 돌렸다. 당시 서울시에 위치한 대학 중 유일하게 장애학생을 위한 별도의 입시 제도를 설치하지 않았기에 '공식적으로' 장애학생 없던 이 대학은, 이웃 학교에서 건너온 장애인의 존재에 당황했다. 오랜 시간 마치 장애인 청정구역 같았던 그곳은 장애인 학생을 맞이한 경험이 거의 없었던 것 같았다. 높은 계단에 가로막혀 플라톤과 아리스토텔레스가 지향하는 정의의 가치를 조금도 배우지 못한 채 단념하고 말았다. 강의실에서 전해 내려오는 '로고스'(이성)와 '소피아'(지혜)는 장애인을 대상으로 여기지 않았다. 정의란 무엇인지 깨닫는 것은 불가능했다. 정의의 열매를 맛보기에 4층 높이의 계단은 너무 높았다.

대상 학교 측과 더는 행정적인 절차로 실랑이하는 것이 힘들어 수강 포기를 결정하고 출석부에서 이름을 자진해서 지웠다. 수강을 철회하는 날, 다른 장애학생은 나와 같은 수강 신청 실수를 하지 않도록 이 학교의 접근성 실태를 알리는 글을 남겼다. 호소문에 가까웠다. 당시 나의 글을 두고 해당 학교의 커뮤니티는 타 대학 학생이 흙탕물을 뿌리고 갔다며 발칵 뒤집히기도 했다. 그 글이 재학생 사이에 떠돌았고, 나의 문제 제기가 옳으냐 그르냐를 두고 한참 동안 갑론을박이 있었다. 한쪽은 장애인이 접근할 수 없는 대학 강의실은 문제가 있다며 환경을 개선해야 한다고 했고, 반대쪽은 모교 출신도 아닌 타고생이 와서 편의제공을 요구하는 게 정당한지 물었다. 해당 대학 앞 술집에서 술을 마시던 어느날 우연히 마주친 한 학생이 나에게 내가 수강 포기를 한 이후 학내에 한창의 논쟁이 있었다고 전해주어 뒤늦게 알게 된 사실이었다. 장애인의 수강 철회가 계기가 되어 공론장이 형성되었다는 점이 무언가 정치철학다운 결말처럼 느껴졌다. 폭풍이 휩쓸고 지나간 자리에 대안이 마련되기 시작했다. 학교 당국은 당시 사태를 계기로, 추후 장애학생이 수업 장소의 편의제공을 요구할 시 해당 수업을 엘리베이터가 설치된 건물의 강의실로 우선 배정키로 했다. 그 소식을 전해 듣고 뿌듯한 마음이 반, 오기가 생기는 마음이 반씩 들어 일년이 지나 같은 학기, 같은 대학에 다시 한번 교류 수업을 신청했다. 이번에는 미학 수업이었다.

수강 신청을 진행하자마자 학교 당국 관계자로부터 확인 전화가 걸려왔다. 그는 나에게 엘리베이터가 배정된 건물로 강의실이 옮겨질 계획이라는 친절한 안내를 해주었다. 무언가 장애인 편의 제공 정책이 바뀐 게 틀림없었다. 새롭게 맞이한 개강일. 강의를 전담하는 노교수님이 수업이 끝난 뒤 웃는 얼굴로 내 책상 앞으로 찾아와 넌지시 말했다. 십여년간 미학 강의를 진행해온 중에 엘리베이터가 달린 신식 본관에서 수업해보는 건 처음이라고. 그는 대뜸 나에게 감사의 인사를 건넸다. 신식 건물에서 강의하게 되었다는 사실을 뿌듯하게 생각했다. 나는 강의실이 대수인가 싶었지만, 인문학을 가르치는 이들은 늘 대학 당국의 노골적인 소외에 위태로움과 불만을 느끼고 있었다. 국제학, 경영학, 경제학 같은 응용 사회과학 수업의 중요성에 우선순위를 빼앗겨 낙후된 공간으로 몰려나기 일쑤인 전공일수록 더욱 그랬다. 한평생 해당 대학에서 오래되었기로 손꼽는 건물에서 수업해오던 교수님은 엘리베이터가 설치된 최신 시설의 강의실 교단에 서게 된 사실을 나보다 더 기뻐했다. 의도하지는 않았지만, 엘리베이터를 요구한 싸움의 결론은 변방의 것이 중심에 놓이도록 하는 결과를 함께 낳았다. 아직도 활짝 웃던 교수님의 표정이 이따금 기억난다.

두번째 승리는 비행기 탑승을 거절당했던 사건으로부터 비롯되었다. 대학 3학년쯤, 라오스 비엔티엔에 며칠간 배낭여행을 갔다. 즐거운 여행을 마치고 집으로 돌아오는 귀국길. 환경이 열악한 동남아시아 국가에서 장애인 차별을 겪지는 않을까 걱정했던 게 모두 기우에 불과했다며, 다행이라고 비엔티엔 공항에서 친구와 이야기를 나누면서 수속 줄을 기다렸다. 내 차례에 이르렀을 때, 카운터 직원은 나에게 항공권을 출력해서 주는 대신 한참 동안 여권과 신분증을 들여다보다가 이내 나의 몸을 빤히 쳐다봤다. 그는 대뜸 탑승이 어려울 것 같다고 말했다. 왜냐고 물었지만, 그는 나의 질문을 무시한 채 내 옆에 서 있는 비장애인 친구의 항공권만 따로 출력해 건네주었다. 장애인이라는 이유로 항공권 발급을 거절한 관계자의 행동은 여태 단 한번도 경험해본 적 없었던 황당한 사례였다. 인천에서 라오스로 출국하는 과정에는 아무 문제가 없었는데, 왜 라오스에서 인천으로 귀국하는 과정은 문제가 된단 말인가.

화가 나서 항의하자 발권을 담당하던 항공사 직원은 결국 나를 다시 한번 쓱 훑어보고는 종이를 한장 꺼내며 말했다. "손님은 장애인이므로 손해배상에 관한 서약서를 작성해야만 비행기를 태워줄 수 있습니다." 장애와 손해배상은 또 무슨 관계인가. 듣고도 무슨 말인지 알 수 없어서 서명하지 않겠다고 말했다. 그는 나에게 서명하지 않으면 비행기에 탑승할 수 없다며 손사래를 치고는 손에 쥔 서류를 다시 한번 강조하며 이내 다음 손님을 받았다. 순식간에 대기열로부터 튕겨나와 공항 로비 바닥으로 쫓겨난 채로 그가 건넨 서류를 읽었다. 「서약서」라는 제목의 서류는, 비행기 탑승에 따른 책임을 묻는 각종 법률 문구가 한 문장 같지 않은 문장의 형태로 빼곡하게 적혀 있었다. 표현이 어려워서 몇번 되짚어보며 해석해야만 했는데, 결과적으로 당시의 서류가 말하고자 했던 것은 문제 발생 시 모두 내 책임이라는 뜻이었다. 쉽고 간결한 내용의 부당한 차별이 어렵고 고지식하게 포장되어 있었다. 한 문장 여러줄로 이루어진 서약서 문구는 아래와 같았다.

> 상기인이 (O)월 (O)일 (O)편으로 (O)에서 (O)까지 여행하는 데 있어 상기자가 귀사 항공기에 탑승 시나 탑승 중 혹은 탑승 후 상기자의 건강상태에 유래한 결과가 발생한다 하더라도 귀사 및 귀사직원에 관하여 일체의 책임을 부과치 않음은 물론 건강상태의 악화로 인하여 발생하는 부수적 지출 및 우리 항공사 또는 제삼자에게 끼친 손해에 관하여 일체의 책임을 질 것을 서약합니다.

비행기 출발 시간이 다가오자, 항공사 관계자는 내가 있는 곳에 찾아와 곧 비행기가 뜬다면서 서명을 할 것인지 재촉해 물었다. 그는 서명하지 않으면 한국행 항공권을 줄 수 없다고 재차 경고했다. 그가 출입국관리소 직원도 아니고, 법무부 직원도 아닌데 왜 내 귀국을 가로막는 건지 당최 이해할 수 없었다. 그가 내민 서약서에 그대로 서명하고 나면 운행상 발생하는 모든 나쁜 결과의 책임은 나 때문이게 되는 것이었고, 서명하지 않으면 라오스에서 불법체류자로 살게 될 위기에 놓였다. 어떤 결론이건 모두 파국을 맞을 것이었다. 비행기 탑승 시간 마감 직전까지 한참을 고민하다, 밤 비행기를 놓치면 당장 귀국할 방법이 없겠다 싶어 공항 바닥에 눌러앉은 채 허벅지에 종이를 대고 분노를 담아 글씨를 꾹꾹 눌러 서명했다. 아래와 같이.

> 이름: 변재원 / 연령: 22살 / 성별: 남성 / 서약서 서명 사유: 모르겠음(설마 장애인이라는 이유로?) / 탑승자와의 관계: 본인

손아귀에 힘을 주어 볼펜을 쥐는 동안 화가 났고, 분노의 눈물이 뚝뚝 떨어졌다. 장애가 있다는 이유만으로 항공사의 과실을 모두 책임져야만 한다는 추궁을 받아본 적이 없었다. 다른 사람 모두 다 무탈하게 발권을 마쳤는데, 나만 이 무시무시한 문건에 서약해야 비행기를 탈 수 있다는 현실에 눈물이 뚝

뚝 떨어졌다. 다섯시간 남짓의 비행시간 내내 한숨도 잠들지 못한 채로 자리에 앉아 분노를 곱씹었고, 따져 묻겠노라 생각했다. 인천국제공항에 비행기의 발이 닿은 순간, 휴대폰 전원을 켰다. 인터넷에 국가인권위원회를 검색했고 진정 절차를 찾아봤다. 동시에 글을 쓰기 시작했다. 짧게 작성한 사연을 각종 매체에 제보하고 기고했다. 무사히 귀국했다는 사실에 기뻐하는 승객들이 내리는 비행기 안에서 분노의 역습을 준비하기 시작했다.

국가인권위원회에 해당 항공사의 행위를 장애인 차별로 처벌해달라는 내용의 공식 진정을 접수했다. 그리고 해당 항공사 임원의 페이스북과 트위터에 DM을 보냈다. 경영진에게 법정에서 보자는 예고 메시지였다. 여러 언론에 이 사실을 제보하여 해당 항공사가 장애인 승객을 차별한 사실에 대한 사과와 장애인 탑승 거부 사태에 대한 재발방지대책 마련을 촉구할 것을 방송해달라고 부탁했다. 이렇게 대응하는 게 맞는 건지 알 도리가 없었지만, 나는 나를 구하기 위해 무엇이라도 해야만 했다. 행동의 보폭을 키워나가자, 나의 사연이 널리 퍼지기 시작했다. 전국적으로 알려지기까지 귀국 후 채 하루도 걸리지 않았다. 그사이 해당 항공사 임직원과 언론사 기자로부터 백여통에 가까운 전화가 걸려왔다. 어떤 기자는 장애인 차별 문제가 하루 이틀 있던 게 아닌데 어떻게 이 사건이 이렇게 커졌는지, 나도 대답할 수 없는 질문을 나에게 물었다. 주변에서 누가 도와주고 있는지 묻는 사람들도 있었다. 비엔티엔 공항에서나, 서울에서나, 나는 늘 혼자였지만 혼자 대응하고 있다고 사실 그대로 말할 수는 없었다. 얕잡아 볼 것만 같았기 때문이다. 나는 마치 변호인단을 구성한 것처럼 말하고 행동했다. 연극에 가까웠다. 이 사안에 대한 법률적 대응을 예고하고, 기자회견을 계획 중이라고 소견을 밝히며, 향후 소송 타임라인을 고려하고 있다고 기자들에게 말했다. 사건은 그렇게 더 커졌다.

전국적인 이슈가 되자, 결국 해당 항공사가 부담을 느꼈는지 주요 임직원이 우리 집으로 찾아왔다. 당시 회장, 상무, 그리고 현지 직원까지 모두. 그들은 나와 내 부모님께 사과문을 전했다. 나는 부모님과 함께 그들의 사과를 받으며 재발 방지 약속을 받아냈다. 그리고 시각장애인이 항공권을 예매할 수 있는 사이트를 추가로 만들어달라고 요청했다. 만일 귀 항공사가 정말 장애인을 차별할 의도가 없었다면, 그 의지를 보여주기 위해 정보 접근성이 제공되는 예매 사이트를 구축했으면 좋겠다는 의견을 더했다. 비록 그 약속은 당장 이루어지지 못했지만. 그들이 나에게 사과의 선물로 남기고 간 항공사 판촉 우산만 아직도 비 오는 날마다 내 가족들이 잘 쓰고 있다. 나는 목발을 짚으니 우산을 쓸 수 없어서 그들이 내게 준 사과의 징표는 가족과 지인들에게 나누어주었다. 다행히도 해당 항공사의 부당한 서약서는 그뒤로 자취를 감추었다.

승리는 언제나 같은 서사의 구성이었다. 장애인을 보고 당황한 사람들이 자잘한 갈등을 빚어낼 것. 나는 그에 대응하기로 난리를 치기로 마음을 먹을 것. 한바탕의 소란이 있을 것. 결과적으로 무언가 나아지는 개선의 결말을 맞을 것. 4단계로 구성된 인정투쟁의 흐름은 주제만 바뀔 뿐 예외없이 같은 모습으로 반복되었다. 이곳에 다 언급하지는 않았지만, 대학 내 장애학생지원센터 인력 충원을 요구하는 갈등에 대해서도, 장애인이 비장애인과 어울려 춤을 출 수 있는 클럽을 확보하는 과정에서도, 장애인이 등록할 수 있는 체육관을 찾는 문제에서도, 인정투쟁의 4단계 서사는 되풀이되었다. 평범한 삶을 누리기 위한 인정을 목표하는 크고 작은 싸움들은 나에게 운명과도 같았다. 비장애인이 당연하게 누리는 일상을 나는 쟁취해야만 했다.

이처럼 장애를 가진 몸은 다양한 싸움의 기술을 체화하는 계기를 이룬다. 나보다 큰 체격을 지닌 상대에게 기죽지 않고, 억눌리지 않고, 밀리지 않기 위해 과감하게 마음먹고 집요하게 생각하는 능력이 생존의 길이를 기록하는 나이테처럼 남는다. 장애를 가진 몸은 험난한 사회 앞에서 좀처럼 단순해질 틈을 가질 수 없다. 오랜 시간 타인에게 무시가 아닌 인정을 받기 위해 벌인 싸움들 속에서 승리를 맛본 뒤, 나는 나 스스로 싸움에 소질이 있다고 생각했다. 이십대 한때는 어린 나이에 싸움의 기술을 조금 맛본 것 같다고 자신하기도 했다. 그러나 당시의 나는 오직 나를 구하는 문제에 대해서만 싸웠을 뿐이었다. 전장연 활동을 시작하면서 모두를 위한 투쟁 현장에 나섰을 때, 나는 좀처럼 겪지 못했던 숱한 패배를 마주해야만 했다. 아무리 나 자신을 둘러싼 싸움의 승리 방식이 익숙해졌을지라도, 같은 기술로 장애운동 진영에서 싸우는 것은 불가능했다. 싸움의 주체가 '변재원'이 아니라 '장애인들'로 묶여서 호명되는 순간 개인기로 넘을 수 없는 불리한 장벽이 눈앞에 새롭게 세워졌다.

개인 변재원이 이끌던 싸움은 주로 인정투쟁에 관련한 것들이었다. 다른 장애인과 나는 다르다는 안심을 이끌어내는 말들, 쿨하고 예쁘고 지적인 장애인으로서 예외적인 대상이 되는 싸움들. '싸움'이라는 단어를 공유하지만, 어쩌면 개인으로서 이끌어왔던 싸움은 구조적 차별에 저항한다기보다는 나까지는 입장시켜달라는 호소에 가까운 갈등이었던 것 같다.

그러나 활동가로서 마주한 전장연 운동은 더 근본적인

지형에 놓인 문제를 다루는 싸움이었다. 그저 전장연 구성원끼리 잘 살아보자는 의미를 넘어 한국 사회 모든 장애인이 누릴 수 있는 보편적인 수준의 평등을 이루기 위한 저항할 것을 약속한 사람들의 싸움이었다. 인정이 아니라 권리를 외치는 투쟁은 양상이 달랐다. "너까지는 입장시켜줄게" 같은 호의적인 말들은 온데간데없고, "네가 감히"라는 말들이 나타나는 살얼음판이었다. 전장연이 마주하는 싸움은 장애인임에도 대단하다며 응원한다는 박수를 받는 싸움이 아니라, 장애인인 주제에 바라는 게 많다는 야유가 쏟아지는 싸움에 가깝다. 정상적인 비장애인의 동정을 추구할수록 유리한 고지를 갖게 되는 사적인 인정투쟁과 달리, 있는 그대로 장애를 바라보라는 외침의 맥락과 함께하는 장애인들의 권리투쟁은 사회적 반발감을 일으켰다. '네가 뭘 하든 상관없는데, 왜 굳이 사회에 드러나려고 하느냐'는 식의 말들. 불구로서의 정체성을 숨기지 않는 커밍아웃을 중증장애인들의 어눌한 손짓과 말로 이끌어낼 때, 사회는 듣기를 거부한다. 그렇게 존재는 지워진다. 클럽에 입장하기, 헬스장에 등록하기와 같은 사적 영역에서 발생하는 인정투쟁과 장애인을 차별하는 법, 제도, 서비스, 구조에서 비롯되는 공적 영역에서의 자원 배분 논의는 질적으로 다르다. 활동가로서 나는 당장 나 혼자 살아남기 위해서가 아니라 함께 살기 위해 근본적인 제도를 바꿔야 했고 낙인과 차별을 넘어야 했다.

활동가가 되어 맞이하는 싸움은 경험해보지 못한, 전에 없는 참패의 결과로 이어졌다. 깨지고, 엎어지고, 짓눌렸다. 끌려나오고, 뒤집어지고. 아수라 같은 현장에 휘말리면 넘어질 수 있는 모든 동작으로 다 넘어지거나 내동댕이쳐졌다. 더이상 나에게 사과하는 사람은 없었다. 사회는 내가 생각한 것 이상으로 견고했고 냉혹했다. 특히 주변 사람들이 관심 가져주지 않을 때 가장 힘들었다. 장애인으로서 변재원이 겪었던 차별에 대해서는 분노했지만, 활동가로서 변재원이 고백하는 차별에 대해서는 대체로 시큰둥했다. 방역 당국 관계자는 무수히 많은 장애인이 코로나19 집단감염으로 죽어도 눈 하나 꼼짝하지 않았고, 공무원들은 시설에서 학대당해 맞아 죽은 장애인을 보고도 방법이 없다는 말만 되풀이했다. 동료들 중 누군가는 핏대 높여 항의하다가 경찰에 끌려가고 말았다. 어떤 장애인들은 출석요구서를 받고도 경찰서 계단을 오르지 못해 조사받지 못했다. 뿌리 깊은 무관심과 무책임함은 패배의 원인이 되었다. 나를 기다리는 것은 더이상 승리가 아니라 패배였다. 패배가 계속되는 삶을 견디는 건 정말이지 어려운 일이었다. 어떻게 지치지 않고, 용기를 잃지 않은 채로 활동을 계속 이어나갈 수 있을지 자신이 없었다.

무기력에 젖어 있던 어느 가을날, 동네 카페에서 이슬아 작가를 만났다. 홍제천 어귀 어딘가, 세제 향기가 퐁퐁 피어오르는 세탁소 옆 조그마한 카페였다. 그는 나에게 요즘 가장 많이 하는 고민이 무엇이냐고 물었다. 패배. 패배에 대해 고민하고 있다고 답했다. 일면식 없는 그와의 첫 만남에서 패배에 관한 말들을 주고받는 건 다소 황당한 이야기 진행 방식이었지만 묘하게도 서로가 집중할 수 있는 주제였다. 우리는 커피가 식는 줄도 모르는 채 패배에 관한 이야기를 한창 나누었다. 좀처럼 지지 않는 싸움을 했던 내가 활동가가 된 이후 매일 같이 지는 싸움을 반복하고 있어 잘 적응이 되지 않고 마음이 힘들다고 고백했다. 그는 나에게 싸움을 곧잘 하는 단체에 있지 않냐고 물었다. 누군가에게 전장연은 씩씩하게 잘 싸우는 단체처럼 보였지만, 활동가로서 나는 그런 효능감을 전혀 느끼지 못했다. 당시의 나에게는 자랑할 수 있는 영웅담 같은 투쟁 일화가 없었고, 부숴지고 짓밟힌 이야기밖에 없었다. 당장 내 손에 쥐어진 것만 하더라도 승리를 장식하는 트로피 같은 것이 아니라, 경찰서에서 보낸 출석요구서와 통신자료 조회 조사 이력뿐이었다.

나는 그에게 내가 마주하고 있는 당장의 패배에 관한 이야기와 과거에 경험했던 승리에 관한 추억들을 번갈아 이야기했다. 가을 단풍을 비추는 노란빛 홍제천이 흘러가는 모습을 앞에 두고서.

내가 운을 뗀 쓰라린 패배의 기억은 탈시설과 자립생활 권리에 관한 내용이었다. 현장에서 외치는 "장애인도 지역사회에서 같이 살고 싶다"라는 주장은 영원히 인정될 수 없는 주제처럼 여겨지고 만다. 사람들은 장애인이 함께 동네에서 살고 싶다는 마음을 허황되다고 느낀다. 세상의 의문은 이해심보다 언제나 앞섰다. 사람들은 넘어야 할 과제들, 설득해야 할 대상들이 있지 않냐며 꼬리에 꼬리를 무는 걱정을 부추겼다. 자유와 존엄이라는 근본적인 가치는 우려 앞에 추상적인 수사에 불과했다. 자고 싶은 만큼 자고, 먹고 싶은 만큼 먹고. 학교에 가고, 병원에 가고, 친구를 사귀고, 애인을 만들고 싶다는 말들. 탈시설과 자립생활의 권리가 지향하는 목표는 그저 평범한 일상일 뿐인데, 시민들은 유독 우리에게만 '왜 그것을 그토록 원하느냐'고 추궁하곤 했다. 2023년 어린이대공원 동물원을 탈출한 얼룩말 '세로'를 보면서 안타까워하는 시민들조차 장애인이 시설 밖에서 살고 싶어 하는 욕구를 좀처럼 이해하지 못했다. "동네에서 같이 살고 싶어요"라는 말을 누군가 외치고 나면, 그렇냐는 대답 대신 '그 말을 너에게 가르친 배후자가 누구냐'는 추궁과 억측이 뒤따랐다. 중증장애인을 지원하는 활동가들은 장애인을 선동하는 악마처럼 비쳤고, 이들을 지원하는 단체는 사회적인 비난과 모욕의 수모를 감내해야만 했다. 당장의 패배가 뻔한데도 활동가들은 여전히 탈시설운동을 전개하며 싸움을 이어가는 중이다. 한사람이라도 사람다운 환경에서 살 수만 있다면 기꺼이 자신이 패배해도 좋다는 각오가 위태롭고 강력한 원동력의 전부였다. 우리를 기다리는 무수한 패배 앞에서 중요한 건 나 자신의 꺾이지 않는 마음인데, 나는 좀처럼 그 마음을 갖지 못했다.

이동권 보장을 위한 운동도 마찬가지다. 비장애인들만이 이동의 자유를 누릴 수 있는 불공평한 사회에서, 이동이 어려운 모두가 함께 대중교통을 탈 수 있어야 한다는 주장은 지금 이 순간에도 계속되고 있다. 지난 이십년간 장애인도 버스타고 싶다, 엘리베이터 타고 싶다고 외치는 동안 출근길에 방해된다고 싫어했던 넥타이부대도 함께 나이가 들어 지팡이를 짚기 시작했다. 박경석 대표는 나이 든 사람들이 지하철역의 엘리베이터를 타는 모습을 볼 때마다 감회가 새롭다고 말한다. 이 모습을 보기 위해 그간 패배를 감내했던 것이 아니냐며 기꺼이 과거를 받아들인다. 이동권 운동에 참여하는 활동가들은 당장의 패배를 예감하면서도, 더 나은 사회를 준비한다는 일념만으로 실패의 몫을 자신의 부채로 떠안는다. 나는 그게 왜인지 싫다.

중증장애인의 일할 권리를 외치는 노동권 투쟁도 패배가 예정된 싸움을 마주하는 용기에 기반하는 운동이었다. 생산성과 효율성의 논리에서 탈락하고 마는 중증장애인들의 노동권이 존중되어야 한다는 외침은 단지 구직을 보장하라는 '생떼'가 아니다. 그보다 더 앞서 누가 과연 일할 수 있는 사람인가라는 근본적 질문을 던지는 싸움의 일환이다. 생산성의 논리로 장애인을 탈락시키는 게 정당하다면 인공지능 시대에 비장애인이 탈락되는 것도 당연히 예상되는 현실에서, 장애운동이 외치고 있는 '창출할 권리'가 아니라 '일할 권리'에 대한 구호는 세상을 다시 바라보는 힘과 역동성을 갖고 있지만, 쉽사리 이해받지 못했다.

장애인 활동가들은 당대의 우리 사회가 미처 생각하지 못하는 문제에 대해 끊임없이 질문하고, 패배할 것을 알면서도 모두를 위해 몸을 던지며 도전하고 있다. 코호트 격리로 장애인을 가두는 방역정책에 대해서도, '장애인'과 '노인'을 분리하는 활동지원서비스 권리에 대해서도 모두 마찬가지였다. 어느 정치학자가 내게 21세기 한국 정치학에서 가장 근본적인 물음들은 모두 장애운동에서 찾아볼 수 있다고 한 말은 과언이 아니었다. 그러나 달콤한 수식어와 달리 현실은 가혹했다. 장애인 활동가가 이끈 싸움 중 한 사람 혹은 한 집단을 쓰러뜨려 단

시간에 승리를 맛볼 수 있는 싸움은 단 하나도 없었고, 당장 손댈 수 없는 제도, 국가, 이념을 대상으로 질 것이 분명한 싸움을 전개해야만 했다. 나는 패배가 불 보듯 뻔한데도 달려드는 이들 곁에 있다고 마주한 작가에게 말했다. 한 생애로는 끝낼 수 없을 정도로, 대를 이어 직업으로 삼아야 할 정도로 끝없이 펼쳐지는 싸움을 시작한 것 같다고 덧붙였다. 활동가가 된 이상 내일의 패배가 예정되었다는 사실을 알고도 먼 훗날을 위해 끝까지 포기하지 말아야 했다. 자유와 권리를 외치는 이들의 곁을 지키기로 했기에, 이제 나는 장애운동 역사에 기록될 성대한 패배를 맞이하기 위해 어떻게 질 것인지를 고민할 수밖에 없었다.

예술과 활동은 닮았다

이 글은 나를 자유롭게 만든 예술과 활동의

공통점에 관한 이야기다.

나의 십대는 꼬박 불행했다. 당시의 나는 종종 죽고 싶다는 생각을 했다. 청소년기에 마주한 세상은 한없이 가혹했다. 야간 자율학습, 이동식 수업, 계단뿐인 시설, 위계적인 선후배 관계, 열정적인 체육 활동 등. 장애인이 소화할 수 없는 고등학교 학습 환경은 나를 제 발로 나가게끔 했다. 제도권 교육 체계 밖으로 튕겨 나온 그대로 꿈을 잃고 말았다. 삶의 대안을 알지 못하는 청소년이었다. 여타 고등학교에 새로 입학할 준비도, 대학 입시도 꿈꿀 힘이 남아 있지 않았다. 나의 신체적 장애와 폭력이 일상화된 가정환경은 근본적인 꿈과 희망을 모두 꺾고 말았다.

우리 집의 불화는 어쩌면 나의 장애 때문에 비롯된 것 같기도 하다. 오래전 우리 집은 동네에서 소문난 가정폭력이 오가는 곳이었다. 나는 종종 집안의 폭력을 피해 풀숲으로, 빈터로, 병원 응급실로, 비행기로 몸을 숨겨 도망쳤다. 하루는 우연히 PC방에 숨어들어갔다가 나를 반갑게 맞이하는 게임 캐릭터들의 움직임에 위안을 얻고, 컴퓨터 게임에 중독되었다. 블리자드 게임사가 운영하는 온라인 게임 '월드오브워크래프트: 리치 왕의 분노'의 인기가 절정이던 시절, 한주 게임 접속 시간은 평균 140시간 정도였다. 잠드는 몇시간을 제외하고는 모두 게임 속 세상에서 시간을 보내곤 했다. 집 밖으로, 현실 밖으로 도망쳐 환대받을 수 있는 유일한 공간은 게임 속 사냥터뿐이었다. 가끔 고개를 돌려 모니터 밖을 바라보긴 했지만 언제나 게임 밖 세상은 여전히 시끄럽다고 느꼈다. 나의 친모는 나의 자퇴와 게임 중독, 그리고 자신의 대학원 재학 시절 경험한 학내 부조리 탓에 조울증을 갖게 되었고 어느 철학관에 인생의 중요한 결정을 모두 의존했다. 나의 미래는 송두리째 운명에 맡겨졌다. 철학관 아저씨의 조언에 따라 우리는 끝없이 이사를 해야만 했고, 이름을 바꿔야만 했다. 미신 같은 조언은 언제나 충족되지 않았다. 조언은 또다른 조언을 낳았고, 그 모든 조언을 따르는 일이 한동안 계속되었다. 역술을 따를수록 인생이 술술 풀리기는커녕 우리 가족의 삶은 불행해져만 갔다. 부모님의 갈등은 말할 수 없을 만큼 커졌다. 우리 집은 점점 더 가난해졌다. 당시의 상황은 그저 불행하다는 네글자만으로 다 담기에는 너무도 큰 절망에 가까웠다.

언젠가부터 아버지가 게임을 못하게 막은 뒤로, 나는 하는 수 없이 컴퓨터가 아니라 음악의 세계로 도망쳤다. 집 밖으로 뛰쳐나와 베이스를 치고, 작곡과 작사를 하며 노래를 만들었다. 주로 동네 라이브 바나 제주 탑동 앞바다에서 연주하고 얼마간의 돈을 벌어 컵라면을 사 먹었다. 함께 음악을 하며 만난 동네 형들은 나를 안타깝게 생각했다. 그들 중 누가 아무래도 고등학교 졸업장은 있는 게 좋다며 검정고시 준비를 도와줬고, 나는 형들의 응원 덕분에 고등학교 졸업장을 딸 수 있었다.

내가 열아홉살까지 방황을 이어가던 무렵, 중학교 동창들은 차근차근 고등학교 3학년 과정을 밟으며 다음 단계인 대학 입시를 준비하고 있었다. 언젠가부터 그들이 대입 모의고사 성적을 두고 소란스러워지기 시작하자, 나도 문득 친구들을 따라 대학에 가고 싶다는 꿈을 새로이 갖게 되었다. 그러나 이상에 불과했다. 그간 나는 대학에 입학하기 위해 준비한 게 하나도 없었기 때문이다. 어느날 부모님께 아무런 대책없이 대학에 가고 싶다고 말했을 때 그들은 나에게 무얼 공부하고 싶으냐고 되물었지만 나는 아무런 전공도 떠올리지 못한 채로 마냥 대학에 가고 싶다는 말만 반복했다. 당시 대학 진학을 꿈꾼 것은 친구들이 입시를 준비하는 게 어른스러워 보였기 때문이었다. 그게 전부였다.

어느날이었던가. 어머니가 당신의 친구로부터 대학 입시 조언을 구하고는 나에게 성악과에 입학하면 좋겠다고 대뜸 음악 실기 입시를 권했다. 성악을 열심히 연습하면 수능에 의존하지 않고도 지방대 성악과에 진학할 수 있을 것이라며 그 길이 나에게 현실적인 대학 입학의 가능성일 것이라고 했다. 어머니 말을 따라 성악을 배우기 시작했지만 오래 지나지 않아 그만두고 말았다. 장애로 왜소한 신체를 지닌 나는 남들보다 지나치게 폐활량이 적었다. 나의 신체가 노래를 잘 부르는 데 가장 커다란 제약이었다. 나는 성악을 전공하기는커녕 당장 호흡을 유지하는 것부터 어려운 장애인이었다.

비록 성악 입시를 치르지는 않았지만, 성악 입시가 대학에 진학하는 계기가 되기는 했다. 어느날 우연히 한국예술종합학교(이하 한예종)라는 대학이 성악 입시생 사이에서 제일 노래 잘 부르는 사람들이 가는 곳이라는 말을 듣고, 여기 합격생들은 무슨 노래를 입시 곡으로 부르는 걸까 궁금한 마음에 모집 요강을 들여다본 적이 있다. 이것저것 살펴보던 중 성악과 전형 아래에 있는 이론 관련 학과가 눈에 띄었다. 해당 전공은 수능이나 실기를 요구하지 않고 논술과 면접을 통해 입시를 치른다는 사실에 '혹시 나도?' 하는 생각이 들었다. 수능에서도, 실기에서도 무능력 그 자체였던 나는 한예종 입시요강을 본 그날 밤 부모님께 대책없는 나의 새로운 포부를 밝혔다. "저 한예종 이론 전공에 진학할래요."

부모님도 나도 무슨 학교인지도 잘 모르는 채로 반년 동안 입시를 준비했다. 당시 나에게는 그 어떤 대안도 없었기에 한예종 입시를 준비하는 데 온 시간을 전적으로 투자하는 데 조금의 망설임도 따르지 않았다. 시험일 운이 좋게도 입시를 잘 치를 수 있었고, 그 덕에 또래들과 같은 나이에 헐레벌떡 대학에 입학할 수 있었다.

스무살에 입학한 한예종은 나에게 소속감과 자유로움을 모두 선사했다. 십대 내내 외로움과 무능함의 낙인에 둘러싸였던 나는 예술학교에 진학하게 되면서부터 나를 둘러싼 각양각색의 속박에서 벗어날 수 있었다. 한예종에서 전공한 예술경영은 특히 나의 부족함을 따뜻하게 이해해준 학문이었다. 당시 나의 전공은 보통의 대학 학부에서 찾아볼 수 없는 생경한 학과에 속해 있었다. 지금처럼 'K팝'이나 'K컬쳐'가 유행하지 않았던 2010년대 초반에는 더욱 생소한 분야였다. 좀처럼 감을 잡을 수 없는 나의 전공이 너무 마음에 들었다. 내 전공은 어느 누구와도 어울릴 수 있도록 하는 통행증처럼 기능했다. 비록 나 자신은 예술적으로 탁월한 능력이 전혀 없었음에도, 예술경영이라는 전공 덕분에 동료 예술가와 함께 어울릴 수 있었다. 설령 그들만큼 연기를 잘하지 못해도, 그림을 잘 그리지 못해도, 춤을 잘 추지 못해도, 연주를 잘하지 못해도 나의 모든 부족함은 쉽게 이해되었다. 예술 전공생들은 나를 예술 실기자가 아닌 평범한 경영학 전공 학생으로 바라보았다. 반대로 학교 밖에서 만나는 진짜 경영학과 학생들은 내가 회계, 재무, 통계 이론을 잘 몰라도 나를 한예종에서 온 예술 이론 전공생으로 생각하고 전공 지식의 부족함을 이해해주었다. 예술이냐 경영이냐 하는 이중적인 전공 해석의 가능성 덕에 나는 그 어떤 능력을 지닌 학생으로 규정되거나 평가되지도 않은 채 원하는 바를 마음껏 공부할 수 있었다.

보통의 대학생들이 훌륭한 성적을 받기 위해 밤새 중간기말고사의 고득점을 목표할 때, 내가 속한 대학은 전혀 다른 방식의 시험을 치렀다. 가령 대학 1학년 1학기 전공필수 과목인 '연극하기' 수업에서 나의 평점을 좌우하는 것은 연극에 관한 해박한 지식이 아니라, 동료와의 협업 능력이었다. 함께 어떻게 자연스러운 움직임을 표현하느냐에 따라 내 성적이 결정되었다. 학점은 경쟁이 아니라 협력에 좌우되었다. 학점을 잘 받기 위해 우리는 열심히 진짜 원숭이의 모습을 탐구하고, 어떻게 원숭이 소리를 흉내 내고 동시에 엉거주춤 움직일 수 있는지를 고민하고, 무리를 이루어 활동할 때는 어떻게 함께 어슬렁거려야 하는지를 골몰했다. 밤낮 할 것 없는 협업 과정이 나의 대학 생활 전부를 차지했다. 동물의 움직임을 제대로 표현하기 위해 학생들은 온종일 연습실 바닥에 앉아 회의하고, 싸우고 화해하기를 반복하며 온 시간을 보냈다. 극을 올려야 하는 수업에서는 모두가 함께 새로운 대본을 쓰고, 역할을 나누며 토의를 끝없이 거쳐야만 했다. 그 과정에서 감수성이 여린 몇 사람은 시도 때도 없이 눈물을 보였고, 천진난만한 몇 사람은 우는 동료의 감정에 아랑곳하지 않고 큰 소리로 뮤지컬 넘버를 부르며 복도를 뛰어다니기도 했다. 더없이 산만하고 낭만적인 사람들이 나의 동료여서 다행이었다.

　　나는 미래의 예술가들과 함께 공부하면서 그들의 예술적 재능을 종종 곁눈질했고 속으로 감탄했다. 대학 3학년쯤 이르렀을 때, 예술가의 자유로운 창작활동을 보장하는 전문 기획자가 되고 싶다는 구체적인 꿈을 갖게 되었다. 이토록 재능있고 영감이 충만한 예술가들이 오롯이 예술에 전념할 수 있도록 곁에서 도움을 주고 싶었다. 장애로 인한 정체성의 혼란과 가정폭력으로 드리웠던 암흑 속 십대를 벗어나 새로운 세상을 살게 해준 예술가 동료에게 늘 고마움을 느꼈기 때문에 갖게 된 꿈이었다. 그들에게 나만의 방식으로 힘을 더하고 싶었다. 그러나 현실적으로 쉬운 일이 아니었다. 연극 기획자는 온몸으로 뛰어다녀야 하는 일이었지만, 나는 신체적 장애로 소화할 수 없는 일의 한계가 명확했다. 가령 공연 현장에서 돌발적으로 발생하는 일들은 늘 육체노동을 요구했지만, 나는 그 어떤 것에도 능동적으로 대응할 수 없었다. 배우는 연기에, 연출가는 연출에, 무대미술가는 무대제작에 집중하도록 기획자인 내가 주변의 상황을 정리해야 하는데도, 나는 당장 배우들이 점심으로 먹을 도시락 하나조차 옮기지 못하고 매번 그들의 도움을 구해야만 했다. 프로덕션 내에서 나 자신이 한 사람의 몫을 충분히 하지 못한다는 절망을 느끼고 헐레벌떡 대학을 빠져나왔다. 졸업 후 나는 기획자의 꿈을 접고 무대를 완전히 떠났다. 예술은 나를 자유롭고 새로운 사람으로 태어날 수 있게 했지만, 정작 나는 예술에 그러한 자유를 주지 못했다는 죄책감과 함께. 예술학교에서 꿈꿨던 기획자의 삶은 한 여름밤의 꿈으로 남고 말았다.

졸업 후 여러 방황 끝에 시간이 흘러 전장연의 활동가가 되고 나서, 나는 연극의 성지인 대학로에 매일 출퇴근하는 익숙한 삶을 되찾게 되었지만 이제는 예술과는 무관한 출근길이었다. 대학로는 단지 전장연 사무실이 있는 장소일 뿐이었다. 활동가로서의 나는 한예종에서의 시간을 이따금씩 되돌아보며 현재의 내 모습을 새롭게 해석하기 위해 노력했다. 비록 가난한 예술가 동료를 지원하는 꿈은 저버렸지만, 새로운 공간에서 중증장애인 동료를 지원하는 역할을 이어간다는 것에 위안을 찾고 있었다.

그러다 문득 내가 여전히 예술적인 삶을 살고 있다는 사실을 활동하며 깨달을 기회가 있었다. '탈시설장애인당'이라는 정당 캠페인을 기획할 당시였다. 2021년 12월 서울시장 보궐선거 대응을 앞두고, 전장연 내부에서 어떻게 장애인 정책을 의제화할지 세부 캠페인 기획에 관한 논의가 있었다. 활동가들은 새로 취임하는 서울시장이 중증장애인 시민에게 친화적인 정책을 공약으로 많이 정할 수 있도록 목표를 세웠다. 사회적으로 배제된 중증장애인의 목소리를 어떻게 유력 후보들에게 전할 수 있을까 고민하던 찰나에 박경석 대표가 탈시설장애인당이라는 아이디어를 제시했다. 일종의 가짜 정당 프로젝트를 보궐선거 시작 전에 한동안 진행해보면 어떨지 그가 먼저 말했다. 비록 선거관리위원회에 등록되는 정식 정당을 구성할만한 자금과 인력은 없지만, 당선을 추구하지 않는 캠페인성 정당 활동을 하며 장애인들이 서울 시내에서 장애인 정책을 신나게 알리면 즐거운 캠페인이 되지 않겠냐고 기대를 덧붙였다. 서울 시장 유력 후보 선거 캠프에 공문을 보내어 정치인과의 면담을 요청하고 마는 것이 아니라, 온 서울시민과 함께 장애인 정책을 소통하고 알리는 것이 더 좋겠다는 판단에서 비롯된 제안이었다.

그 당시 회의에 참석한 활동가 모두 흥미로운 듯 그의 말에 고개를 끄덕였다. 우리는 합의를 거쳐 탈시설장애인당이라는 가짜 정당을 기획하기 시작했다. 공식 선거 운동이 개시되는 기간 전까지 반짝 활동하고 사라질 목적의 프로젝트를 진행키로 결정한 것이다. 그 길로 기획 정당 탈시설장애인당의 예비 서울시장 후보가 되고 싶은 사람들을 수소문하기 시작했다. 장애인 누구나 탈시설장애인당의 후보자가 될 수 있었다. 세상에 알리고자 하는 자신의 목소리가 있는 중증장애인, 탈시설장애인이라면 더없이 좋았다. 순식간에 열한명의 적극적인 후보들이 모였고, 우리는 열한명 모두를 탈시설장애인당의 후보로 추대했다. 그리고 이들 후보를 지원할 수 있는 임시 선거캠프를 꾸렸고, 임시 보좌관들을 엄선했다. 공식 정치인들이 보기에 우리의 잡다한 활동은 다 한낱 놀이 같은 역할극에 불과할지 몰라도, 당시의 활동가들은 매우 진지하게 이 프로젝트에 임했다. 중증장애인의 목소리를 세상에 알리고, 더 많은 이들이 장애인 정책에 관심을 두도록 하는 데 온 힘을 쏟았다.

탈시설장애인당 프로젝트 담당자로서 나는 일시적인 기획 정당 캠페인일지라도 사회에 진짜 파급력을 남기고 싶어 동료와 함께 여러 이벤트를 추가로 기획했다. 가장 먼저 캠페인 정당 수립 발표 이후 한예종 출신의 사진작가를 섭외해 후보자들의 프로필 사진을 찍었다. 연극 기획을 공부할 당시부터 알고 지낸 학교 친구에게 연락해서 우리의 자초지종을 설명하고, 대선 후보 사진 같은 프로필을 찍어줄 것을 요청했다. 그는 나의 기획을 흥미롭게 듣고는 흔쾌히 응했다. 모든 후보자가 휠체어를 타고 있어 지하 스튜디오에 갈 수 없으니 직접 전장연 사무실에 출장 와 달라고 부탁했고, 이내 그와 그의 장비를 내차에 실어 사무실에서 사진 작업을 수행했다. 그 결과 더없이 멋진 열한장의 사진이 탄생했다. 사진이 눈부시게 아름답다고 생각하면서도 문득, '아, 누군가는 이 사진을 영정 사진으로 쓸지도 모르겠구나' 하는 생각이 지나쳐갔다. 대다수 중증장애인은 스튜디오까지 접근하기 어려워 훌륭한 증명사진을 찍을 기회가 거의 없기 때문이었다.

열한명 후보의 사진 작업을 마치고, 저마다 내세우는 구호가 들어간 포스터를 제작한 뒤, 이어서 기자간담회를 조직했다. 우리의 캠페인을 홍보해줄 언론사를 적극적으로 섭외했다. 흥미를 보이는 언론사 취재진을 한자리에 모아 그 앞에서 탈시설장애인당 프로젝트 기획 의도를 발표했다. 한국 사회의 정치적 주류인 '대륙남'(대학 졸업 육십대 남성)이 아니라, 학업의 기회를 갖지 못한 중증장애인 서울시장을 만들기 위한 프로젝트임을 알렸다. 기획자로서 중증장애인 서울시장 후보자가 필요한 이유를 덧붙였다. 몇년 앞서 일본에서는 루게릭병 당사자와 뇌성마비 중증장애인을 참의원으로 당선시킨 정당의 사례가 있다고, 중증장애인의 정치적 참여는 사회에 충격을 줄 뿐만 아니라, 장애를 배제하는 환경을 근본적으로 바꿀 수 있는 계기가 된다는 사실을 강조했다.

당시 일이 너무 즐거웠던 나머지, 퇴근 후에는 당시 유행하던 음성 소셜미디어인 '클럽하우스' 등에 접속하여 유력 서울시장 후보가 진행하는 라이브 방송에 들어가 탈시설장애인당 프로젝트를 소개하고 만남을 요청했다. 당시 김진애 후보와 금태섭 후보가 흔쾌히 즉석 만남 요청에 응했고, 그 덕에 탈시설장애인당의 서울시장 후보님들은 잠재적 라이벌 후보를 만나 성공적으로 장애인 정책에 대해 설명할 기회를 가질 수 있었다.

　가짜 정당 프로젝트를 기획하는 업무는 정말 재밌는 창작활동이었고 상당한 성과가 뒤따랐다. 567명의 지지자 조직, 69회의 언론보도, 57회의 현장유세, 6회의 서울시장 후보들과의 면담은 모두 '정식 장애인 서울시장 후보'라는 사회적 실재가 존재하지 않는 상황에서 각자 맡은 역할을 적극적으로 수행한 일련의 연극적 과정이 낳은 성취였다. 비록 우리는 돈도 없고, 빽도 없고, 사람도 없어 모든 것을 가짜로 진행하고 해산하고 말았지만, 활동 기간 동안 참여했던 후보자들은 그 어떤 정식 후보자들보다도 진지하게 활동에 임했다. 열한명의 중증장애인 후보는 장애인과 모든 시민의 해방을 위해 서울 곳곳을 누볐다. 진짜 서울시장 후보들은 찾아오지 않는 세월호 유가족이 머무는 곳, 노동조합이 집회하는 현장, 이동권 시위가 일어나는 곳을 어디든 찾아가 누구도 배제하지 않는 서울시를 만들기 위한 장애인 정책의 중요성을 직접 설득했다. 알베르 카뮈의 희곡 「정의의 사람들」에서 제정 러시아 사람들의 자유와 해방을 목놓아 꿈꿨던 아넨코프처럼, 자신이 위험해질지언정 세상의 가장 약한 존재들의 숭고함을 포기할 수 없다는 칼리아예프처럼, 함께하는 나머지 동료들의 건강과 안위를 걱정하는 도라처럼. 장애인들이 프로시니엄 무대(극장의 반원형 무대) 밖으로 나와 아스팔트 현장에서 카뮈의 작품을 2021년의 정치 상황에 맞게 새로이 재해석하고 공연하는 것만 같았다. 학창 시절 배우들이 가득 채운 무대를 바라보며 나를 스쳐 갔던 위태로움, 무거움, 뜨거움, 숭고함이 다시 재현되는 느낌을 받았다.

탈시설장애인당의 활동 종료를 앞둔 때, 사무실에 우편 한 통이 날아왔다. 선거관리위원회에서 발송한 것이었다. 위원회는 탈시설장애인당이라는 캠페인이 '-당'을 표명하고 있으므로 공직선거법 위반의 소지가 있다며 처벌을 예고하는 황당한 해석을 담은 공문을 보내왔다. 선거관리위원회의 공문을 곧이곧대로 해석하면, '숭구리당당' '명동성당' '대전성심당' '새마을식당'도 정당이나 다를 바 없었다. 심지어는 선거철 유명 예능 프로그램에서 코미디언이 정치인 행세를 하는 것까지 모두 불법으로 해석될 여지가 있어 보였다. 대체 왜 그들은 그대로 두고 장애인에게만 경고장이 날아온단 말인가. 주변 법조인들조차 선관위의 개입은 지나친 행정 조치 같다고 우려를 표했다. 탈시설장애인당 소속 중증장애인 후보들은 이들의 경고에 수그리는 대신 오히려 변호사들과 함께 선관위 앞에 찾아가 기자회견을 열고, 선관위의 일방적인 해석을 규탄했다. 그때 이탈리아의 정치적 풍자극을 쓴 다리오 포의 「어느 무정부주의자의 사고사」에 등장한 대사가 떠올랐다. 무정부주의자가 자신의 명함에 "전, 빠두대학 강사"라고 표명한 것을 두고 경찰부장이 대학교수를 사칭한 것이 아니냐고 심문할 때, 무정부주의자는 쉼표의 존재는 문장 전체의 뜻을 다르게 만든다고 말했다. 쉼표를 두고 숨을 쉬게 됨으로써 발음되는 대학 강사는 "전 대학 강사"가 아니라, "전, 대학 강사!"라는 쉼표가 더해진 아무 뜻 없는 글자 나열에 불과하다고 해명하자, 경찰부장은 그의 변론에 속아 넘어가고 만다. 극중 경찰부장의 판단력을 풍자하는 내용은 탈시설장애인당의 대응에서도 크게 다를 바 없었다. 당당당자로 끝나는 말을 다 처벌해달라고 최후의 변론을 하는 후보들의 말은 전설적인 극작가 다리오 포가 만들어낸 희곡의 캐릭터보다 더 대범했다.

문득 권력의 모습을 눈앞에 묘사하고 그 모순을 지적하는 극장예술과 사회운동이 정말 닮았다는 생각이 들었다. 불평등한 사회의 현실을 가상의 설정을 통해 마주하게 하고, 신선한 충격을 주며, 이 모든 장면을 지켜보는 모든 이들에게 질문을 던진다는 역할까지 모두 예술과 활동은 동일한 급진성을 지니고 있었다. 심지어는 예술가와 장애인 둘 다 가난하다는 불행한 사실까지도.

탈시설장애인당 캠페인 활동이 너무나도 예술과 닮았다는 사실을 깨달았을 때 나 자신이 전공을 잘살려 일하고 있다는 뿌듯함이 느껴졌다. 지금은 무대 앞 티켓박스에 앉아 관객을 맞이하지는 않지만, 여전히 거리라는 무대 앞에서 우리를 지켜보는 모든 청중의 관람을 환영하며 반응에 귀 기울이고 있기 때문이다. 사무엘 베케트, 알베르 카뮈, 다리오 포, 안톤 체호프가 여전히 내 주변에 머무르고 있으며, 시대의 극작가가 추구한 자유와 평화의 가치는 운동 현장에서 끊임없이 재현되고 있다.

나는 나를 외롭지 않게 만들어준 예술대학에서의 생활과 전장연에서의 활동 경험을 모두 감사하게 생각한다. 동료와 협력하는 일의 즐거움을 깨닫게 해준 이들 덕에, 나는 더이상 과거처럼 외롭지도, 죽고 싶지도 않다.

평가의 언어,
비난의 언어

이 글은 오늘날 부작용을 모른 채 사용되는,

상대를 해치는 언어에 관한 이야기다.

상대를 해치는 날카로운 말이 능력의 척도처럼 여겨지는 시대를 살고 있다. 그래서일까. 모두들 칼 같은 말이 상대에게 상처가 될 것을 알면서도, 자신을 지키기 위해 무장을 해제할 수는 없다는 논리로 끊임없이 칼날 같은 말을 마음껏 휘두른다. 잔혹한 말의 비수는 상대의 무능력함과 무지함을 이유로 쉽게 정당화된다. 당장 유행하는 신조어들만 봐도 알 수 있다. '관종'이라거나 '어그로' 라고 부르는 말들은 결국 모두 뾰족한 말이 지닌 사회적 파급력을 상징한다. 지금 이 사회를 살아가는 이들 모두 스트레스와 긴장을 유발하는 말들의 포화 속에서 위태로운 일상을 겨우 버티고 있다. 휘청거릴지언정 무너지지 않는 것이 칼 같은 말이 오가는 시대의 정신이 되었다. 날카로운 말들이 경쟁하는 지금, 우리의 몸과 마음은 비난의 홍수 속에 빠르고 위태롭게 잠기고 있다.

사회를 잠식한 말들이 삐죽삐죽 솟아날수록, 개인의 역동성은 사라져만 간다. 상대의 날카로운 평가에 자신감을 잃은 각자의 몸은 점점 무기력하고 둔해진다. 공격적인 말과 힘을 잃은 행동이 보이는 간극은 언어의 폭력을 양산하고 재생산하는 근거가 되고 있다. 직장생활만 봐도 그렇다. 일터에서 살아남기 위해 사람들이 내뱉는 칼 같은 말들은 목적지를 잃은 채로 공회전하다가 자신보다 약한 동료에게로 끝내 향한다. 저마다 자신보다 약한 상대를 찌르고 베고 만다. 그렇게 추락하는 동료 덕분에 노동의 가치를 인정받는 자신을 보며 남모를 위안을 삼는다. 일터에서 활용되는 수많은 언어적 표현들은 사실 일이 되도록 하는 역할보다, 일이 좌초되도록 하는 역할을 더 많이 수행한다. 상대에 대한 냉소적인 평가와 폭력적인 비웃음에 기반한 조언 아닌 조언은 타인과의 공생이 아니라 유아독존을 이루기 위한 대표적인 말들이다.

나는 날카로운 말을 '합리적인 말'이라고 포장하는 커리어를 거쳐왔다. '합리성'이라는 단어는 종종 폭력을 가리는 위선의 용어로 활용되곤 했다. 일상생활에서 당신의 직장이 얼마나 괴롭고 힘든 곳인지 알고 싶을 때는 일터에서 들리는 합리성이라는 단어의 사용 횟수를 스스로 세보면 짐작할 수 있다. 대다수 사람을 비합리적인 존재처럼 치부하는 이 '칼말'은 정체 모를 합리성의 안개에 숨은 채 폭력의 허울을 감추고 있기 때문이다. 우리 사회 전체가 그렇다. 공동체의 윤리를 비아냥거리는 사람들, 상대를 하대하거나 헐뜯는 말들은 직설적인 표현 대신 저마다 합리성을 비난의 근거로 말끔하게 포장된다. 자신을 제외한 나머지 사람들을 '비합리적'이라고 만들어야만 말의 폭력에 정의와 권위가 있게 된다는 것을 일찍이 깨달은 머리 좋은 사람들은 언어의 폭주를 능숙하게 정당화한다.

나 또한 그런 거친 말과 모욕을 견뎌내는 것이 합리적인 인간관계 혹은 직장생활의 지름길이라고 생각하며 이십대를 견뎌왔다. 지금은 말의 폭력을 알아채지 못했던 과거의 나 스스로 가엾게 느껴질 때가 있다. 공동체의 믿음을 해치는 독선적인 표현들을 객관적인 평가라 여기며, 뉘우치고, 반성하고, 흐느끼고, 분노했다니. 내 행동에 대한 비난, 존재에 대한 평가를 서슴없이 주고받는 사회를 선망했다니. 만일 활동가가 되지 않았다면, 나는 그 매트릭스 세계를 벗어날 수 없었을 것이다.

이십대 초반, 성공한 인생은 전적으로 날카로운 말을 소화하는 구술 능력에 좌우된다고 굳게 믿었다. 대학을 졸업하고 나서는 가시 같은 말들이 오가는 전쟁 속에서 상대가 항복하거나 탈락해야만 나의 생존이 보장된다고 생각했다. 인권운동을 시작하기 전까지 나는 오랫동안 칼말의 구사능력이 곧 전문성의 척도이고 성실함의 미덕이라 전적으로 믿는 신앙의 세례를 기꺼이 받은 사회구성원이었다. 내가 속했던 사회는 타인과의 비교와 비난을 생활화할수록 스스로 능력을 더 크게 인정받을 수 있었고, 존재감을 알릴 수 있었고, 긍정적인 평가를 받을 수 있었다. 그러한 학습 현장과 일터에서는 칼말 같은 언어가 무자비하게 교차하고 횡단했다. 세기를 달리하는 예리한 칼말은 상황에 따라 평가의 언어, 비난의 언어로 활용되어 상대를 산산조각내거나 후벼 팠다. 겸손함을 뜻하는 '험블'(humble)이라는 어휘조차 내가 살던 세계에서는 칭찬을 빙자한 비아냥에 가까운 고급 무기처럼 쓰였다. 칼말의 권위를 추앙하던 시절에는 험블이 겸손함을 뜻한다고 생각했지만, 이후 우연히 사전을 찾다가 이 단어가 '미천하고 보잘것없음'을 뜻한다는 사실을 깨달은 지도 오래 지나지 않았다.

말하기의 어려움과 위태로움과 두려움을 모르는 채 경쟁만을 의식하는 사회에서 살다가 활동가가 되면서 나조차 내가 내뱉는 말이 날카롭고 부조리하다는 사실을 깨달을 수 있었다. 활동 초반에 나를 되돌아보는 결정적인 계기가 있었다. 하루는 동료 활동가의 실수를 두고 정신 차리라는 식으로 함부로 경고했던 적이 있다. 내가 이십대 내내 머물렀던 학교와 기업에서는 익숙하게 쓰이는 표현이었지만, 인권운동 현장에서는 좀처럼 쓰지 않는 비난의 표현이었다. 누군가를 평가하는 말을 일상적으로 쓰던 시기에는 그러한 말들이 상대에게 얼마나 큰 상처로 남는지 잘 알지 못했다. 나에게서 정신 차리라는 말을 들은 상대의 몸이 위축되고, 표정이 굳는 것을 보고야 말았다. 그는 나의 무례한 표현에 대해 더 날카롭게 반박하지 않고 그대로 얼어붙고 말았다. 예상치 못한 상대의 반응을 보며 속으로 크게 당황했다. 내가 지금 무언가 잘못하고 있다는 사실을 내심 느꼈다. 당시의 나는 타인을 평가하는 말만 익숙했을 뿐 사과하는 방법을 알지 못했다. 그에게 미안하다는 한마디를 미처 하지 못했다.

나는 오랫동안 주어진 시간 내에 업무를 완성하지 못하거나, 실수를 남기면 상대로부터 효율적이지 못하다거나 합리적이지 못하다는 비난과 평가를 받는 사회의 문법을 익숙하게 생각해왔다. 그러나 내가 몸담던 인권 현장은 그렇지 않았다. 더욱이 장애운동은 달랐다. 생산 능력과 업무 속도를 기준으로 누군가를 평가하고 비난하는 것은 비장애중심적 사고의 결과일 뿐이었다. 장애운동은 도리어 현대사회가 장애인에게 강요하는 무리한 생산성과 효율성에 저항하여 개개인의 속도와 능력을 인정받기 위한 노력과도 같았다. 타인의 일방적인 평가를 거부하는 것이 이 운동이 지향하는 방향이었기 때문에 활동 현장에서 함부로 상대를 평가하거나 비난하는 것은 그 어떤 경우에도 허락되지 않았다. 어쩌면 개개인의 능력을 충분히 신뢰하지 않는 이들은 그리 무르게 일해서 효율적인 성과를 낼 수 있겠냐고 회의감을 가질지도 모르겠다. 평가와 비난만이 인간에 내재한 게으름과 나태함을 제어하는 도구라고 여기는 이들일수록 더욱 그럴 것이다. 그러나 돌이켜보건대, 채찍을 맞지 않는 말들은 게으를 것이라는 상상은 대다수 사람의 내면에 잠재된 폭력적인 편견의 오해일 뿐이다.

삼십년 차 활동가 박옥순 사무총장은 우리 사회의 날카로운 말들이 갖는 위험을 늘 지적하는 활동가였다. 그는 행복하게 일하는 것을 가장 중요하게 생각했다. 모든 활동가는 행복해야 한다고 종종 말하며, 행복을 최우선 가치로 내세우는 사람이었다. 그러한 관점에서 상대에 대한 평가, 비난, 명령의 언어는 생산성의 동의어가 아니라 불행의 동의어에 가까웠다. 그는 그러한 말들이 일을 이루게끔 하는 게 아니라, 도리어 일을 망치는 역할을 한다고 경고했다. 그는 활동 내내 타인에 대한 칼말을 마주할 때마다 망설임 없이 말을 끊곤 했다. 그러고는 말을 뱉은 이가 스스로 말의 폭력성을 직면하게끔 하였다. 당장 회의 중에도 그는 무례한 언어를 마주하면 그 자리에서 회의를 중단시켰다. 그리고 날카로운 말을 던진 화자에게 되물었다. "지금 타인을 비난하신 건가요?" 또는 "지금 상대의 의견을 평가하시는 건가요?" 하는 식으로 말이다. 움츠러들었던 이들 모두가 박옥순 활동가의 질문에 정신을 되찾은 것처럼 비난의 말을 한 사람을 쳐다봤다. 질문을 되받은 활동가들은 자신의 혐의가 들킨 것처럼 크게 당황했다. 어쩔 줄 모르는 표정을 숨기지 못한 채 얼굴이 붉어지거나 해명하는 데 남은 시간을 쏟았고 사과해야만 했다. 자신의 표현이 거칠었다며 이를 반복하지 않겠다고 말해야만 회의가 재개될 수 있었다. 중단된 회의를 이어가기 위해서는 활동가 모두 자신의 날카로운 말을 인정하고 사과해야 했다. 박옥순은 함께 일하는 동료를 불행하게 만드는 날카로운 말들을 활동을 와해시키는 심각한 문제로 인식했다.

박옥순 활동가가 현장으로 복귀하기 전까지, 한동안 조직 내에서 활용되는 평가와 비난의 언어는 자신의 독창성과 능력을 돋보이고자 악의적으로 활용되는 수단이 되어가고 있었다.

그러나 전장연에 돌아온 박옥순 활동가는 그러한 말의 폭력이 저마다의 행동을 손쉽게 합리화하는 도구로 활용되는 것을 허락하지 않았다. 그는 매차례 회의를 예고 없이 중단시키면서까지 지금 타인을 비난하고 평가한 것이냐고 끊임없이 되물었다. 날카로운 말들은 회의의 원동력은커녕 어김없이 회의를 중단시키는 사유가 되었고, 침묵이 흐르는 회의 공간에 앉아 있는 나머지 사람들은 칼말을 내뱉은 사람이 어떻게 이 사태를 정리할 것인지 잠자코 지켜보기를 반복했다. 이처럼 박옥순 활동가의 거침없는 질문은 상대가 던진 칼말을 스스로 되받게 하는 반사경처럼 쓰였다. 자신의 말을 되받아쳐야 하는 이들은 평가나 비난의 의도가 없었고, 단지 문제의 원인을 설명하기 위해 표현했을 뿐이라고 해명하면서도, 누군가에게 상처가 되는 말처럼 들렸다면 미안하다며 다시금 표현을 고쳐야만 했다.

어느 순간부터 활동가 모두 박옥순 활동가가 있는 회의 자리에서는 늘 타인을 비난하지 않기 위해 긴장감을 갖고 신중하게 말하기 시작했다. 불필요하게 언성을 높이거나 말의 꼬투리를 잡지 않았다. 상대의 의견을 함부로 평가하지도, 비난하지도 않았다. 무엇보다도 객관적 사실과 개인적 의견을 혼용해서 말하려고 하지 않았다. 사실과 의견을 분리하여 말하기 위해 저마다 표현할 어휘의 명사와 형용사를 충분히 찾으려 노력했다. 그렇게 정제되어 나오는 말들은 조금도 타인을 상처입히지 않았다. 회의 진행의 책임을 진 박옥순 활동가는 자신의 질문에 대답하는 이들에게 오해가 생기지 않도록 이야기해주어 고맙다고 대답하고는 의도에 적합하도록 모든 날카로운 말들을 일상의 언어로 정정했다. 그러고는 정말 전하고자 하는 말의 진의가 이것이 맞는지. 부정적이고 평가하는 어감이 삭제된 채로 오직 업무에 관련된 말로 정리하여 상대에게 되물었다.

　　전장연의 회의는 늘 이러한 방식이었다. 모든 회의는 날카로운 말을 휘둘렀던 상대가 끝내 고개를 끄덕거리고 나서야만 재개될 수 있었다. 박옥순 활동가가 늘 상대에게 당신의 말은 우리 조직에 이러저러한 개선점을 제시하는 취지로 이해된다며, 그 의도가 맞는지 끝까지 되물었기 때문이다. 더는 질문이 이어지지 않도록, 진의가 전달되어 모두가 고개를 끄덕일 때까지 그는 타인을 향한 말의 서늘함을 제거하는 작업을 반복했다. 비아냥이 섞여 있던 말들의 날카로움이 말끔히 닦이고 오직 업무와 관련한 표현으로 정제된 후에야, 나머지 회의 구성원들에게 모두 말의 진의를 이해했는지 재차 묻고 동의를 구한 후에야, 다음 의제를 논의할 수 있었다. 그는 칼말 앞에서 위축되거나 피하는 대신 그것을 맨손으로 잡아 상대에게 그대로 보여줬다. 말의 칼날을 함부로 던진 상대에게 위험함과 날카로움을 그대로 인식시켰고, 그 흉기가 다른 사람을 향하지 않도록 막았다. 급박한 활동 현장에서 진가를 발하는 그의 여유와 강인함의 자세는 결과적으로 모든 활동가를 지키고 일에 집중할 수 있게끔 하였다.

박옥순 활동가의 정직한 화법은 나를 되돌아보게 했다. 나는 오랫동안 날카로운 말이 곧 능력이라고 믿어왔지만, 그 믿음은 잘못된 것이었다. 날카로운 언어를 구사하는 능력이 곧 전문성이라고 생각했던 과거는 오히려 상대에게 상처를 남길 뿐이었다. 조급한 평가를 앞세우기보다 박옥순 활동가처럼 너그럽게 사실관계에 대해 질문하는 것이, 단정적이고 날카로운 비난보다 협력적이고 부드러운 긍정이 더 단단한 소통을 이룰 수 있다는 사실을 그제야 알 수 있었다. 회의 때마다 아니라고 외치는 상대에게 '지금 내 말 무시하느냐'고 되받아치고 소리 지르는 것보다, 무엇을 아니라고 말하는 것인지를 묻는 것이 더 위협적이며, 타인의 말들 속에서 차이보다는 같은 점을 찾아내는 것이 더 효과적인 의사소통으로 나아가는 길이라는 점을 그는 자기의 발언을 통해 몸소 일러주었다. 그를 보며 나 또한 자기감정에 취한 과도한 추상어, 감상, 평가, 비난의 언어에 대항하기 위해서 전과 같이 더 잔혹한 표현을 골몰하는 것보다, 상대의 말들을 스스로 직면하도록 질문하는 힘을 길러야겠다고 생각하게 되었다.

장애운동을 통해 박옥순 활동가를 만난 것은 나에게 행운과도 같다. 그가 던지는 단단한 질문과 함께 나는 성장할 수 있었고, 잘못된 가치관을 돌아볼 수 있었고, 삶의 여유를 되찾을 수 있었다. 평가와 비난의 언어의 권위에 더는 기대지 않고, 신뢰에 기반하여 일하는 방식을 배웠으며, 무례함을 질문으로 받거나, 동료에게 사과하는 말들이야말로 나를 단단하게 지키는 일이라는 것을 알 수 있었다. 나는 그를 통해 칼말로 상대를 쓰러뜨리고 죽여야만 살아남는다는 잘못된 사회 규칙의 숭배에서 벗어나, 상대의 속도와 언어에 맞추어도 충분히 업무에 몰입할 수 있다는 사실을 깨달을 수 있었다.

장애운동이 오랜 시간 와해되지 않고 유지될 수 있었던 이유는 바로 박옥순 활동가의 회의 중재 능력 덕분이기도 할 것이다. 궁극적으로 그가 따르는 소통 방식은 동료에 대한 믿음을 저버리지 않고 저마다의 활동을 지속할 수 있도록 신뢰를 쌓는 바탕으로 작용했다. 당장 일에 지치더라도, 말에 지치지 말자는 그의 태도는 자신의 동료를 소중하게 여기는 마음으로부터 비롯되었다.

느낌표보다 물음표를 적극적으로 활용하는 그의 대화 방식은 모두에 대한 믿음의 온기를 안고 있었다. 활동가가 서 있는 현장만으로도 이미 욕설, 비난, 평가가 만연하는 것을 잘 알기에, 내부의 모임 안에서라도 서로 상처 주는 말을 최소화하고, 오해를 부르는 말 대신 의미를 제대로 드러낼 수 있도록 질문이 오가도록 하는 박옥순 활동가의 용기가 만들어낸 결과물이었다. 그는 의심이 아니라 신뢰의 힘을 좇는 사람이다. 박옥순 활동가는 모든 사회 구성원의 소통이 평가나 비난의 언어가 아니라 질문이 익숙한 방식이 되기를 꿈꾼다. 그것이 인권 현장이 지향해야 하는 평등한 언어일 뿐만 아니라, 장애운동이 지향해야 하는 상호 존중의 핵심 가치라고 생각했다. 믿음에 바탕을 둔 질문과 대답을 일상화하는 소통 방식이 곧 발달장애인과 치매노인 등 의사소통이 어려운 사람들이 오해 없이 소통할 수 있는 사회로 향하는 길이라 믿었다.

> "장애인 당사자가 아니지만, 장애 감수성을 가지려고 노력했어요. 당사자의 처지에서 생각하고, 고민하고, 확인하고요. 내 몸은 장애가 없기 때문에, 익숙하지 않기 때문에 항상 '물어보는 자세'를 가지고 살았어요. 당사자가 갖는 문제의식에 초점을 맞추는 거죠."

그가 장애인권상을 수상하는 가운데에도 자신이 장애인

이 아니기에, 장애운동을 하면서 언제나 당사자의 문제의식을 조금이라도 더 이해하고자 한평생 질문하는 인생을 살았다고 소감을 덧붙이며 한 말이다. 활동가 박옥순이 현장에서 치열하게 고민해온 물어보는 자세는 모든 구성원을 지키는 힘의 기반이 되었고, 장애인 당사자의 말과 행동이 더욱 존중받을 수 있도록 했다. 그가 지닌 부드럽고 굳건한 질문이 과거의 나를 향해 부정과 비난, 멸시 사이에서 끌려다니는 삶이 과연 야만은 아니었는지 끊임없이 되물을 때, 비로소 나는 전보다 더 나은 사람이 될 수 있었다.

고맙습니다.
미안했습니다.

이 글은 활동을 종료할 무렵 마지막으로 나눈 인사에 관한 이야기다.

2021년 가을, 나는 기쁜 소식과 슬픈 소식을 연달아 접했다. 교통사고 이후 내내 따라다닌 원인불명의 통증의 병명을 찾았다는 기쁨, 그리고 활동을 중단하는 결정에서 비롯한 슬픔이었다. 밝고 뜨거운 태양이 지겹게 머물던 여름이 저물어가던 즈음이었다.

첫 직장에 다니던 중 회사 앞 횡단보도에서 버스에 치인 뒤로 원인불명의 신경통이 찾아왔다. 오랫동안 고통의 원인을 찾을 수 없었다. 장애를 가진 몸 위에 덮어씌워진 통증의 병명을 그 어떤 의사도 자신있게 진단하지 못했다. 지금도 여전히 나는 출근길 버스가 내 몸을 삼키던 순간의 끔찍한 장면에서 시작된 통증에서 벗어나지 못한 채 살아가고 있다. 글을 쓰는 이 순간에도 계속되는 생생한 통증은 나를 영원한 고통의 늪으로 밀어넣고 있다.

그나마 살아남은 것을 감사하다고 여겨야 할지, 그 탓에 영원한 통증에 시달리게 되어 불행하다고 말해야 할지 모를 현재의 내 몸은 모두 교통사고에서 비롯된 악몽의 연장선이다. 나는 차에 치인 순간으로부터 단 한치도 벗어나지 못한 몸으로 세계를 감각하고 있다. 이제는 통증이 없었던 순간이 아예 기억나지 않을 정도로 온몸을 감싸는 아픔은 상시적이고 근본적인 감각 일부가 되었다. 허리 부분을 만질 때마다 마비된 발끝이 조이는 듯한 설명 불가능한 괴로움은 내 발이 마비되었을지언정 아직 절단되지 않은 채 연결되어 있다는 생생한 증거로 남아 있다. 버스가 척추를 집어삼키며 내 신경길의 감각을 앗아가고 대신 통증을 주었다. 통증 때문에 나의 몸은 살이 다 발려 식탁에 던져진 채 곧 버려질 붉은 냉동 닭뼈처럼 위태롭고 앙상하게 서 있다.

나는 그뒤로 오랜 시간 아프지만 느껴지지는 않는다는 거짓말 같은 말을 반복적으로 증언하며 살아가고 있다. 허풍처럼 통용되는 이 감각의 체험이 다 일시적인 후유증일 것이라, 언젠가 사라질 것이라 오랫동안 믿었다. 내 다리를 만진다는 사실을 느낄 수가 없는데 통증만큼은 생생한 이 모순적인 상황만 벗어날 수만 있다면 거짓말쟁이가 되어도 좋겠다고 생각하며 신에게 기도했다. 그러나 한달을 기다려도, 한 계절을 기다려도, 일년을 기다려도 달라진 건 없었다. 달력을 끊임없이 넘긴 끝에 통증이 시작된 지 이년, 삼년, 사년, 오년 차를 맞았지만 불쾌한 감각은 사라지지 않은 채 여전히 내 몸 아래 나의 일부가 되어 영원히 똬리를 틀고 있다.

나는 오랫동안 나를 통제하는 통증의 존재를 파악하는데 온 힘을 쏟았다. 통증의 이름을 알고 싶었다. 치료를 진행하기 이전에 우선 진단이라도 받기를 원했다. 냉정한 병명의 코드가 부여되기를 원했다. 온갖 병원의 회전문을 돌고 돌렸다. '선생님, 몸이 너무 아파요. 그런데 감각이 느껴지지는 않아요. 이 통증은 무엇일까요?' 나의 수수께끼 같은 질문을 들은 병원 의사들은 잘 모르겠다는 듯 고개를 가로저었다. 통증이 명료하다고 세상에 외칠수록 나의 고통은 모호한 것이 되었다. 누군가 내 마음을 알아줄까 싶어 뛰어난 의사가 있다는 얘기를 들으면 어디든 그곳을 향했다. 진료를 갈구하는 마음은 어쩌면 통증을 이해하고 싶은 것보다도, 부정당하는 내 존재를 인정받고 싶었던 것 같다. 뛰어난 정형외과 의사가 있다는 노원역에 가고, 용한 한의사가 있다는 신용산역에 갔고, 독특한 치료 방법이 있다는 청량리역에 갔지만 아무 소용도 없었다.

내가 기억하는 나의 이십대는 취업했을 때 느꼈던 기쁨이 한스푼, 출근길로부터 비롯된 통증의 고통이 열스푼, 직업을 비롯한 나의 모든 것을 잃게 만든 절망이 수십스푼으로 뒤섞인 시간이다. 그 감정들은 좀처럼 안정적으로 섞이지 않고 가라앉고 만 흙탕물 같은 청춘의 역사를 이루었다. 지난 과거를 회상할 때 투명하게 걸러 이해할 수 있는 것들이라고는 오직 물질적 빈곤과 정신적 괴로움뿐이다.

몸 안의 통증은 연중무휴 생생하게 감각되었다. 그러나 그 이름은 없었다. 정말이지 미칠 노릇이었다. 정체불명의 고통이 나를 무기력하게 만들었다. 내가 미쳐서 아픈 건 아닐까 생각하기도 했다. 정말 방법이 없는 걸까 절망하며 마지막으로 들른 서울대학교병원에서 우연히 병명의 단서를 찾을 수 있었다. 외래 진료에 갔다가 우연히 내 하소연을 들은 한 의사에게 미국에서 연수받고 온 신진 교수가 있다며 그에게 가볼 것을 권유받았다. 그 사람이라면 어쩌면 진단되지 않는 이 고통의 이름을 알지도 모르겠다고 덧붙였다. 체념의 문턱 앞에서 마지막 희망을 맞았다. 조언을 들은 직후 그와의 만남을 예약했다.

약속일에 이르러 그 의사를 찾아갔다. 의사는 그간의 의료 진단 차트를 보더니 요리조리 고민하다가 무심한 말투로 근전도 검사를 해보자고 말했다. 처음부터 새로 검사를 시작하자는 그의 제안에 살짝 짜증이 났다. 나는 이미 수개월 전 근전도 검사를 했었고, 아무런 이상이 없다고 얘기까지 들었는데 무슨 근거로 그 괴로운 검사를 또 하란 말인가. 나는 그가 유심히 지켜보고 있는 차트 속 최근의 검사 내용을 일컬으며 검사할 필요가 없지 않느냐고 되물었지만, 그는 다시 검사받아봐야 정확하다는 말을 반복했다. 검사 결과는 검사받는 시기에 따라 달라질 수 있고, 검사를 진행하는 사람에 따라 달라질 수 있고, 해석하는 사람의 역량에 따라서도 달라질 수 있다면서 다시 하고 오라고 차갑게 말했다. 그는 새로운 검사 지침을 알려주었다. 통증이 느껴지는 일부 부위만 검사하지 말고, 온몸을 전부 검사하고 오라고. 당장 아픈 건 다리인데 그와는 아무 상관도 없는 머리까지 검사하라니. 그것도 몇시간 동안 온몸에 불쾌한 전기를 쬐는 근전도검사를 말이다. 요즘 일부 병원에서 검사를 과도하게 진행한다는데, 이게 그러한 경우는 아닐까 생각하면서도, 하는 수 없이 의사의 말을 따라 검사를 예약했다. 검사실을 향하는 순간까지 혹시라도 추가 검사료 때문에 무의미한 절차를 반복하는 게 아닐까, 이런 걸 과잉진료라고 하나 반신반의한 채 검사를 진행했다.

검사실에 들어가 전기 콘센트가 꽂힌 쇠 헬멧을 머리에 고정시켰다. 그리고 약 두시간 동안 "몸 전체에 따끔합니다, 따끔" 하는 검사 진행자의 경고를 들으며, 퍽 전구가 터지는 듯한 소리와 통증이 따르는 괴로운 전기 자극을 계속 참았다. 이따금 삐삐리뽀요 하는 검사 신호 소리가 날 때마다 외계인에게 붙잡힌 지구인들은 이러한 취급을 받으리라고 생각했다.

몇주 뒤 검사결과가 나왔다는 소식에 병원을 다시 찾았다. 진료실에서 나를 마주한 교수는 이번에도 무심하게 새로운 차트를 휙휙 넘기다가 아무래도 통증의 원인을 찾은 것 같다고 말했다. 지난 오년간 원인불명으로 남았던 통증에 이름이 붙는 순간이었다. 말로 표현할 수 없을 만큼 기뻤다. 딱 여기까지는 기쁜 소식. 슬픈 소식은 아주 곧바로 이어졌다. 통증이 무언지는 알겠지만, 손쓸 수 없다는 것이었다. 의사는 이 통증은 해결할 수 없는 문제라고 단정하며, 구체적인 소견을 더하기 시작했다. 아무래도 어릴 적 발병했던 희귀질환 척수공동증이 다시 진행되는 재결박 문제가 발생한 것 같다고 했다. 신경이 다시 결박되면서 신경이 꽉 눌린 채로 통증이 유발되는 것이라고, 신경을 누르는 척추의 모습을 그림으로 그리며 한참 동안 설명해주었다.

그는 이 병의 가장 고약한 점으로 예후를 알 수 없다는 것을 꼽았다. 지켜보는 수밖에 없다는 사실을 덧붙였다. 미래의 몸 상태를 예상할 수 없다니, 마치 시한부 선고처럼 느껴졌다. 심각한 재앙이 일어나기 전에 수술이라도 하면 안되겠느냐고 물었지만, 억지로 수술을 강행했다가는 하반신 전체가 마비되거나 훨씬 심각한 신경통 증세가 나타날 수도 있다고 경고하며 확실히 선을 그었다. 수술은 득보다 실이 훨씬 많은 조치라고 말했다. 그의 잔인한 조언을 요약하면 어차피 통증은 커질 것이고, 몸은 나빠질 것이니, 정말 나빠진 순간이 되면 어떡할지 그때 가서 생각해보자는 내용이었다.

나는 내가 평생 통증에 시달려야 하는 불행한 존재이자, 심지어 남들보다 더 짧은 명줄을 지녔을지도 모른다는 사실을 그제야 처음 깨달았다. 비록 내 몸이 언제까지 작동하고 말지 그 끝을 정확히는 모르지만, 어쨌건 내 몸은 타인과 비교했을 때 머잖아 상하고 말 유통기한이 임박한 재고 같은 것이었다. 비참한 끝이 예고된 것만 같은 유통기한을 가진 몸의 주인공이 나라는 사실을 깨달았을 때, 나는 좌절을 통제하는 것도 중요했지만, 동시에 내가 지닌 모든 열망을 단념시키는 것도 필요했다. 내가 꿈꿔왔던 진단은 정작 행운보다 불운에 가까운 것이었다. 나의 정신이 호소하는 고통이 거짓말이 아니라는 사실을 확신하게 된 것은 기뻤지만, 커져만 갈 고통이 내 몸에 영원히 도사리고 있다는 현실은 나를 두렵게 만들었다.

집으로 향하는 길에 한참을 울었다. 침대에 누워 울음을 멈출 때쯤 당장 쉬어야겠다는 생각이 들었다. 나는 지금 활동에 전념하는 시간이 아니라 나를 추스르고 스스로 돌보는 시간이 더 필요했다. 의료적으로 어떻게도 손쓸 수 없는 몸을 가진 나에게 주어진 선택지라고는 내 몸을 더 길게 쓰기 위한 노력뿐이었다. 그나마 허락된 시간 동안 조금 더 각별하게 챙겨야겠다는 생각이 들었다. 당장 체중이 증가할수록, 허리를 자주 쓸수록 남아 있는 신경이 빠르게 손상될 것이라 경고했으니, 살을 빼야만 했고 누워 있는 시간을 확보해야만 했다. 내가 나의 건강을 지킬 수 있는 현재로서는 우선 휴식을 취하는 것밖에 없었다. 그것이 예고된 고통과 마비를 조금이라도 늦출 수 있는 유일한 방법이었다.

밤새 검진 결과를 되뇌며 생각을 정리했다. 다음 날 사무실에 도착해서 가장 가까이서 함께 일하는 활동가 동료에게 일을 그만두어야 할 것 같다고 먼저 고백했다. 그 당시 모든 장애인 활동가들이 기약 없는 교통약자법 개정 운동을 계속하며 연속된 투쟁 속에 지쳐 있었기에 운을 떼기 어려웠지만 나 자신을 하루라도 더 지키기 위해 말할 수밖에 없었다. 동료에게는 미안하지만 내 몸은 지금 휴식이 필요한 상황이라고 이유를 말했다. 나의 하반신 감각은 점점 마비될 거라고 짧게 덧붙였다. 거절하기 힘든 일방적인 소통에 가까웠다. 나는 그들의 설득이나 슬픔을 차마 마주하고 싶지 않아 금세 사무적인 이야기로 주제를 넘기고 말았다. 아무래도 후임이 필요할 것 같다는 이야기 등 차갑고 의례적인 행정절차에 관한 고민을 서둘러 말했다. 이야기를 마치고는 컴퓨터가 놓인 구석 좌석으로 돌아와 온몸을 웅크렸다. 그저 숨죽인 채로 화면 위에서 깜빡이는 커서를 한참 동안 바라보았다. 나 자신이 이기적이고 나쁜 사람처럼 느껴졌다. 동료 한 사람과 소통하는 것도 이렇게 힘들었는데, 오랫동안 동고동락한 나머지 활동가들에게 어떻게 작별인사를 전해야 할까. 나의 발언이 현장을 지키는 활동가들의 사기를 꺾는 걸림돌이 되는 건 아닐까 걱정되면서도 동시에 내가 그만두지 못하는 건 아닐까 하는 생각도 들었다. 모든 게 불안하고 초조했다.

　　가장 가까운 사람에게 일방적으로 퇴직을 선언한 이후, 그를 제외한 다른 동료 누구에게도 아무런 입을 떼지 못한 채로 수개월의 시간을 훌쩍 보냈다. 약속한 기한이 점점 다가오고 있었지만, 나는 여전히 주변 사람들에게 나의 계획을 말하지 못했다. 현장을 함께 지키면서 내년 목표를 설정하는 회의를 진행하는 가운데에도 내가 떠날 거라는 사실을 고백하지 못했다.

지금 와서 돌이켜 생각해보면, 나 홀로 말문을 뗄까 말까 주저하며 침묵을 지키던 그 오랜 시간 동안, 주변 사람들은 나의 활동 정리 계획을 어느 정도 눈치를 챘던 것 같다. 그러나 나의 동료들은 내가 직접 그들에게 말할 때까지 나를 기다려주었다. 그 사실을 까맣게 모르는 것은 나뿐이었을지도. 그들은 아무래도 나에게서 직접 작별인사를 듣고 싶어 했을 것이다. 함께 밥을 먹다가도 문득, 차를 마시다가도 문득, 몇몇이 내게 요즘 고민이 없는지 맥락 없이 되물었을 때가 그들이 내게 건넨 기회였던 것 같다. 헤어질 결심을 마친 사람들은 나에게 기회를 주었지만 나는 번번이 회피하고 말았다. 이별을 한달 남짓 코앞에 앞두었을 때 비로소 말할 수밖에 없었다. 12월 첫째주 첫째날 주간회의. 아직도 그날을 기억한다.

"저는 내년부터 활동을 쉬고자 합니다. 내년부터, 아니 다음달부터 저는 이곳에 없을 예정입니다"라고 고백했다. 그리고 이후의 계획을 밝혔다. 건강을 챙기고 휴식기를 가질 예정이라고 말했다. 최근 새롭게 진단된 희귀병으로 신체적으로도 정신적으로도 불안한 상황에 놓여 있기에 지금 나를 위한 시간이 필요하다고 말했다. 무뚝뚝하게 말하고 끝내려 했지만, 결국 한바탕 오열로 장식하고 말았다. 정돈되지 않은 모습과 표정, 눈물 반 콧물 반, 지난 몇달간 준비해온 가장 대담하게 이야기해야 할 순간은 나의 마지막 회의를 엉망진창으로 만들고 말았다. 사려 깊은 동료들은 끝까지 나의 어설픔과 다른 모습을 와락 껴안아 주었다. 그들은 나에게 아낌없는 조언을 주었고, 편히 쉬고 언제든 돌아오라는 아쉬운 작별 인사를 덧붙였다. 떠나는 이가 드러낸 무거운 마음의 돌을 끝까지 함께 들어 옮겨주는 이들이 내 동료라는 사실이 다시금 느껴진 순간, 너무나도 좋은 사람들과 시간을 보냈다는 고마움에 한동안 눈물이 멈추질 않았다. 손뼉을 치며 헤어짐의 격려를 나누는 그들 앞에서 나는 대체 무엇을 두려워하고 숨겼던 걸까. 뒤늦게 찾아온 스스로에 대한 원망의 감정에 북받쳐 자리로 돌아와 휴지 한통을 비울만큼 울었다.

12월 말경, 워크숍 활동 장소로 제주도를 찾았다. 활동가로서 주어진 마지막 일정이었다. 제주도에서 태어나서 제주도에서 이십대를 마친다는 사실이 묘하게 다가왔다. 태어난 곳을 떠나 바다를 떠돌다, 때가 되어 마지막 누울 자리로 되돌아가는 어느 물고기가 된 느낌이었다. 제주행 비행기가 구름을 뚫고 상공을 나는 동안, 나는 지난 활동의 경로를 돌이켰다. 나를 믿고 신뢰한 이들, 나에게 권한과 책임을 주었던 활동가들, 조언과 격려를 아끼지 않았던 장애인 동료의 얼굴이 떠올랐다. 그들과 함께 힘없고 약한 이웃의 존엄을 지키기 위해 거리에 나서 투쟁하던 이년의 모습들이 떠올랐다.

제주에서 맞은 워크숍날 아침. 사무총장 박옥순 활동가가 뜻밖의 아침 활동을 제시했다. 한해간의 활동을 보고하거나 논의하는 자리가 아니라 동료를 마주 보는 시간을 갖자고 말이다. 구체적으로는 맞은편에 앉은 동료에게 말없이 눈빛을 주고받으며 지난 한해간 고생했다고 격려하는 무언의 대화를 나누자고 했다. 규칙은 간단했다. 상대에게 그저 마음을 담아 말없이 일분간 응시하는 것이 전부였다. 그것 외에 아무 것도 요구되지 않았다.

당시 내 맞은편에는 조직실의 한명희 활동가가 앉아 있었다. 그는 나에게 어려운 사람이었다. 정확히는, 나는 늘 그를 무서워했고 동시에 미안하게 생각했다. 전장연의 조직실 활동가들은 언제나 현장에서 차디찬 아스팔트를 지키며 거리의 사람들을 모두 환대하고 책임지는 수고로운 일들을 전담해왔다. 반면에 내가 있던 정책실은 그가 지키는 거리의 풍경보다 상대적으로 안정적인 공간에서 서류를 작업하는 일들이 많았다. 그는 거리를, 나는 책상을 지켰다. 그가 얼마나 고생하는지를 잘 알기 때문에 그를 마주할 때마다 알 수 없는 죄책감에 시달리곤 했다. 그를 보면 늘 미안한 동시에, 그들의 곁을 끝까지 지키지 못한 죄로 원망을 사지는 않을까 겁이 났다. 미처 말할 수는 없었지만 나는 그에게 늘 부채의식을 느꼈다. 뜨겁고 치열한 현장 소식이 들릴수록 더욱 그런 마음이 들었다.

한명희 활동가는 일찍 도착해서 문 앞에 앉아 있었다는 이유로, 나는 뒤늦게 도착해서 문 앞에 앉게 되었다는 이유로 우리는 마주 앉아야만 했다. 늘 투쟁 현장을 가장 먼저 지키는 한명희 활동가와 늘 투쟁 현장에 뒤늦게 도착하는 나의 관계는 그곳에서도 여전히 되풀이되었다. 그렇게 우리는 하는 수 없이 같은 공간에 마주 보고 앉게 되었다. '아, 일찍 일어났어야 했는데……' 속으로 한탄했다.

곧 활동을 정리하는 사람의 입장에서 가장 마주하기 힘든 유형의 활동가는 거리의 최전선에 남아 있어야만 하는 사람이었다. 남겨진 이에게 감사함을 표현해야 한다는 건 한편으로 화를 내는 것보다 더 괴로운 고역과도 같았다. 오래간 현장을 지켜왔으며, 앞으로도 기약 없이 현장을 지켜갈 그 사람의 눈을 피하지 않고 바라볼 자격이 없다는 생각이 들었다. 곧 떠날 마당에 고맙다는 말을 건네는 것조차 위선인 것만 같아 마음이 불편했다. 자기 돌봄을 위해 떠난다는 나의 인사는 현장을 지키는 사람에게 사치처럼 느껴질 것만 같았다. 되도록이면 그의 눈을 피하고 싶었다. 그래서 그에게 단 한마디도 말을 걸 수 없었다. 오랜 시간 그에게 갖고 있던 마음의 빚, 활동 기간 동안 현장을 지키느라, 사무실을 지키느라 서로 다른 이유로 긴 대화를 제대로 끝까지 나눠 보지 못했던 이에게 어색함을 들키지 않은 채로 홀연히 활동을 정리하고 싶었는데 떠나기 직전에 그와 꼼짝없이 마주 앉고 말았다. 대체 이제 와서 무슨 말을 건네야 하는 걸까. 눈빛에 무슨 표현을 담아 보내야 할지 모르는 채로, 흔들리는 동공은 불안함에 갈 길을 잃었다.

결국 자리를 바꾸지 못한 나머지 꼼짝없이 그의 눈을 마주해야만 했다. 서로의 감정을 정확히 담아낼 수도, 이해할 수도 없는 모호한 표정으로 각자의 얼굴을 어색하게 응시했다. 나를 마주한 명희도 어떤 점에서 나를 어색하게 쳐다봤던 것 같다. 뭐랄까. 우리는 서로 쳐다보면서도 애써 시선을 피했다. 그저 거친 나무 탁자를 끼고, 나무 의자에 앉은 채 몸의 긴장을 견딜 수 없는 팔짓을 꼭 책상 아래 묻어둔 채, 오직 책상 위로 얼굴만 떠 있는 채로 눈은 허공을 향했다. 그를 마주할 자신이 없는 내 눈빛은 땅을 응시했고, 나무 식탁의 결을 응시했고, 나무 주름을 세나갔다.

저마다의 이유로 서로 응시하지 못했고, 민망한 상황에서 벗어나기 위해 무슨 이런 낯간지러운 활동을 왜 아침부터 하냐며 싫은 소리를 심심찮게 내며 시간을 죽였다. 그러나 낯부끄럽다고 여겨졌던 시간은 하염없이 계속됐고, 나는 그저 종료 알림만을 기다리며 눈을 마주하는 순간을 겨우 견뎠다. 얼마간의 시간이 지나고 첫 세트의 종료를 알리는 안내가 들리자 그제야 안도하듯 한숨을 푹 쉬고는 눈을 질끈 감았다. 괴로운 다음 세트를 앞두고 눈을 감은 채로 곰곰이 생각했다. '나는 왜 그를 쳐다보지 못할까' 스스로 물으며 내가 그와 함께 있었던 시간을 천천히 되짚었다. 그와 함께 먹었던 맛있는 음식, 추운 날 밤거리에서 노숙할 때의 차디찬 바닥, 투쟁 현장에서 폭력적인 진압 앞에 소리 높이고 저항하는 장면들이 떠올랐다. 비록 감은 눈은 상대를 마주하는 것을 어려워했지만, 과거를 비추는 마음은 옛 상대를 또렷이 비추고 있었다.

　　짧은 휴식 시간이 끝나고, 두번째 각자 응시하는 시간을 맞았다. 첫 세트와는 다른 느낌으로 그를 쳐다보았다. 미안함과 부끄러움에 도망가듯 그를 쳐다보지 않고, 그에게 못다 표현한 고마움의 인사를 건네기로 했다. 지난 이년간 차마 입 밖으로 내뱉을 수 없었던 말들을 나지막히 고백했다.

　　'고맙습니다. 미안합니다. 저는 이제 긴 휴식의 시간을 가지려고 합니다. 당신에게 정말 고마웠습니다. 여러 가지로 고마웠습니다. 당신과 거리를 지킨 그 모든 시간이 소중했습니다. 당신에게 많은 것을 빚지고 떠납니다.' 무언의 작별 인사를 전하며 그를 쳐다보았다.

오랜 시간 말 한마디 제대로 걸어보지 못한 이의 눈빛을 응시할 때 마음이 울렁거린다는 사실을 깨달았다. 흔들리는 부끄러움 너머에는 애써 외면해오던 고요한 슬픔이 있었다. 주저하는 감정을 진정시키며 그의 눈빛을 천천히 바라보았다. 그의 모습에도 슬픔이 비쳤다. 단지 내가 슬퍼서였을까. 그도 슬퍼했던 것일까. 아직도 잘 모르겠지만, 그 순간 그도 나처럼 무언가를 느꼈던 것 같다. 비록 끝까지 입 밖으로 꺼내지는 않았지만, 당시 그의 눈빛으로부터 정말 많은 위로를 받았다. 그와 무언으로 나눈 감사함과 미안함의 끝인사는 오랫동안 숨겨왔던 후회와 미안함을 비로소 표현하는 작별의 인사로 남았다. 지금 이 시간에도 거리를 지키고 있을 사람과 처음이자 마지막으로 응시했던 그 순간이, 내가 기억하는 전장연에서의 마지막 장면이다.

시끌벅적한
모든 시간이 평화의 순간이었다

지금까지 시끌벅적한 삶을 살았다. 원래 이렇게 살기 위해 태어난 건 아니지만, 내 바람과 상관없이 장애를 가진 몸을 안고 살게 되었다. 회상할 수 있는 기억을 갖기 시작할 때부터 내 다리는 줄곧 뜻대로 움직이지 않았다. 의료사고를 겪게 된 직후에는 나의 부모도 자녀가 평생 장애를 가진 몸으로 살아가게 될 줄은 예상하지 못했을 것이다. 마비된 채 꿈쩍 않는 나의 심각한 몸 상태를 뒤늦게 파악하고 나서야 진료를 담당한 의사를 상대로 한바탕 요란스러운 법정 공방을 벌였고, 그 과정을 거치며 나의 몸 일부가 완전히 손상되어 돌이킬 수 없다는 사실을 알게 되었다. 내 이름 세 글자가 박힌 장애인 복지카드가 집으로 날아온 날, 무기력한 평온함이 찾아왔다. 어머니는 장애인 복지카드를 반송할 곳 없는 현실 앞에서 완전히 체념하고 말았다. 아버지 역시 더는 원상회복할 수 없는 자신의 생물학적 재생산물을 보며 분노하지도, 울지도 않았다. 더 정확히 말하자면 당시 그들에게는 악악댈 그 어떤 힘조차 남아 있지 않았을 것이다. '온전한' 자식을 되찾고 싶다는 삼십대 부모의 절규는 판사가 판결봉을 두드리는 그 순간 무의미해졌다. 확정된 판결은 미래의 잠재된 모든 목소리를 소거하고야 말았고, 남은 생애동안 이어질 피해는 정산을 다 마친 것처럼 취급되고 말았다. 회복의 가능성이 남지 않은 채로 모두 체념하고 만 그 적막뿐인 현실은 과연 평화의 순간이었을까. 어릴 적 나에게 큰 의문이었다.

두번째로 평화에 대해 되묻게 된 계기는 앞서 소개한 항공기 탑승 거부 사건이었다. 당시 내가 울고불고 소리를 지르며 태워달라고 요청해도 아무도 거들떠보지 않았다. 전체 탑승객 중 오직 나만 비행기를 타는 과정에서 별도의 복잡한 서류를 읽고 작성할 것을 요구받았다. 내 존재의 민폐를 공언하는 문서에 서명하지 않고서는 한국에 돌아올 수 있는 방법이 없었다. 차별의 논리로 점철된 서류 앞에서 주저앉아 느꼈던 거친 공항 바닥의 감각을 잊지 못한다. 나에게 종이를 들이민 항공사 직원이 매정하게 서명된 서류를 챙겨 자리를 떠나고 공항에는 껍데기뿐인 평화, 아니 침묵이 찾아왔다. 내가 악악댈 수 없게 되니, 더이상 항공사 직원들도 나에게 짜증을 내지 않았다.

나를 둘러싸고 "우짜면 좋노" 하며 바라보던 승객들도 전부 아무 일 없었다는 듯 뿔뿔이 흩어졌다. 새벽의 비엔티안 공항에는 한바탕 소란이 가시고, 침묵만이 남았다. 그때 나의 평화는 그 침묵 이후에 비로소 찾아온 것일까, 아니면 차별에 저항하기 위해 소리 지르던 그 순간에 이미 있었던 것일까.

흔히들 사람들은 조용하고 침착한 상황을 평화로운 순간이라고 생각하지만, 나에게 그런 적막은 평화보다 무기력과 체념의 순간을 먼저 떠올리게끔 했다. 아무것도 할 수 없어 막막해질 때, 그 침묵만큼 조용하고 침착한 순간은 없었기 때문이다.

우리는 마치 평화를 갈등 끝에 찾아오는 선물처럼 이해한다. 거리의 투쟁은 평화를 해치는 소음처럼 여겨지고, 조용함만이 평화의 질서로 자리 잡았다. 뜻 모를 중용과 용서가 시대정신으로 강조될수록, 지는 것이 곧 이기는 것이라고 학습할수록, 새 시대의 문법은 사회를 무기력의 논리로 장악하고 평화를 침묵의 동의어로 오해하게끔 만들었다. 학습된 침묵과 무기력함에 잠식된 사람들은 더이상 타인의 고통에 공감하기를 포기했고, 사회적 불평등에 저항하기를 포기했다. 누군가의 아픔에 연대하는 것은 시끌벅적한 소란을 피우는 것으로 취급되었다. 불평등에 저항하며 거리로 나온 사람들과 굴뚝 위로 오른 사람들은 사회의 평화를 해칠 뿐 아니라, 부당한 폭력으로 이기적인 요구를 강요하는 이들처럼 여겨졌다.

　침묵이 평화로 오해되기 시작한 것은 그리 오래된 일이 아니다. 정태춘과 박은옥의 노래 「92년 장마, 종로에서」를 듣다 보면 이런 가사가 흘러나온다. "다시는/다시는 종로에서 깃발 군중을 기다리지 마라/기자들을 기다리지 마라/(…)/시청 광장에서 눈물을 흘리지 말자/물대포에 쓰러지지도 말자" 당시 격렬한 투쟁 직후 남겨진 종로 바닥을 노래한 이들의 가사만 보더라도 사회적 침묵이 한국 사회의 일상이었던 것 같지는 않다. 우리는 멀지 않은 과거 언젠가 다른 의미의 '평화'를 강요당했고, 그후로 한동안 더는 깃발을 들지도 않고 눈물을 흘리지도 않게 된 것 같다. 모두가 바라던 평화를 얻게 되었음에도 왜 이다지도 공허한지. 평화의 비둘기가 서울 하늘 위로 벅차게 날아오르는데 왜 나의 가슴은 구멍이 난 것처럼 텅 빈 느낌만 남아 있는 걸까.

　도서관 열람실에 앉아 적막한 침묵 속에 둘러싸였을 때 문득 그런 생각이 들었다. 차별에 저항하던 시간이 내 삶에 조각된 평화의 순간이 아니었을까. 나 자신조차 마주하기 싫어 외면하고 살아온 조용한 과거는 도리어 억압된 순간이었던 것은 아닐까. 사회적으로 강요된 침묵 앞에 좌절한 채 마음속 남아 있는 말들을 뱉어내지 못해 부글부글 끓었던 시간들. 나의 무기력함은 그런 마음속 분노의 열병으로 혼절해버린 감정의 결과는 아니었을까. 평화의 본질을 무기력함으로 왜곡한 것은 아니었을까.

다시 생각해본다. 세상 모든 저항이 왜 이다지도 시끌벅적한지 말이다. 왜 인류의 평화를 외치는 반전운동은 평화롭게 흘러가지 않는가. 왜 생태계의 평화를 외치는 환경운동은 평화롭게 흘러가지 않는가. 왜 노사의 공존과 평화를 요구하는 노동운동은 평화롭게 흘러가지 않는가. 왜 평화로운 일상을 지향하는 장애운동은 평화롭게 흘러가지 않는가. 왜 평화를 외치는 사람들이 하필 철로를 점거하는 건지, 하필 도로를 막고 걷는 것인지, 하필 굴뚝 위에 올라가는 것인지, 하필 포클레인을 막아서는 것인지 이해하지 못하던 그 시기에는 나 역시 타인의 불쾌함을 초래하는 '운동'의 이중성을 혐오했다. 그러나 어느 날, 모든 것이 끝나고 평화롭다고 자부하던 내 삶에 허무한 적막감만 돌고 있다는 것을 파악하고 나서야 시끌벅적한 그 자체가 평화였다는 사실을 뒤늦게 깨달았다.

평화는 모순 속에서 사투할 때 내 옆에 존재하던 것이었으며, 양극단의 가치 사이에서 이것도 저것도 결정하지 못하고 우왕좌왕할 때의 나에게 역시 존재했던 것이었으며, 가족과 친구의 슬픔에 공감하며 서러워 울던 내게도 찾아온 것이었다. 평화는 결과로서 존재하는 것이 아니었고, 행위 그 자체에 존재하는 것이었다. 평화는 과학적 귀결에 의한 결과값 같은 게 아니라 실존하는 삶 속에서 시시각각 구성되는 시간이었다. '마침내 평화를 얻었다'라는 감상은 어쩌면 착각일지도 모르겠다. 사실 평화는 오직 매 순간의 사투 속에 존재할 뿐이며, 마음속 깊은 곳에서 느껴지는 울컥하는 감정들이 우리가 지향하던 평화의 의미에 가까운 것이 아닐까. 그러니 돌이켜보면, 시끌벅적했던 모든 시간이야말로 진짜 평화의 순간이었다.

장애시민 불복종

초판 1쇄 발행 / 2023년 8월 4일

지은이 / 변재원
펴낸이 / 강일우
책임편집 / 박주용 이수빈
조판 / 박아경
펴낸곳 / (주)창비
등록 / 1986년 8월 5일 제85호
주소 / 10881 경기도 파주시 회동길 184
전화 / 031-955-3333
팩시밀리 / 영업 031-955-3399 편집 031-955-3400
홈페이지 / www.changbi.com
전자우편 / human@changbi.com